AS FACES ETERNAS DO FEMININO

AS FACES ETERNAS DO FEMININO

NO CINEMA E NA PROPAGANDA

Maria Teresa de Barros Nabholz e
Vitória Mendonça de Barros

TRIOM
Centro de Estudos Marina e Martin Harvey
1ª edição
São Paulo - 1996

Direitos adquiridos para a língua portuguesa por
TRIOM - Centro de Estudos Marina e Martin Harvey
Editorial e Comercial Ltda.
Rua Araçari 208
01453-020 - São Paulo - SP - Brasil
Telefone 0055 11 820 8380 / fax 0055 11 820 0966

Revisão: Maria Elci Spaccaquerche Barbosa
Ruth Cunha Cintra
Capa: Helena Regina Briguet Navas

Dados Internacionais de Catalogação na Publicação (CIP)
(Câmara Brasileira do Livro, SP, Brasil)

Nabholz, Maria Teresa de Barros
As faces eternas do feminino no cinema e na propaganda / Maria Teresa de Barros Nabholz, Vitória Mendonça de Barros. - São Paulo : TRIOM, 1996.

Bibliografia.

1. Feminilidade (Psicologia) 2. Mulheres - Mitologia 3. Mulheres na publicidade 4. Mulheres no cinema I. Barros, Vitória Mendonça de. II. Título.

ISBN 85-85464-10-0

96-3198 CDD-305.4

Índices para catálogo sistemático:

1. Mulheres na propaganda : Sociologia 305.4
2. Mulheres no cinema : Sociologia 305.4

Para todas as mulheres que no seu dia a dia lutam para manter-se íntegras e integradas numa sociedade que não as favorece e tampouco valoriza plenamente a sua imensa capacidade de criar, nutrir, manter e alegrar.

AGRADECIMENTOS

Gostaríamos de agradecer a todos aqueles que nos incentivaram neste novo desafio, seja pela contribuição de material para consulta ou para ser publicado. Um agradecimento especial para as amigas Mara e Stella que sempre nos estimularam a divulgar as idéias que discutíamos em nossos encontros semanais. Ao Professor Alvino, da Pós-Graduação da Fundação Casper Líbero, que foi a primeira pessoa a nos sugerir a publicação do material criado inicialmente como um trabalho de fim de curso. Fica aqui o reconhecimento pelas ponderações feitas por Maria Elci Spaccaquerche Barbosa, que com muita paciência e dedicação fez a revisão do manuscrito e discutiu os conceitos aqui apresentados. Um carinho especial para Luiz Carlos Mendonça de Barros, na dobradinha de marido de Vitória e irmão de Teresa, a quem devemos o patrocínio e o incentivo. E a todos os amigos e parentes que aguentaram nosso nervosismo e expectativa diante deste desafio de vida.

Teresa e Vitória

ÍNDICE

PREFÁCIO

O resgate do feminino tem sido uma busca incessante neste final de século. Podemos perceber tais questões emergindo nas mais diversas áreas da vida: no campo social e político, nos espaços empresariais, técnicos e científicos, nas relações mais íntimas e mais sociais. Enfim, por toda parte e principalmente em lugares onde não se ousava discutir as leis e ordens estabelecidas pelo masculino.

A passagem do matriarcado para o patriarcado, há mais de cinco mil anos, se caracterizou por um processo em que a força do logos, da razão, daquilo que se chamava consciência, desenvolveu-se de modo unilateral. Então, passou-se a valorizar somente o que era lógico e deduzível a partir de premissas claras. A luz, a razão, o consciente, sobrepujaram todo o material inconsciente, o escuro, o estranho e incognoscível. Durante muitos e muitos anos, o feminino nas figuras de mãe-mater-matéria-natureza foi rechaçado. Mas, como sabemos, não há dia sem noite, nem noite sem dia; e na busca do equilíbrio, um dos pratos da balança começou a subir. Hoje podemos ver que sob o domínio da razão, do mundo patriarcal, foram marginalizados aspectos femininos da psique, essenciais à própria sobrevivência da espécie. Como exemplos podemos citar o desprezo pela natureza, pelo humano, o descaso e o abuso do corpo e seus instintos, da natureza planetária e a exploração dilaceradora dos recursos naturais. Mutilamos nosso planeta como mutilamos nosso corpo e nossa alma. A necessidade de recolocar o feminino em nossas vidas é, pois, um movimento que vem acontecendo na psique coletiva há alguns anos. Podemos lembrar aqui das sufragistas inglesas do começo do século, de mulheres que marcaram nossa história atual como Virginia Woolf, Isadora Duncan, Golda Meir e outras, dos movimentos das mães da Praça de Maio, dos movimentos feministas e ecológicos, e até mesmo da proclamação do dogma da Ascenção de Nossa Senhora pela Igreja Católica que, segundo C. G. Jung, assegura à deusa seu lugar no panteão dos deuses, até então exclusivamente masculinos.

Desde as mais antigas e remotas civilizações, sempre foi motivo de maravilhamento o ser humano e a natureza que o circunda. Os mistérios da natureza e a natureza contida no homem e na mulher levaram ao surgimento das religiões e das artes. Assim, na antiga Grécia vamos encontrar um panteão de deuses e deusas cuja tipificação e relacionamentos revelam-nos aspectos essenciais da psique humana. Aspectos que reconhecemos fazer parte da estrutura perene da humanidade. A integração desses aspectos com aqueles do masculino faz-se não só pela somatória dos mesmos como também por intersecções e entrelaçamentos que muitas vezes se fundem.

Toda gama de sentimentos, comportamentos, atitudes, paixões, afetos e desafetos estão lá, no Olimpo, há mais de quatro mil anos, e estão cá, no nosso cotidiano, nas nossas ações. Poder rever e reconsiderar nosso modo de ser e agir hoje em dia, à luz das deusas gregas, é encontrar aspectos da essência da nossa humanidade, é reconectar com nossas origens, vislumbrando a via significativa de nossas vidas. Olhar nosso cotidiano através dos mitos nos dá a oportunidade de resgatar a forma viva, vital e inerente de cada ato.

Quando os mitos descem até os vales de nossas almas, lá encontramos um ressoar, um eco e uma sensação de que já conhecemos e experienciamos aquela história. O reencontro consigo mesmo através do mito nos propicia a sensação de continuidade no tempo e no espaço que paradoxalmente nos liga a algo fora do tempo e do espaço e para além dos dois.

Esse olhar mais aprofundado pode ser feito tanto para dentro de nós mesmos, como para fora, para o meio externo, social. Podemos nos perguntar então, como vivemos os mitos hoje em dia? E quais os mitos que vivem em nós?

Neste trabalho, as autoras Maria Teresa Nabholz e Vitória Mendonça de Barros tentam responder a essas questões, trazendo as deusas gregas para o nosso dia-a-dia, utilizando para isso as linguagens do cinema e da propaganda.

Através das imagens, o mundo nos conta histórias que são as metáforas da vida. As histórias das deusas são metáforas das vidas femininas. E é através da metáfora que a vida passa a ser significativa para uma pessoa.

Tanto a linguagem do cinema como a da propaganda lidam com o inconsciente coletivo, onde estão as metáforas, os símbolos, os arquétipos. O grande eixo central das propagandas é a evocação o paraíso perdido. As imagens do belo, da perfeição, da melhor *performance*, de uma vida fácil e sem obstáculos, produzem um fascínio especial, pois tocam no arquétipo da busca e da volta ao paraíso. Esse mundo paradisíaco é multifacetado, como o é a alma humana. A propaganda costuma eleger aspectos dos arquétipos do inconsciente coletivo que são os mais pertinentes para se poder atingir seu público-alvo do momento. Teresa Nabholz analisa aqui as propagandas que evocam facetas do feminino que encontramos nas deusas gregas. A proteção maternal, a sedução feminina, a busca da liberdade são facetas de Deméter, Afrodite e Ártemis que aparecem de uma maneira muito concreta na propaganda e no nosso cotidiano.

Ainda que exercendo grande fascínio, principalmente nos jovens de hoje (vide a procura pelos cursos de Comunicação Social), a Propaganda não contém o poder transformador e vital contido nos mitos e contos de fada. Por isso mesmo o seu caráter efêmero e momentâneo. Somente os contos, filmes e histórias que contêm uma veracidade interna, com todas as suas implicações de dores, conflitos e tristezas, e também as possibilidades de soluções, mudanças e esperanças, são os que podem trazer significado para a psique e sua reconexão com o fluxo da vida.

No dizer de Matthew Fox "Cada propaganda que nós lemos ou vemos é ricamente contada com arte e inteligência" e, ainda, "O consumo é o principal conto de nossa civilização". Só que, pelo fato de ser ele mais uma ilusão do que uma oportunidade de nos reconectarmos com a nossa vida interior, "(...) Ele (o consumo) alimenta nossos apetites insatisfeitos, nutre o fato de que não fomos alimentados espiritualmente, que existe em nós um buraco, um vazio que não pode ser preenchido, não importa o quanto possamos comprar."[1]

No entanto, por serem as propagandas histórias ricamente contadas e por tocarem nos arquétipos do inconsciente coletivo, o trabalho de análise das mesmas sob a ótica das deusas gregas nos possibilita reconhecer as múltiplas faces da experiência feminina e, como consequência, repensar os papéis das mulheres no seu convívio mais íntimo, bem como na comunidade mais ampla.

Com suas linguagens diferentes, a propaganda e o cinema nos fornecem dimensões complementares. Para essa análise, Vitória Mendonça de Barros ajuda-nos a lançar um olhar mais aprofundado para as questões do feminino, conjugando para isso a proposta teórica de Paul Diel. Os filmes selecionados retratam, com grande sensibilidade, dramas de mulheres atuais. São histórias modernas que repetem os antigos dramas gregos.

Podemos fazer aqui o mesmo paralelo citado por Marie-Louise Von Franz no seu livro *A Interpretação dos Contos de Fadas*. Ela diz que interpretar um conto de fadas, hoje em dia, produz os mesmos efeitos do tempo em que eles eram contados. Com a interpretação dos filmes

[1] Fox, Matthew, *Sacred Stories, a Celebration of the Power of Stories to Transform and Heal*, Harpers S.Francisco, 1993

acontece a mesma coisa. Quando assistimos determinados filmes, entramos na história e ela nos interpenetra; quando o interpretamos, encontramos significados para as questões que vivemos e um alento para os nossos conflitos e esperanças. Percebemos que nossa vontade egóica não é nada autônoma, mas é movida por dinamismos inconscientes bastante potentes e, no mais das vezes, desconhecidos por nós.

As análises feitas pelas autoras nos oferecem, pois, a oportunidade de reencontrarmos as deusas gregas na vida das mulheres de hoje, oportunidade de reconhecermos os atributos femininos nas novas linguagens de comunicação - cinema e propaganda. Enfim, é a oportunidade do antigo se reencontrar no atual. E a percepção de que o mais moderno não é nada mais do que o antigo vestindo novas roupagens, re-visto através do espelho da alma.

Maria Elci Spaccaquerche Barbosa - Julho, 1996

O homem vive não apenas numa realidade
mais ampla, mas também numa nova
dimensão da realidade...
Ao lado do mundo da realidade física,
pertence também a ele o da realidade simbólica,
ao qual deve igualmente expressão, se quiser
sair do puro ser-movido do reino animal
e ascender ao ser-criador do humano-divino.

Jolande Jacobi

I

INTRODUÇÃO

Não há nenhum fenômeno natural, e nenhum fenômeno da vida humana, que não seja passível de uma interpretação mítica e que não peça uma tal interpretação.

Cassirer

O homem sempre buscou explicar o mundo que o cerca. Ele constatou que a única maneira de estabelecer uma relação com este mundo e com seu semelhante seria conhecer esta realidade que o cercava e dividir esse conhecimento com outros homens. Para isto ele precisou recorrer aos símbolos, a uma espécie de código que lhe permitisse estabelecer uma imagem passível de ser compartilhada com outros homens e por eles compreendida. Esse código foi criado a partir da realidade externa na qual o homem estava inserido, pois ela constituía um ponto em comum com seus companheiros de comunidade, ainda que a capacidade de perceber o mundo e estabelecer relação entre os fatos naturais ou não, consigo mesmo ou com os outros homens, fosse parte inerente da sua natureza.

Nas civilizações mais antigas, a atitude do homem diante do mundo era de maravilhamento; ele se sentia mergulhado num ambiente mágico, dominado por forças externas poderosas e desconhecidas, muito superiores à sua capacidade de compreensão. O homem começa a perceber, diante da imensidão e complexidade do universo, o contraste entre a perenidade desse universo e a curta duração da vida humana: o homem é chamado a viver no meio dessa imensidão que ele teme, mas que o desafia e acalenta. O fenômeno da morte se coloca diante dele como uma realidade inexorável. O homem percebe ainda que, sem disciplina e sem o seu trabalho criativo e transformador, é impossível obter qualquer resultado da fertilização do solo pela chuva e sol. Compreende que "(...) mortais têm que se tornar dignos da ajuda concedida pelas divindades-astro denominadas Imortais, cujo reino preside a vida humana de geração em geração."[1]

[1] Diel, *O Simbolismo na Mitologia Grega*, p.17

Com o desabrochar das culturas agrárias, a psique do homem começa a se transformar e evoluir: do primitivismo animista, onde a imaginação é mais emotiva, para um estágio de consciência mais expressivo e simbolizador. Aprende, então, que a sua ação é tão importante quanto a ajuda das entidades sobrenaturais e que a aspiração do homem se funde com a benevolência dessa natureza divinizada.

Entram em cena os deuses, senhores do destino humano, inicialmente como manifestações dos fenômenos da natureza - o sol, a lua, o trovão, o rio, etc. - passando gradativamente a assumir formas antropomórficas, num sincronismo com a crescente habilidade humana de sobreviver e superar os desafios naturais. De qualquer modo, mantinham um halo mágico, seus poderes eram maiores do que aqueles encontrados nos mortais comuns. Estavam mais próximos dos homens e já traziam comportamentos mais previsíveis. Eram então divindades mais falíveis, duais e circulares, contendo em si as polaridades, representantes da luz e da sombra, do amor e da vingança, do espírito construtivo e do destruidor. Em suas histórias surgiam desafios, paixões, impasses, reveses, dramas que refletiam e exacerbavam os potenciais humanos.

O homem, ao se espelhar nesses deuses, busca a purificação e a semelhança com a divindade: "O herói-vencedor é, simbolicamente, elevado ao status de divindade; e o símbolo divindade pode tomar a forma humana e visitar os mortais. As divindades, que antes representavam forças astrais, transformaram-se na imagem idealizada da alma humana e de suas qualidades."[2]

A narração dos feitos divinos permaneceu através dos mitos eternos e onipresentes. De uma forma incompreensível para o raciocínio lógico, essas histórias fantásticas repetiam-se em povos espalhados pelo mundo inteiro e que aparentemente não tiveram qualquer contato efetivo entre si. Isto levou pesquisadores mais modernos, dedicados estudiosos de mitologia comparada e de psicologia, a imaginar que os mitos formavam uma espécie de núcleo central da potencialidade humana. O psicólogo Carl Jung formulou então o conceito do inconsciente coletivo, uma área do cérebro que incluiria um repositório dessas vivências imaginárias, um guardião desses núcleos energéticos, herança coletiva da humanidade.

Estamos numa outra etapa da história do homem, que continua em sua busca eterna de novas linguagens, novas imagens. Só que, atrás de uma aparente modernidade, repleta de uma parafernália tecnológica, continuamos encontrando esses velhos fantasmas mitológicos. O único mito que parece desmoronar é a ilusão de inovação, de estarmos

---

[2] idem, ibidem, p.17

inventando um futuro diferente das experiências do passado. Acreditamos, sim, em renovação, em releitura dos velhos símbolos, o que reafirma a atemporalidade da essência dos mesmos e reforça a nossa crença no caminho teórico que estamos adotando.

Nosso trabalho nos leva a abordar o campo das relações humanas, focalizado nas relações sob o ponto de vista feminino. O foco vai tanto para a ligação entre mulheres (mãe-filha, amigas e parceiras) quanto para a ligação entre os sexos (mulher-marido, mulher-amante, filha-pai, irmã-irmão).

Não temos nenhuma pretensão de esgotar o assunto, mas de apenas tocar nessas múltiplas possibilidades, instigando o leitor a iniciar sua própria jornada exploratória no mundo sutil dos símbolos que falam da interação entre seres humanos e na relação com o ambiente em que vivem. Cabe a cada um criar o seu próprio painel. A única coisa que podemos assegurar é que se trata de um desafio fascinante.

Este é o nosso objetivo: aproximar os símbolos do passado das linguagens modernas de comunicação e ver como se forma a teia de significados dessa união que podemos considerar, no mínimo, instigante.

II

CONSIDERAÇÕES TEÓRICAS

> *Como nas fogueiras a céu aberto e nas cerimônias das casas comunais de nossos ancestrais, quando o sonho chega até nós, vindo daquele mundo desconhecido, traz consigo outro tipo de iluminação: a luz da imaginação mítica. Para ver o outro mundo, para usar nossa imaginação, precisamos de um tipo de visão diferente - com o olho interior, o olho da mente - cujo uso parecemos ter quase esquecido.*
>
> Stephen Larsen

Para desenvolver nossa proposta, sentimos a necessidade de começar definindo o que significam arquétipo, símbolo e mito e como esses três conceitos se entrelaçam. Eles serão nossos elementos teóricos estruturais. A abordagem aqui é mais psicológica, sendo que estaremos falando principalmente de aspectos de personalidade e comportamento, estabelecendo como esses aspectos aparecem nas figuras mitológicas. Essas associações foram muito trabalhadas pelas terapeutas americanas Jean Shinoda Bolen e Jennifer Woolger, que citaremos com uma certa frequência no decorrer do livro. Assim, nosso ponto de partida foi o trabalho dessas duas autoras e seus colaboradores, a visão junguiana de arquétipo, mito e complexo (no trabalho de Jung e através de outros autores a ele ligados) e também de estudiosos no campo da mitologia e da religião, dentre os quais damos destaque a Paul Diel, Joseph Campbell e Mircea Eliade. Com esta bagagem teórica, decidimos adentrar o campo da comunicação humana, verificando como tais modelos mitológicos aparecem no cinema e na propaganda. Comecemos, entretanto, pelas definições teóricas.

A. O Significado de Arquétipo na Teoria Junguiana

Certamente todos os homens são iguais uns aos outros, pois de outro modo não sucumbiriam à mesma ilusão.
C. G. Jung

O arquétipo constitui um dos conceitos básicos da teoria junguiana e expressa a existência de uma energia psíquica primordial, que está presente como potencial inerente à toda raça humana.

Jung não aceita a idéia de que o homem nasce como uma tábula rasa, mas acredita que existem experiências primordiais que já vêm potencialmente impressas no inconsciente de todo e qualquer ser humano. São determinadas configurações de ser, agir, reagir e pensar que formam uma espécie de modelo originário, de modelo congênito que pode assumir formas diferenciadas quando são vivenciadas individualmente. O homem sempre buscou encontrar um sentido simbólico para a sua realidade. Não bastava a ele entender e explicar o mundo de forma realista e concreta; era preciso também fazer uma espécie de 'tradução' dessas vivências em imagens internas, estabelecendo-se um elo entre o mundo externo e o interno. Esta parece ser uma característica essencial no funcionamento básico da estrutura psíquica.

Fazendo uma analogia, poderíamos dizer que os arquétipos são como modelos de alicerces de uma vivência, que adotamos para construir a nossa casa - o nosso eu - e que permitem a existência de uma morada estruturada e sólida. A escolha do material e a maneira como vamos preparar esse alicerce já constituem a visão pessoal desse modelo teórico. Já estamos aí no âmbito do indivíduo, onde foi exercida uma vontade, uma escolha e onde já entraram valores personalizados.

Através de seu trabalho terapêutico, Jung observou que havia a repetição de determinados temas nos sonhos e fantasias de seus pacientes, embora fossem pessoas com vivências muito diferenciadas. Buscando uma explicação para este fenômeno, acabou pesquisando diferentes tipos de linguagem simbólica - tais como religiões, mitologias, contos e lendas, dentre outros - verificando que persistia a repetição. Isto o levou a acreditar na existência de uma espécie de "legado", que chamou de inconsciente coletivo.

Para Jung, "o inconsciente coletivo, como conjunto de todos os arquétipos, é o sedimento de toda vivência humana passada, que vai até os seus inícios mais obscuros; não se trata de um sedimento morto

- de certo modo, campo de destroços abandonado - mas sim de sistemas vivos de reação e prontidão que, por via invisível e, por isso, mais eficientes ainda, determinam a vida individual. (...) é, simultaneamente, também a fonte dos instintos, não sendo os arquétipos mais do que as formas de manifestação destes."[3]

Este inconsciente coletivo vai, portanto, funcionar como fonte neutra (que não se baseia em valores pessoais) de nossos modelos arquetípicos, de nossa "grade de modelos genéricos", que abrange todos os conteúdos da experiência humana. Dentro dessa verdadeira "massa" de vivências é que o nosso consciente vai selecionar o(s) modelo(s) mais adequado(s) para uma determinada experiência pessoal. Jung chega a dizer que "Por mais incompreensível que isso possa parecer, somos forçados finalmente a admitir que há, no inconsciente, algo como um saber a *priori*, ou melhor, uma reserva de acontecimentos, que não necessita de qualquer fundamento causal e que, sob uma constelação adequada, se manifesta de forma perceptível."[4]

As imagens arquetípicas exercem um verdadeiro fascínio sobre o indivíduo, já que tocam em pontos verdadeiramente básicos e essenciais da vivência humana e trazem à tona uma memória remota, perene, que faz parte da herança coletiva da espécie. Funcionam como "ordenadores ocultos de idéias", "gravados" pela repetição constante de experiências típicas e de determinadas formulações. A própria palavra "arquétipo" foi escolhida por Jung pelo seu significado intrínseco: "arque" significa início, origem, causa, princípio, e "tipo" traz a idéia de algo cunhado, imagem, retrato, norma; daí significar forma básica ou originária.

Ainda segundo Jung, essas "imagens originárias" eram capazes de expressar os comportamentos comuns do homem, que se repetem indefinidamente no mundo inteiro e em todas as épocas, já que são motivos típicos em sua essência. Toda vez que um indivíduo vai ter uma experiência que se encaixa dentro de um modelo genérico e repetitivo, ele se reporta a um potencial arquetípico. Citando Jolande Jacobi, uma discípula direta de Jung que trabalhou com a relação arquétipo, símbolo, complexo, podemos dizer que "os arquétipos representam uma condição estrutural da psique que, sob determinada constelação (de natureza interna e externa), é capaz de produzir as mesmas formações, o que nada tem absolutamente a ver com a transmissão hereditária de determinadas imagens. (...) elas são 'herdadas' apenas no sentido de que a estrutura da psique, tal como é, representa

[3] Jung, *Problemas Psíquicos*, p.173
[4] Jung, *Ensaios do Instituto* C. G. *Jung*, p.33

um patrimônio humano geral e carrega dentro de si a capacidade de manifestar-se em determinadas formas específicas."[5] Esses motivos já eram expressos pelos povos antigos, nas suas culturas e idéias religiosas, e continuam a surgir nos sonhos, visões e fantasias do homem moderno.

Jung cita diferentes tipos de arquétipos: o "arquétipo em si" (que existe apenas enquanto potencial na estrutura psíquica), o "arquétipo atualizado" (que já encontrou uma representação personalizada no campo da consciência) e os "arquétipos de transformação" (que são ativados durante o processo de crescimento pessoal). É importante notar, entretanto, que dentro do inconsciente, os diversos arquétipos não se encontram isolados e diferenciados, mas sim mixados, fundidos, constituindo um tecido vivo da psique, embora sejam intuitivamente perceptíveis. Quando há uma necessidade de atualização de uma energia arquetípica pela psique, esta energia se aproxima dos limites da consciência e se transmuta num símbolo, que emergirá num sonho ou numa experiência pessoal intensa.

Jolande Jacobi chega a classificar os arquétipos como "autoretratos dos instintos" na psique, que funcionam como imagens de acontecimentos psíquicos passados. Em seu livro *La Psicologia de C. Jung*, ela fala de uma outra definição dada pelo próprio Jung onde é mencionada a perenidade do arquétipo que aparece como uma "eterna presença"; porém a questão é se a consciência percebe ou não esta presença. A manifestação dos arquétipos pode se dar em diferentes graus e planos psíquicos, das mais diversas formas, adaptando-se em seus modos de manifestação às situações correspondentes, sem que perca sua estrutura e significação fundamental. Não podemos esquecer que a linguagem do inconsciente é figurada e se expressará sempre de forma simbólica, ou, como coloca Jacobi, em "uma parábola verbal". Assim, por exemplo, o Sol pode ser identificado com o leão, o rei; o tesouro protegido pelo dragão, a força vital do homem, sem que nenhuma dessas "parábolas" expresse integralmente o conteúdo desejado, que permanece desconhecido e não formulado, contrariando sempre o intelecto, não permitindo ser totalmente explicado ou liquidado.

Uma outra característica interessante do arquétipo e sua manifestação como símbolo é a sua bipolaridade. O arquétipo não é em si bom ou ruim. Todo arquétipo tem um caráter positivo, favorável, claro e orientado para cima, para uma elevação, um crescimento; e um outro aspecto negativo, mais sombrio e orientado para baixo, para uma decadência. Ativá-lo positiva ou negativamente depende de como vivenciamos determinado modelo ou experiência. Ele também não

[5] Jacobi, *Complexo, Arquétipo, Símbolo*, p.54

está circunscrito aos limites de tempo e espaço; pelo contrário, contém o antes e o depois, o para trás e o para frente, o que já foi e o que será, trazendo o sentido pleno de toda vivência, antes que seja feita a opção de como iremos fazer a atualização do potencial. Citando mais uma vez Jolande Jacobi, "O arquétipo não é algo que nasça de fatos físicos, mas algo que descreve como a psique vivencia o fato físico."[6] São prontidões específicas, atualizadas a partir de estímulos externos.

O número de arquétipos é relativamente limitado, pois corresponde às "possibilidades de vivências típicas fundamentais", que o ser humano experimentou desde sempre. A soma desses arquétipos significa para Jung a soma de todas as possibilidades latentes da psique humana, uma fonte inesgotável de conhecimentos muito antigos que falam das relações mais profundas entre Deus, homem e cosmos. O descobrimento dessa fonte incorpora o indivíduo ao ciclo eterno da vida. Há uma gama infinita de variações de um número limitado de acontecimentos que podemos chamar de numinosos - "mágicos" - que, ao passarem para o consciente, são sentidos como uma experiência de revelação, de redenção, ou mesmo uma inspiração salvadora. No momento dessa vivência, "o mundo do nosso consciente pessoal é religado com a experiência primária da realidade e o homem histórico e geral dentro de nós dá a mão ao homem individual que acaba de surgir."[7] Passamos a viver nosso mito pessoal, uma experiência arquetípica de grande impacto que pode ser a chave para a resolução de uma grande questão interior ou então a destruição de nosso equilíbrio psíquico, o que pode nos levar de volta ao caos, ao descontrole e à loucura. O inconsciente pode querer sinalizar fatos relevantes através de sonhos arquetípicos que costumam acontecer em momentos marcantes de nossas vidas e que indicam possibilidades de resolução que se originam no inconsciente desperto e atento para as situações de impasse psicológico.

Dentre os arquétipos mais trabalhados na obra de Jung podemos mencionar:

- A persona, que funciona como uma máscara necessária para o processo de socialização, de adaptação ao grupo social. Funciona como uma personalidade parcial, protetora, e que expressa a percepção que o indivíduo tem do que os outros esperam que ele faça em termos de papel social. Ela funciona como um bom mediador se conseguir se manter flexível e relativamente consciente, mas pode ser psicologicamente perigosa se houver um excesso de identificação do indivíduo,

[6] idem, ibidem, p.50
[7] idem, ibidem, p.67

sem a necessária análise crítica.

- A sombra, que pode basicamente ser definida como o conjunto de aspectos obscuros da personalidade, difíceis de serem reconhecidos e aceitos como parte integrante do eu. Aniela Jaffé a considera como "a parte inferior da personalidade, a soma de todos os elementos psíquicos pessoais e coletivos que, incompatíveis com a forma de vida conscientemente escolhida, não foram vividos e se unem ao inconsciente, formando uma personalidade parcial, relativamente autônoma, com tendências opostas às do consciente. A sombra se comporta de maneira compensatória em relação à consciência. Sua ação pode ser tanto positiva quanto negativa. No sonho, a sombra tem frequentemente o mesmo sexo que o sonhador. (...) enquanto arquétipo do 'eterno antagonista', procede do inconsciente coletivo."[8] Numa primeira fase, podemos dizer que a sombra é tudo aquilo que faz parte da pessoa e que ela desconhece. Ela é, em parte, constituída por elementos pessoais e, em parte, por elementos coletivos. Ela pode também funcionar no plano do inconsciente coletivo e ser, então, projetada sobre um indivíduo ou grupo estranhos à pessoa, que passa a funcionar como bode expiatório. As representações simbólicas mais comuns da sombra são o diabo, o tentador ou a tentação, a bruxa e o ilusionista.

- Anima e animus - definidas por Aniela Jaffé como "personificação da natureza feminina do inconsciente do homem e da natureza masculina do inconsciente da mulher. Tal bissexualidade psíquica é o reflexo de um fato biológico; o maior número de genes masculinos (ou femininos) determina os sexos. Um número restrito de genes do sexo oposto parece produzir um caráter correspondente ao sexo oposto mas, devido à sua inferioridade, usualmente permanece inconsciente."[9] É a imagem do homem ou da mulher que pertence ao conglomerado hereditário inconsciente, que pode ser projetada no ser amado e que funciona como uma das razões essenciais da atração amorosa. Como coloca o próprio Jung, quando fala sobre a anima: "Nenhum homem é tão inteiramente masculino que não tenha nada de feminino em si ... A repressão de traços femininos faz com que estas demandas contrassexuais se acumulem no inconsciente."[10]

- o arquétipo do herói - que está relacionado com a conquista da individualidade através dos ritos de passagem. Ele "representa a própria energia psíquica que transita entre o arquétipo do si-mesmo e o ego. Entre as personificações do masculino é a mais geral, oscilando desde

[8] Jung, *Memórias, Sonhos, Reflexões*, p.359
[9] idem, ibidem, p.351
[10] Hilmann, *Anima*, p.16

o *puer aeternus* até o pai", coloca Walter Boechat.[11] O herói sempre tem uma grande tarefa externa, condição básica para a conquista do seu espaço pessoal. Poderíamos dizer que a jornada heróica expressa a estruturação do consciente a partir do inconsciente. Assim que a tarefa é terminada, este arquétipo volta a se diluir no inconsciente, à espera de uma nova oportunidade para surgir. Caso esse processo não seja seguido, pode surgir a patologia da inflação do ego e a tentativa de construir o mundo real a partir dos impulsos do desejo individual.

• O velho sábio (uma representação da idéia de Deus) - que personifica o espírito no mito e no folclore. Podemos associar a figura do velho sábio a pessoas e personagens míticas que têm a função de preservar a memória de um grupo étnico, de guia dos mais jovens, que vão ouvir as suas histórias e conselhos. São mestres que dominam as artes essenciais para a sobrevivência do seu povo. Temos aqui figuras sábias como o chefe Seattle, citado por Campbell, que questiona a sua capacidade de vender a terra para os brancos, pois ela não lhe pertence. Os pajés das tribos indígenas também cumprem esse papel de conselheiro para assuntos de saúde e rituais. Nas tradições xamânicas, o xamã vai buscar a alma da pessoa no mundo dos espíritos, para trazê-la de volta à vida, numa jornada muito arriscada, onde ele mesmo pode morrer. Na tradição judaico-cristã podemos citar Abraão, o patriarca, e Moisés, o responsável pelas tábuas da lei, como dois exemplos do velho sábio. Na mitologia grega, Nereu, o velho do mar é a figura mítica que sabe de muitos segredos e pode ajudar os heróis humanos a conquistar seus tesouros.

• O casamento sagrado (hierogamos) - que expressa a união de figuras arquetípicas nos mitos de renascimento, na alquimia e nos rituais da antiguidade. Elas trazem a renovação da fertilidade da terra e a reunião do homem com a sua dimensão sagrada.

• O arquétipo do pai - que é geralmente associado à cultura e à tradição. Ele tem uma capacidade de penetrar e transformar a realidade concreta. A criação do mundo masculino se dá primeiramente através da conquista da natureza. Como diz Walter Boechat "O homem cria seu próprio mundo através da conquista da natureza, normalmente atribuída ao feminino; a consciência, de natureza masculina, se desdobra a partir da palavra e do discurso (logos), diferenciando-se gradualmente do inconsciente, o 'reino das mães.'"[12] Ele acaba sendo responsável pela perda do mundo da inocência e da fusão com

[11] Boechat, *Mitos e Arquétipos do Homem Contemporâneo*, p.35
[12] idem, ibidem, p.29

a figura materna. Perde-se a condição paradisíaca de um mundo onde não existe culpa ou falta. "É o homem que caminha da natureza para a cultura, do mundo da mãe em direção ao mundo do pai, como um peregrino em busca de sua realização."[13]

• O arquétipo da mãe - que é "o padrão herdado da possível experiência da maternidade e de ser objeto da proteção maternal"[14], trazendo também o ponto de vista da "mãe natureza", com os seus processos cíclicos de fertilidade, nascimento, desenvolvimento, destruição, esterilidade, morte e decadência. Simbolicamente está ligado às figuras côncavas, cavernas, vasos ocos, mandalas, à lua e a deusas que trazem a temática da maternidade como Bast, Ísis, Deméter e Kali. No contexto mais negativo, as deusas aparecem como a mãe devoradora e mostram a dinâmica regressiva e esmagadora do inconsciente coletivo, capaz de destruir a sua vítima (o próprio homem), recorrendo muitas vezes à sedução, como é o caso das sereias e monstros de voz doce. Quanto mais ancestrais as deusas, mais elas contêm o aspecto dual do arquétipo. Dentro do arquétipo materno há também uma faceta muito positiva que é a figura da velha sábia, representante da sabedoria feminina espiritual ou transformadora que funciona através dos instintos. Ela é um elemento de iniciação através de um mergulho no caminho do sacrifício e do sofrimento que levam à transformação psicológica. Ela pode ser representada pela figura de Sofia, de uma sacerdotisa, uma bruxa bondosa, uma cidade, um navio ou um recipiente que pode servir para a transformação: a pia batismal, o cadinho para as transformações alquímicas.

Neste trabalho estaremos basicamente abordando algumas manifesfações do arquétipo da mãe e da anima. Analisaremos diferentes possibilidades de desenvolvimento da relação mãe-filha e a triangulação feita com a figura masculina (marido/pai/irmão), sempre do ponto de vista do feminino, das deusas, recorrendo a exemplos nos campos da Propaganda e do Cinema.

Para finalizar, faremos uma última citação do próprio Jung, falando sobre o que é um arquétipo: "A psique fornece, incessantemente, através dos arquétipos, as figuras e formas que tornam possível o reconhecimento em si. Não há idéia ou pensamento essencial algum que não se baseie em formas arquetípicas originárias, que nasceram numa época em que o consciente ainda não pensava, mas percebia, e a idéia era ainda essencialmente reveladora, nada inventado, mas o que era imposto pela necessidade interna ou pelo caráter convincente dos

---

[13] Cavalcanti, *O Mundo do Pai*, p.19

[14] Wheelwright, *Em Busca da Vida*, p.244

fatos imediatos. Desse modo, os arquétipos nada mais são do que formas típicas de conceber e contemplar, de vivenciar e reagir, da maneira de se comportar e de sofrer, retratos da própria vida, que se compraz em produzir formas, em dissolvê-las e em reproduzi-las de novo com o velho cunho, não apenas no material como no psíquico e também no espiritual."[15]

A transposição da energia arquetípica para o consciente se faz, como já dissemos, através do símbolo e é sobre ele que falaremos a seguir.

[15] Jacobi, *Complexo, Arquétipo, Símbolo*, p.53

B. Entendendo o Símbolo

> *"Há um outro mundo", diz esse sonho. Bem ao lado do nosso. É um mundo brilhante, um mundo de imagens coloridas e memoráveis, de majestade, pompa e grandes histórias sendo representadas. E há portas entre os mundos, pois cada um deles precisa de alguma coisa do outro.*
>
> Stephen Larsen

É inegável a importância do símbolo na história do Homem. Sua característica analógica fala sobre a própria dinâmica humana da apreensão da realidade. Não podemos esquecer que a própria linguagem - seja falada ou escrita - constitui um processo simbólico, onde sons ou fonemas são codificados e compartilhados pelos membros de uma comunidade, para atender à sua necessidade de comunicação. A diversidade de leitura do símbolo fica por conta do universo de experiências de cada povo, embora se mantenha uma essência comum - a sua força arquetípica - como já vimos acima. Cada grupo "corta" a realidade de forma diferente, pois tem necessidades diferentes diante de cenários naturais também diversos. De qualquer forma, o símbolo sempre expressa a vontade do homem em entender o mundo que o cerca e se preparar para a luta pela sobrevivência.

Esta capacidade humana de captar e agir sobre o ambiente é o seu grande diferencial diante dos animais, que têm que se submeter de uma forma mais passiva às condições do seu *habitat.* A sobrevivência animal depende exclusivamente do grau de sofisticação dos seus instintos, enquanto que o homem, pela inteligência e memória, exerce uma ação transformadora sobre o ambiente, que, a partir do momento que é experimentada e consolidada, pode ser transmitida aos seus descendentes, num processo cumulativo. O símbolo vai, mais uma vez, funcionar como a ponte que permite a perpetuação do que foi aprendido, criando um código para que a transmissão se estabeleça. Citando mais uma vez Jolande Jacobi temos que "Essa qualidade mediadora e 'lançadora de pontes' do símbolo pode ser literalmente considerada um dos equipamentos mais engenhosos e importantes da 'administração' psíquica. É que ela forma, diante do caráter fracionário da Psique e da constante ameaça que isso representa para a sua estrutura unitária, o único contrapeso verdadeiro e preservador da saúde que a natureza pode enfrentar com esperança de sucesso. A razão é que, ao mesmo tempo que o símbolo anula os antagonismos, ao uni-los dentro de si, para logo deixar que novamente se separem, a fim de que não se estabeleça nem rigidez, nem imobilidade, ele mantém a vida psíquica em constante fluxo e a leva adiante no sentido do seu objetivo determinado pelo destino. Tensionar e soltar são pulsações contínuas do processo dialético que permeia toda a vida psíquica."[16]

Dentro desta visão, podemos entender porque alguns símbolos são tão reincidentes - eles certamente abordam vivências essenciais do Homem, que independem de tempo e espaço. Nas religiões e nas mitologias é onde os encontramos em maior número. Como coloca Jacobi, "essa força tornou-se, assim, a criadora do reino ilimitado dos mitos, contos, fábulas, epopéias, baladas, dramas, romances, etc.; vemos a sua atuação impressionante em todas as grandes obras atemporais da arte, que ligam o inesgotável passado arcaico ao futuro longínquo; podemos vê-la nas visões dos profetas e nas aparições e signos dos santos e dos buscadores religiosos, nas fantasias dos poetas, e, não por último, no mundo noturno dos sonhos, de onde ela tira, de maneira incansável e incessante, novos símbolos do inesgotável tesouro dos arquétipos."[17]

Quando o símbolo deixa de ter essa função mediadora, quer por ter sido excessivamente explorado pelo consciente (e neste caso transforma-se num estereótipo), quer por ter sido enquadrado num outro símbolo mais adequado, ele "morre" e o seu conteúdo arquetípico volta para as profundezas do inconsciente coletivo, aguardando ser novamente acessado por um novo símbolo, uma nova necessidade do consciente de ativar e atualizar aquela energia psíquica. Como diz Jung, "Enquanto um símbolo é vivo, ele é a expressão de uma coisa que não tem expressão melhor. Ele só é vivo enquanto está prenhe de sentido. Mas, após o nascimento do sentido, isto é, depois que este tenha encontrado a expressão que formula ainda melhor a coisa procurada, esperada ou intuída, o símbolo está morto e, desta forma, passa a ser um mero signo convencional. Por conseguinte, é impossível de todo criar um símbolo carregado de sentido a partir de relações conhecidas, porque o que foi assim criado jamais poderá conter mais do que nele havia sido posto."[18]

Muitos autores voltaram-se para o estudo do símbolo, numa tentativa de entender a sua força e vitalidade. Jacobi cita, por exemplo, Creutzer, para quem "o símbolo é capaz de, em certo sentido, tornar visível até o divino ... Com uma única expressão designa-se nele a visão do divino e a apoteose da imagem terrena."[19] Goethe fala que

---

[16] Jacobi, *Complexo, Arquétipo, Símbolo*, p.91
[17] idem, ibidem, p.74
[18] Jung, *Tipos Psicológicos*, p.643
[19] Creutzer, *Simbolismo e Mitologia dos Povos Antigos*, p.63 vol. I

"o simbolismo transforma o fenômeno em idéia, a idéia em imagem, de tal modo que a idéia permanece sempre infinitamente ativa e inatingível na imagem e, mesmo expressa em todas as línguas, permaneceria indizível."[20]

Gostaríamos agora de explorar um pouco mais o significado do símbolo na perspectiva junguiana. Como diz Jolande Jacobi "(...) o conteúdo puramente humano-coletivo do arquétipo - que representa a matéria prima fornecida pelo inconsciente coletivo - se relaciona com o consciente e o caráter formativo deste, o arquétipo recebe 'corpo', 'matéria', 'forma plástica', etc.; passa agora a ser apresentável e uma verdadeira imagem, uma imagem arquetípica, um símbolo. E, se quiséssemos defini-lo do ponto de vista funcional, poderíamos dizer que 'o arquétipo em si' é, essencialmente, energia psíquica aglomerada, mas o símbolo é agregado pelo modo como a energia aparece e se torna justamente constatável. Nesse sentido, Jung define o símbolo como 'índole e retrato da energia psíquica'."[21] Essa representação é, no entanto, apenas parcial, cobrindo um determinado campo de significado e nunca esgotando totalmente a energia psíquica que lhe deu origem.

Podemos fazer um paralelo com a construção de um personagem por um ator ou diretor, que inevitavelmente traz a carga de sua visão própria daquela figura ficcional. Nesse processo entra a bagagem individual de quem está re-criando a ficção, impregnada pela sua visão de mundo, seus valores pessoais e do grupo social a que pertence. O símbolo, independente de ter natureza concreta ou abstrata, representa a força criadora de imagens da alma humana. É o nosso "cineasta interior" que cria ambientações, cenários e personagens adequados para atualizarem as vivências essenciais que permeiam a alma humana desde todo o sempre.

O símbolo funciona como uma espécie de "tradução" do arquétipo para o consciente. É uma "imagem analógica" do evento físico, que é traduzido em "imagens", a saber, em formas arquetípicas. Esta é uma capacidade inerente da estrutura psíquica. O símbolo é acessado sempre que nosso consciente precisa "religar-se" com uma experiência primária da humanidade, quando o homem sente necessidade de colocar uma compreensão simbólica ao lado da compreensão realista do mundo e suas vivências. Jolande Jacobi apresenta os símbolos como "parábolas do imperecível", mas manifestados no âmbito do temporal, já que ambos fundem-se numa unidade de sentido. Quando o conteúdo de um símbolo se esgota, isto significa que o mistério que ele continha tornou-se inteiramente consciente. Desse modo, existem duas

[20] Goethe, *Máximas e Reflexões*, p.463 vol. II
[21] Jacobi, *Complexo, Arquétipo, Símbolo*, p.73

alternativas para o símbolo: racionalizar-se ou desaparecer nas profundezas do inconsciente, deixando apenas a "casca" do símbolo, que funciona como um estereótipo.

O aspecto bipolar do arquétipo também se manifesta no símbolo, o que nos permite analisá-lo, incorporá-lo ou rejeitá-lo, aceitá-lo como revelação ou como castigo. De qualquer forma, ele estará servindo como intermediário, como "ponte" entre um conteúdo inconsciente e a realidade externa.

Existem símbolos coletivos e individuais. Ambos se baseiam nas formas arquetípicas fundamentais, mas a diferença básica está na sua abrangência, que depende da sua força de expressão e também da riqueza de conteúdo que expressa. O símbolo coletivo atinge um grupo maior, pois acaba tocando num ponto sensível comum a um determinado círculo de pessoas. Quanto mais se generaliza, maior é a sua influência. Ele deixa de ser visto como pertencente ao indivíduo que o cunhou, que o trouxe à tona, e passa a ser visto como um símbolo coletivo. É isto que basicamente acontece com os símbolos religiosos e as mitologias. Um outro ponto importante é que quanto mais profundo e arcaico for, maior será a sua atração, a sua força mágica, numinosa, e mais próximo estará da força arquetípica que o originou. Já no caso de ser mais elaborado, ele estará mais próximo do consciente e menor será a sua força de atração.

Como coloca Jacobi[22] é interessante observar a palavra alemã para símbolo - *sinnbild*. Ela literalmente significa "imagem do sentido", composição que alude a ambas as esferas unidas nessa expressão: o sentido (sinn) como elemento integrante do consciente reconhecedor e formativo e a imagem (bild) como matéria-prima substancial do criador, seio primário do inconsciente coletivo que, pela união com o primeiro, recebe seu significado e forma. O próprio sentido etimológico da palavra grega *symballo* é reunir, juntar, o que traz a idéia de seu aspecto multifacetado. Pode-se também ligar a *symbolon*, que significa sinal externo a uma atividade divina (sacramental).

Como vimos, para continuar "vivo" o símbolo tem que manter sua essência incognoscível, encravada nas profundezas do inconsciente coletivo. Há casos em que ele se mantém vivo para alguns e morto para outros. Isto depende basicamente do contato que o ser humano ainda mantém com a linguagem esquecida da alma. É preciso entender o sentido de alma para Jung e seus discípulos. Ela "representa um conceito mais elevado do que espírito no sentido de ar ou gás. Como corpo sutil ou sopro da alma significa algo imaterial e mais fino

[22] idem, ibidem, p. 88

que o ar. Sua característica essencial é animar e ser animado."[23] Uma bonita imagem para este conceito é a de picos e vales. O contato é feito com a alma (vale) para depois chegar ao espírito (picos). É a alma que se exprime em imagens e aqueles que optaram por ser altamente civilizados e intelectualizados podem ter perdido temporariamente a capacidade de compreender intuitivamente o que jaz na essência interna da linguagem simbólica. Esta atitude pode estar revestida de um medo profundo de se deparar com conteúdos que a mente, o escudo dos racionalistas, não consiga explicar satisfatoriamente. Para fugir desse impasse, desse medo irracional, poderíamos sugerir que a realidade fosse encarada como sendo composta de sub-realidades complementares, mundos paralelos que se interpenetram e que constituem o conjunto de nossas percepções e vivências. Ao lado da realidade física, existe também a realidade simbólica, terra de nossos sonhos, visões, intuições, mundo mágico nos domínios do inconsciente coletivo, que transcende à dimensão tempo-espaço e onde jazem as raízes arquetípicas de nossa existência enquanto espécie.

Voltando ao símbolo, é preciso lembrar que a sua "inteireza" depende da união do conteúdo do inconsciente à força criadora do consciente, num fluxo energético permanente. Ele é uma espécie de instância mediadora para a incompatibilidade entre consciente e inconsciente, um autêntico mediador entre o oculto e o revelado. Como diz Jung "Ele não é nem abstrato nem concreto, nem racional nem irracional, nem real nem irreal; é sempre ambos."[24] O símbolo é essencialmente um unificador de polos opostos que solicita uma leitura ao mesmo tempo racional e intuitiva, objetiva e subjetiva, concreta e abstrata.

Finalmente, não podemos esquecer o caráter curador e restaurador do símbolo. Ele é capaz de dissolver bloqueios e pontos de energia psíquica estagnada, o que faz dele um elemento transformador. Para que esse efeito libertador e redentor apareça, é preciso que surja o motivo arquetípico originário. Isto geralmente se dá através de um sonho ou uma visão "de iluminação", carregados da energia numinosa do arquétipo. Mas é preciso lembrar que a sua força de fascinação tem também um alto potencial destrutivo. Mencionando mais uma vez Jacobi, temos uma imagem dramática dessa atuação: "Quando da escuridão da alma, surge um símbolo, ele tem sempre um caráter iluminador e, com frequência, pode até estar carregado de toda a numinosidade do arquétipo que nele se revela e atuar como um fascinador que ameaça dilacerar o que é tocado por ele, caso não se consiga encaixá-lo num

[23] Jung, *Collected Works*, vol.13 paragrafos 261-262
[24] idem, ibidem p. 90

símbolo coletivo."[25] Jung dizia que, num tratamento analítico, cada símbolo deveria ser analisado tanto do ponto de vista coletivo quanto individual, para então ser compreendido e interpretado.

O símbolo é a maior expressão da capacidade humana de transcender o seu lado animal, instintivo e da sua aproximação com o lado mágico e fértil inserido em todo e qualquer processo de criação. Ele é a ponte que liga nossa razão à nossa alma, passando por terrenos conhecidos e desconhecidos, pela luz e pelas sombras, unindo o passado, o presente e o eterno. Ele é a grande parábola da existência. Ele nunca é inventado; seu nascimento é espontâneo e misterioso e fala do lado oculto, dessa "caixa preta" interna onde surge a vida. E não adianta nós, mortais, orgulharmo-nos de termos sido eventualmente criadores de novos símbolos. Não passamos de mensageiros de conteúdos arquetípicos tocados pela vivência que estamos tendo.

Dentre as manifestações simbólicas, interessa-nos particularmente aquela expressa nos mitos, essas velhas histórias que abordam temas eternos da vivência humana. Existem, por detrás de seu relato linear, fatores sutis, um jogo de cena que denota o esforço humano em descobrir e entender o seu papel dentro do grande mundo que o cerca. Mas este é o assunto de nosso próximo tópico.

[25] idem, ibidem p. 96

C. Explorando o Mito

Os mitos são metáforas da potencialidade espiritual do ser humano, e os mesmos poderes que animam nossas vidas animam a vida do mundo.

Joseph Campbell

O mito será o último conceito a ser abordado antes de entrarmos na nossa pesquisa propriamente dita. Isto se dá em função da importância que o mito assume, dentro da visão junguiana, como expressão de vivências arquetípicas da humanidade.

Comecemos trazendo a descrição de mito na *Concise Columbia Encyclopedia*: "mitos são histórias tradicionais ocorridas num passado muito distante e atemporal e que envolvem elementos sobrenaturais. São produtos de culturas pré-racionais que expressam e explicam questões sérias como a criação do universo e da humanidade, a evolução da sociedade e o ciclo da fertilidade agrícola."

Mito pode também ser descrito como um relato simbólico ligado à dimensão do pensamento humano que transcende a esfera da vida cotidiana na busca de uma explicação mais filosófica sobre o significado da vida. Os deuses nada mais são do que personificações dessa compreensão mais abrangente e espelham as grandes expectativas do homem em relação ao seu destino. Assim sendo, cada povo constrói os seus mitos a partir de sua visão de mundo. Um povo agrícola, por exemplo, terá suas divindades ligadas às forças da natureza e às etapas do processo produtivo. Esta mitologia procura estabelecer uma ligação entre o homem e o mundo natural, reforçando o conceito interativo, onde o homem é visto como parte desse mundo, ao qual deve respeito e um certo grau de submissão para garantir a própria sobrevivência. A natureza aqui é vista como harmônica e protetora, fonte da própria vida, mas também da sua destruição. É interessante notar que há alguns anos essa concepção de natureza viva voltou a ser destaque, principalmente através de um grupo de cientistas que trabalham em busca de uma visão mais ecológica, conhecida como Teoria Gaia, cujo principal autor é James Lovelock. Ela também é abordada na obra de Fritjof Capra, sobretudo em *O Ponto de Mutação*.

Por outro lado, um povo guerreiro trabalhará com figuras mais combativas e que expressem e justifiquem a sua ânsia de conquista. A ênfase aqui está no fator sociológico: o homem não é apenas um ser natural, mas sobretudo pertence a um grupo, que funciona como ponto central, e que permanece coeso mesmo em suas perambulações pelo mundo. O papel da natureza é muito diferente nesta visão: ela é vista como algo a ser vencido e controlado. Esta é a mentalidade que prevaleceu no Ocidente nos últimos séculos e que nos levou à ameaça de desastre ecológico que enfrentamos atualmente.

Dentro do panteão mitológico, convivem figuras de luz e de sombra, "mocinhos e bandidos", já que o símbolo sempre vai trazer dentro de si os opostos que se complementam e formam uma unidade de sentido. É o ser e o não-ser formando o uno.

Joseph Campbell coloca que: "O material do mito é o material da nossa vida, do nosso corpo, do nosso ambiente; e uma mitologia viva, vital, lida com tudo isso nos termos que se mostram mais adequados à natureza do conhecimento da época."[26] Para ele, os mitos constituem uma fonte de sabedoria e de modelos de vida, a serem adaptados ao tempo em que se está vivendo. Campbell fala o seguinte: "(...) o que estamos procurando é uma experiência de estar vivos, de modo que nossas experiências de vida, no plano puramente físico, tenham ressonância no interior de nosso ser e de nossa realidade mais íntima, de modo que realmente sintamos o enlevo de estar vivos."[27] Recorrendo a uma imagem poética, o grande mitólogo compara o mito a uma música, criada pela imaginação, e que é "a canção do universo" em cujos acordes nos envolvemos, mesmo quando não conhecemos a melodia. Em outras palavras, o mito nos sensibiliza de uma forma inconsciente, como se tocasse a nossa essência mais profunda, a nossa alma. Bill Moyers, em sua longa entrevista com Campbell, coloca que: "Mitos são histórias de nossa busca da verdade, de sentido, de significação, através dos tempos (...) Precisamos que a vida tenha significação, precisamos tocar o eterno, compreender o misterioso, descobrir o que somos."[28]

Os mitos parecem ter múltiplas funções. Campbell menciona quatro maneiras de abordá-los e compreendê-los: "Os mitos têm basicamente quatro funções. A primeira é a função mística: (...) os mitos abrem o mundo para a dimensão do mistério, para a consciência do mistério que subjaz a todas as formas. (...) A segunda é a dimensão cosmológica, a dimensão da qual a ciência se ocupa - mostrando qual é a forma do universo, mas fazendo-o de uma tal maneira que o mistério, outra vez, se manifesta (...) A terceira função é a sociológica - suporte e validação de determinada ordem social. E aqui os mitos variam tremendamente de lugar para lugar (...) Foi essa função sociológica do mito que assumiu a direção do nosso mundo e está desatualizada (...)

[26] Campbell, *O Mito Através dos Tempos*, p.7
[27] idem, *O Poder do Mito*, p.5
[28] idem, ibidem, p.5

Mas existe uma quarta função do mito, aquela, segundo penso, com que todas as pessoas deviam tentar se relacionar - a função pedagógica, como viver uma vida humana sob qualquer circunstância."[29]

Mircea Eliade, um dos mais conhecidos pesquisadores de religiões deste século, traz a seguinte definição de mito: "Os mitos revelam estruturas do real e os múltiplos modos de existir no mundo. É por isso que constituem o modelo exemplar dos comportamentos humanos: revelam histórias verdadeiras, referindo-se às realidades (...) Um Deus ou um Herói civilizador, ao instituírem um comportamento - por exemplo, uma forma particular de alimentação - não só asseguraram a realidade desse comportamento (porque até então, essa atitude não existia, não se praticava, era portanto 'irreal'), mas, por motivo desse comportamento ser de sua invenção, ele é igualmente uma teofania, uma criação divina. Alimentando-se à maneira dos Deuses ou dos Heróis civilizadores, o homem repete os seus gestos e participa, de alguma forma, na sua presença"[30]

Diz mais adiante: "Não existe mito, se não existir o desvendar de um 'mistério', a revelação de um evento primevo que serviu de base quer a uma estrutura do real, quer a um comportamento humano... um mito torna-se um modelo 'para o mundo inteiro' (é assim que se considera a sociedade à qual pertence) e um modelo para a 'eternidade' (porque os fatos se passaram, *in illo tempore* e não participam nos conceitos de temporalidade). Por fim, há ainda uma nota específica que é importante: o mito é assumido pelo homem enquanto ser total, não se dirige apenas à sua inteligência ou à sua imaginação. Quando não é assumido como uma revelação de 'mistérios', o mito 'degrada-se', obscurece-se, transforma-se num conto ou numa lenda."[31]

Um outro autor também consultado é Jean Pierre Vernant, que traz algumas análises interessantes sobre o significado e o papel do mito e da mitologia. Falando sobre os diferentes tipos de documento que constituem o acervo da mitologia, diz que: "Esse balanço sumário (...) mostra seu caráter relativamente disparatado: múltiplas versões fragmentárias apresentadas em relatos curtos ou mesmo em resumos esqueléticos, transposições literárias mais ou menos recheadas e artificiais - vastas elaborações sistemáticas com vocação de teologia. Esses textos, que se situam em patamares de pensamento muito diferentes, têm em comum, inicialmente, o fato de se ligarem, apesar de suas divergências, a uma mesma tradição que podem modificar em certos pontos, mas na condição de se inscreverem em sua linha, de se sub-

[29] idem, ibidem, p.33
[30] Eliade, *Mitos, Sonhos e Mistérios*, p. 10
[31] idem, ibidem, p.11

meterem, ainda que para inovar, a certos limites, respeitando um jogo regulado de termos, associações, aproximações e contrastes fora dos quais a mensagem, no interior de uma cultura determinada, deixaria de ser inteligível. Além disso, são também narrativas capazes de encantar o ouvinte que deve ter, ao escutá-las, o mesmo prazer que nos contos e fábulas, embora sejam narrativas 'sérias' que, ao modo do fictício e do fantástico, falam de coisas absolutamente essenciais, tocando nas verdades mais profundas da existência."[32]

Já sobre o valor e a função do mito diz que "Reconheceram no mito, desde a era arcaica, um valor de ensino, mas ensino obscuro e secreto; atribuíram-lhe uma função de verdade, mas de uma verdade que não seria formulada diretamente, que teria necessidade, para que a alcançássemos, de ser traduzida numa outra língua cujo texto narrativo seria apenas sua expressão alegórica."[33]

Muitos outros autores - teóricos em suas áreas de especialização e escritores literários - discutiram ou utilizaram a linguagem mitológica. Gostaríamos de citar alguns. Bronislaw Malinowski, por exemplo, tinha uma visão mais antropológica de mito, que considerava como validações de modelos sociais estabelecidos. Sir James Frazer também adotava uma linha semelhante, com ênfase na idéia de que todos os mitos estavam originalmente ligados à idéia de fertilidade na natureza. Na linha de trabalho da semiótica temos a obra de Roland Barthes e é sua a seguinte definição de mito: "Não é nem uma mentira, nem uma confissão; é uma inflexão."[34] Para a socióloga Ann Oakley, "a função primária do mito é validar uma ordem social existente. O mito consagra valores sociais conservadores, colocando a tradição num pedestal. Ele expressa e confirma, ao invés de explicar ou questionar, as fontes das atitudes e valores culturais. Pois o mito ancora o presente no passado e é uma base sociológica para a sociedade futura, que é uma réplica exata da que existe no presente."[35]

Dentre os escritores, gostaríamos de mencionar Ionesco, que dizia "não há nada mais verdadeiro do que o mito: a história, na sua tentativa de compreender o mito, acaba distorcendo-o, pára no meio do caminho; quando a história diz ter 'sido bem sucedida', isto não passa de mentira e mistificação. Tudo o que sonhamos é realizável. Realidade não tem que ser: é simplesmente o que é."[36] Para Ítalo Calvino "o mito é a parte oculta de cada história, a parte enterrada, a região ainda inexplorada porque ainda não existem palavras que nos

---

[32] Vernant, *Mito e Sociedade na Grécia Antiga*, p.185

[33] idem, ibidem, p.186

[34] The Columbia Dictionary of Quotations

[35, 36] idem, ibidem

permitam chegar lá. O mito é alimentado tanto pelo silêncio como pelas palavras."[37] D. H. Lawrence fala do mito como "uma tentativa de narrar uma experiência humana completa, cujo propósito é muito profundo, penetrando tão fundo no sangue e na alma que não permite uma explicação ou descrição mental."[38]

Finalmente, antes de trazer o conceito de mito e mitologia de Paul Diel, um dos alicerces teóricos de nosso trabalho, gostaríamos de citar a visão de Jean Shinoda Bolen, uma psiquiatra americana que trabalha terapeuticamente com essas imagens mitológicas. Diz ela que "Os mitos gregos - e todos os outros contos de fada e mitos que ainda são contados há milhares de anos - permanecem correntes e pessoalmente relevantes, porque há uma ressonância de verdade neles sobre experiências humanas compartilhadas (...) Um mito é como um sonho do qual nos lembramos, até mesmo quando não é compreendido, porque ele é simbolicamente importante."[39] De acordo com o mitólogo Joseph Campbell, "sonho é mito personalizado; mito é sonho despersonalizado. Não é de admirar que os mitos invariavelmente pareçam algo vagamente familiar."[40] São as deusas gregas trazidas por Jean Shinoda que serão nossos modelos mitológicos para a abordagem simbólica do cinema e da propaganda.

[37, 38] idem, ibidem

[39] Bolen, *As Deusas e a Mulher*, p. 27

[40] Campbell, *O Herói de Mil Faces*, p.27

D. A Visão Mitológica de Paul Diel

A verdade essencial a todos os mitos estipula que o único meio de transcender o sofrimento exaltado consiste em limitar os desejos por si mesmo, harmonizá-los; não exaltá-los, para não ser obrigado a recalcá-los ou liberá-los de modo banal.

Paul Diel

Paul Diel, psicólogo francês (1893-1972), filósofo e psicólogo, também trouxe uma contribuição significativa para o estudo da mitologia e em toda a sua obra analisa o aparecimento e a formação da consciência no homem primitivo, mostrando a progressão evolutiva do instinto à razão. O estudo que fez do funcionamento psíquico e das instâncias conscientes e extraconscientes, o conduziu à elucidação do sentido oculto dos mitos, dos sonhos noturnos e dos sintomas psicopáticos. Sua teoria da motivação, seu estudo do simbolismo na mitologia grega e outras obras, nos mostram que a realidade mítica permeia nosso psiquismo. São suas estas palavras: "os mitos falam do destino humano sob o seu aspecto mais essencial; destino resultante do funcionamento sadio ou doentio (evolutivo ou involutivo) do psiquismo."[41] Assim o herói, ou o personagem mítico, não é um combatente real, já que o seu combate é menos um fato histórico do que psicológico. Ele não combate os perigos acidentais ou exteriores e, sim, luta contra o mal íntimo cujo sentido é a necessidade essencial da evolução, que é sua, mas que nessa luta representa todos os homens.

Para Paul Diel, a mitologia é o estudo do conteúdo dos mitos, sempre analisados em termos de tempo e espaço, dentro de uma visão histórico-cultural, lembrando que esse conteúdo terá sempre, implicitamente, uma metafísica e uma ética, onde os valores essenciais do homem aparecerão como parâmetros que possibilitam a sobrevivência e a vida em comum. O que seria essa ética, que é comum a todos os mitos? Para responder essa questão, que não é fácil, fizemos uma pesquisa sobre o aparecimento e desenvolvimento dos mitos e constatamos que o pensamento mítico e a elaboração da linguagem verbal surgiram ao mesmo tempo e tiveram origem na função pré-consciente que a psique do homem primitivo começava a desenvolver.

A linguagem falada e a mitológica, portanto, têm uma origem

---

[41] Diel, *O Simbolismo na Mitologia Grega*, p.13

comum: a capacidade do homem criar, representar e compreender símbolos. O significado que o homem atribui a tudo que o cerca, desde o mais simples objeto até o fenômeno mais complexo do seu meio e a sua capacidade de dar representação aos mesmos, lhe dá condições de repartir experiências comuns com outros homens. Historicamente, a psique do homem sofreu transformações gradativas, condizentes com a sua evolução enquanto espécie capaz de raciocinar. Como falamos na introdução deste trabalho, a psique humana evoluiu do primitivismo animista, quando os fenômenos da natureza subjugavam o homem, impotente para compreendê-los e colocá-los a seu serviço, para uma nova fase mais consciente, que incluía um certo grau de escolha e a participação ativa e criadora da vontade humana.

Para a psique pré-consciente, sua manifestação mais primitiva é a reação reflexa, isto é, uma reação segue sempre uma excitação. O movimento interno, o mundo interior, não existe ainda e portanto a emotividade não é parte integrante dessa psique. Nesta fase toda energia é absorvida pela satisfação das necessidades do ser primitivo: a nutrição e propagação da espécie. Não existe aqui nenhum obstáculo para a satisfação dessas necessidades, mas assim que o mesmo aparece, uma tensão energética é criada. Esse obstáculo é um fenômeno fundamental da vida manifesta. "É essa insuficiência inerente à vida manifesta, o primeiro sinal de sofrimento, veículo da evolução."[42]

Assim o ser primitivo pode satisfazer todas as suas necessidades básicas graças à sua reação reflexa: vive uma perfeita união entre o mundo interior e o exterior, não existindo nenhum conflito e nenhuma função intrapsíquica. Estas, se não imediatamente satisfeitas, "criam a insatisfação, a insuficiência, o sofrimento, o princípio do Mal; a possibilidade evolutiva é o princípio do Bem."[43] Portanto, o obstáculo gerando a insatisfação, gera também a possibilidade de superação. No plano humano, porém, a quantidade e variedade de excitações criadas pode se opor à evolução, pois ao não serem satisfeitas podem se exaltar e se opor às necessidades naturais e com isso transformar esse processo em deformação vital.

O obstáculo, na medida em que faz parte dessa nova realidade humana, vai criando excitações, tensões, que não sendo satisfeitas provocam uma sobrecarga na psique, que permanece, ainda que latente, gerando então um movimento psíquico: a emoção. Esta permitirá que se faça a distinção do mundo exterior (espacial), do mundo interior (temporal) e a interpenetração e fecundação criativa desses dois mundos.

A excitação que não se transformou em reação, e que portanto

---

[42] idem, *Psychologie de la Motivation*, p.49

[43] idem, ibidem p.50

ficou retida, vai se manifestar como uma tensão energética, uma intenção, que procura a satisfação futura: a primeira forma de desejo que levará o homem a agir, ainda que cegamente, tentando realizá-lo. Isto nem sempre é possível, o que exigirá um certo discernimento e uma capacidade adaptativa e seletiva constantes. Esse processo se torna cada vez mas complexo e necessidades novas aparecerão que, precisando ser satisfeitas, exigirão da psique uma ordenação funcional. Isto determina um trabalho intrapsíquico que prepara o trabalho extrapsíquico, as reações.

O desejo, portanto, sendo uma tensão energética, é a manifestação mais primitiva da energia psíquica. Essa tensão não é acalmada pela possessão do objeto exterior e, enquanto a excitação não encontra sua reação, o desejo permanece como tensão interior. Por exemplo, se a pessoa não possui um discernimento que possa fazê-la adaptar-se a uma situação, onde um determinado objeto desejado não tem condições de ser satisfeito naquele momento, uma tensão interior marca a psique. Essa marca não desaparece quando o desejo finalmente é satisfeito, pois outros mais apareceram e aparecerão. A satisfação completa só existe quando há um trabalho intrapsíquico tal que estabeleça um estratégia que vise alcançá-la. A pessoa tem que se sentir satisfeita, já que é a psique que se adapta ao mundo exterior, à realidade concreta, e não o contrário. O mundo emocional tem que se integrar criativamente a essa realidade.

Segundo Paul Diel, "o desejo é a função psíquica que marca o limite entre a vida inconsciente e a vida consciente. Com o aparecimento do desejo a vida consciente se inicia. A imagem do objeto, a representação imaginada que o objeto excitante deixa na psique, é o primeiro índicio da memória consciente. O desejo tem dois componentes: a representação e o afeto. O desejo é uma força física (do mundo físico - N.A.) e toda força possui uma intensidade e uma direção. Não é uma força cega, primitivamente retida, mas é uma força controlável."[44] A satisfação dos desejos nessa fase não terá mais um caráter instintivo mas resultará de uma decisão individualmente motivada. A procura dessa satisfação se torna intencional e voluntária.

A evolução da psique e suas funções superiores, como já dissemos, são resultado do trabalho intrapsíquico. Nesse trabalho, quanto mais os desejos se multiplicam e se diversificam, maior é a necessidade vital de ordená-los. Aparecem então desejos específicos que não querem a posse dos objetos exteriores mas que aspiram à harmonização do mundo interior, ao domínio, à possessão idealizada e ideal desse

[44] idem, ibidem p.60

mundo. Esses novos desejos foram surgindo à medida que a cultura se desenvolvia. Os desejos elementares só podem ser ordenados por uma função de comparação e julgamento. Estes, para serem ordenados, devem ser discriminados e comparados de acordo com o seu valor vital. A valorização introspectiva tende a suprimir os desejos nocivos vitalmente perigosos, a subtrair deles a energia, a fim de alimentar os desejos suscetíveis de serem incorporados harmoniosamente. Essa conexão harmoniosa em via de formação é o eu consciente.

Os desejos, portanto, que antes tinham um caráter de inconstância e mutabilidade, ao serem julgados e ordenados de acordo com seu valor vital, se transformam em intenções duráveis e em motivações para a ação consciente. Podemos concluir que, a partir daí, a finalidade domina todas as manifestações da vida. Esses desejos, ao serem harmonizados através do trabalho intrapsíquico, se tornam mais perceptíveis para o homem e é a partir dessa ordenação e da busca de meios para satisfazê-los que surge o pensamento. Assim, desse processo de ordenação e encadeamento sucessivo é que surge a imaginação.

A comparação, função consciente que ainda não se desenvolveu plenamente, e o processo imaginativo se tornam o limite entre a vida inconsciente e consciente. Esta contém de forma latente o princípio da espiritualização, isto é, a projeção dos desejos momentaneamente irrealizáveis num futuro realizador, o que constitui o início da formação do projeto. Ao elaborar um projeto que busca a satisfação dos desejos já discriminados segundo uma ordem ontológica, a psique adquire a possibilidade de direcionar o instinto, controlar sua intensidade e dessa forma transformá-lo num ato de decisão individualmente motivado. A busca de satisfação se torna intencional e voluntária e é nesse momento que a vontade aparece, incluindo aí a possibilidade de escolha.

A partir desse momento o homem se torna capaz de refletir sobre fatos e acontecimentos, de imaginá-los mesmo antes que ocorram, de guardar na memória as experiências passadas e, principalmente, de perceber os impulsos que o levam a agir. A ação do homem, que antes era meramente reativa e instintiva, passa, de agora em diante, a ter um caráter volitivo. Se antes o instinto determinava, como nos animais, todo o desenvolvimento da vida humana, agora a vontade do homem age sobre o mundo. A história perde, consequentemente, seu caráter mecanicista e repetitivo.

A escolha intencional e reflexiva representa, portanto, um passo importantíssimo na história da evolução do homem. Ela dá instrumentos para que ele se adapte às várias circunstâncias, adaptação essa exigida pela complexidade crescente que a vida foi adquirindo. Nesse processo, quanto mais lúcida e consciente for a escolha, menor será a probabilidade do homem se equivocar e, consequentemente, maior será sua evolução. Se ele escolher mal, poderá não ser prejudicado em termos físicos, mas sua psique ficará deformada e seu erro deverá ser sanado através das gerações seguintes pois, como Paul Diel diz: "(...) ele vive no meio formado pelas decisões justas e falsas das gerações passadas, meio, em geral, suficientemente organizado para garantir ao indivíduo sua vida, apesar de seus erros vitais. Mas ele perecerá psiquicamente: sua psique se deformará. A espécie continuará através da evolução histórica a combater o erro, perigo da vida insuficientemente consciente."[45]

O homem primitivo acreditava que as constantes mudanças que ocorriam no céu, a evolução dos astros e os fenômenos naturais, representavam a luta entre as divindades boas e más. Dado ao tamanho e complexidade desses fenômenos, se comparados com a curta vida do homem na terra, perguntas de ordem metafísica começaram a ser formuladas, tais como 'quem somos?', 'de onde viemos?' e 'para onde vamos?'. O homem percebeu, então, que as súplicas feitas aos deuses, só tinham sentido se houvesse uma participação disciplinada e ativa por parte dele. Assim, os mortais deveriam se tornar dignos da ajuda das divindades.

Com o desenvolvimento das culturas agrárias, a psique humana atingiu um estágio de complexidade nunca imaginado. Segundo Diel, "a imaginação não é mais somente afetiva e divagadora, mas também expressiva e simbolizadora; torna-se capaz de criar símbolos, ou seja, imagens de significação precisa, tendo por objetivo exprimir o destino do homem."[46] Desta forma, as intenções dos homens e dos deuses se encontram no mesmo plano simbólico e, consequentemente, o homem pode atingir o ideal representado pela divindade. O herói vencedor e os deuses possuem o mesmo valor significativo, podendo um representar o papel do outro. Consequentemente, estes, que antes representavam os fenômenos celestes, passam agora a ser a imagem idealizada da alma humana e de suas qualidades. Da mesma forma que o herói, o homem é convidado a participar da luta pelo seu bem estar, promovida pelos deuses considerados benévolos.

O homem adquire nesse estágio uma consciência que o levará a agir de acordo com suas motivações, escolhendo caminhos para realizar seu projeto. As divindades, até então consideradas donas do destino do homem, passam neste momento a ser modelos de comportamento nos quais o homem se espelha. Dessa forma, o que era vivenciado exteriormente, através de uma entidade que dirigia sua vida,

[45] idem, ibidem p.61

[46] idem, *Simbolismo na Mitologia Grega*, p.17

passa a fazer parte de uma realidade psíquica interior que o leva a agir. O sentido alegórico da divindade, que antes representava os fenômenos naturais que o subjugavam, transformou-se em possibilidade de atribuir significado a tudo que o cercava, agindo sobre essa realidade, transformando-a e, consequentemente, libertando-o do jugo da inevitabilidade dos acontecimentos. O homem passou a compreender que o único fenômeno inevitável era a morte. Esta passou a funcionar como elemento motriz da busca de sentido para a vida humana, influenciando a formação da sua estrutura psíquica.

O homem consciente, tendo uma psique que é capaz de refletir sobre os fatos e acontecimentos, vê-se com a possibilidade de mudar, num certo sentido, a sua própria história. No passado, quando a imaginação era totalmente contaminada pelas emoções e o homem tinha medo de tudo, sua ação era menos eficaz e tinha uma dimensão muito restrita. Ao começar a observar e compreender o mundo que o cercava, o homem notou que os fenômenos tinham uma conexão íntima e que, na medida que interagissem disciplinadamente, poderiam obter resultados muito melhores. Essa ação é constantemente julgada pelas divindades que representam o Bem e é a elas que o herói se reporta.

Segundo Paul Diel, "Visto que as intenções simbólicas das divindades apresentam-se tão somente como projeção das intenções reais do homem, cria-se uma corrente de obrigações entre o homem real e o símbolo divindade. O homem se encontra, em função do efeito de retração de sua própria projeção idealizante, como que convidado a participar, através do seu combate heróico, da luta travada pelas divindades benévolas para conseguir seu bem estar."[47] O homem se coloca, então, à altura da divindade que ele idealizou, procurando agir de acordo com a legalidade essencial e ontológica, combatendo como o herói e procurando a purificação de suas motivações para obter recompensas da divindade.

Quando as motivações se afastam do sentido original da vida, os desejos e as ações se manifestam de forma desordenada. Isto provoca a hostilidade dos homens entre si, produzindo, assim, os males terrenos que são imaginados como castigos enviados pela divindade. Num estágio posterior, a humanidade percebeu, então, que esses castigos eram causados por seus próprios desejos e ações e não pela ação dos deuses. Assim, o homem deixa de se perceber como observador exterior à cena para compreender seu papel de agente dentro das situações. O homem, mesmo o mais primitivo, tem dentro de si uma capacidade de observação que o leva, se não a compreender, pelo menos a pressentir a

[47] idem, ibidem p.18

diferença entre as suas motivações sensatas ou insensatas, já que se essa for insensata, ele certamente agirá de forma injusta e desordenada, o que lhe trará desequilíbrio, desarmonia, nervosidade e dor. A existência dessa observação íntima, tão pré-consciente quanto a que está presente nos mitos, é quase sempre negada. Segundo Diel isso é "(...) um sinal que se encontra sobrecarregada de vergonha. Toda psicologia humana pode ser desenvolvida a partir da análise dessa vergonha e das diferentes atitudes do homem em relação a ela (sublimação ou recalcamento). Toda simbolização do mito, segundo seu sentido oculto, encerra-se na análise dessa vergonha repressora e no valor da confissão sublimadora."[48]

A observação íntima dos fatos de ordem natural, transcendental, social e econômica substituiu a segurança do instinto animal e permitiu ao homem subsistir no mundo que lhe era hostil. A sua atenção se concentrou então no significado de toda sua atividade, para controlar suas ações e entender a dos outros homens, com a finalidade de se defender ou se impor.

Enquanto inconsciente, esta observação é incontrolável, podendo ser, muitas vezes, falha, já que se configura num nível pré-consciente carregado de subjetividade e afetividade, bem longe da certeza do pensamento lúcido. Ao chegar nesse estágio, "(...) a espécie humana não pode mais regressar à segurança instintiva; para orientar-se na vida, o homem deve evoluir em direção à lucidez sobre suas intenções secretas"[49], diz Paul Diel. O homem porém, trancou-se em si mesmo, dentro da sua afetividade, e com isto passou a justificar imaginativamente suas intenções, falsificando desta forma as suas motivações. O gênero humano acrescentava, assim, à sua natureza biológica e adaptativa, um caráter falsificador, mentiroso e consequentemente deformador, do qual ele se envergonhava e escondia. O homem terá, diante dessa vergonha escondida, que escolher uma maneira de esclarecê-la, para poder superá-la. Essa escolha é constantemente colocada diante de nós e o caminho escolhido vai nos levar, ou não, à evolução.

A espécie humana sobreviveu e evoluiu porque tinha mais condições que outras espécies do reino animal. A evolução só aconteceu porque o homem foi capaz de ultrapassar o sofrimento que as ações falsamente motivadas acarretavam e compreendeu que a única maneira de se harmonizar e sofrer menos seria repensar essas falsas motivações, tentando modificá-las e repará-las. Quando o homem agia (e continua agindo) motivado por falsas aspirações, emocional-

[48] idem, ibidem p.19
[49] idem, ibidem p.20

mente guiado pelo seu amor próprio, uma outra emotividade - a da culpa - se opunha às ações mentirosas. A culpabilidade é gerada pela angústia, que nada mais é do que o sentimento de ter feito uma escolha que contraria o sentido da vida. Essa angústia deforma a psique em diferentes graus, na medida em que é recalcada e reaparece em forma de imaginação obsessiva. Esta, ao se opor à consciência, destrói a coesão do eu, trazendo assim sintomas psicopáticos. Os mitos vão funcionar, então, como imagens guias que nos apontam ao mesmo tempo os comportamentos reais e caminhos ideais para alcançar a plenitude da vida. Seus relatos se apresentam como histórias reais que se projetarão na psique do homem. Essa projeção, leva a psique à conscientização e possivelmente à transformação.

Citando Diel, "a culpabilidade, que se constitui num erro vital, contém necessariamente a previsão obscura de uma direção sensata da vida: é o germe de uma orientação em direção ao sentido da vida. Esse sentido só pode ser o contrário perfeito da angústia culposa gerada pela ruptura da integridade intrapsíquica: a alegria que surge pela harmonização das motivações e ações."[50]

Dentro desta visão, a psique do homem elabora um cálculo psicológico, que tem a capacidade de se opor ao automatismo subconsciente, ver além da subjetividade incontrolável e oferecer alternativas mais saudáveis de viver. Esse processo de cálculo psicológico que o supraconsciente desencadeia possibilita o trabalho terapêutico, através da decomposição dos processos emocionais que aparecem quando expostos a uma pressão conflituosa. Quando a psique se encontra mergulhada num impasse, o cálculo psicológico, se for falso, a levará a um estado doentio de exaltação imaginativa, cujo último grau é a loucura.

Dessa forma, podemos dizer que os mitos são representações simbólicas desse cálculo psicológico supraconsciente do homem e não do seu inconsciente, se levarmos em conta que existe uma lógica nesse processo que deve ser previsível, obedecer um ordenamento legal e ser passível de ser percebido ou ao menos pressentido.

O estudo dos mitos, portanto, se os considerarmos como representações simbólicas de processos intrapsíquicos, vai nos possibilitar compreender o funcionamento desses processos, como também os seus possíveis desvios, considerados doentios na medida em que se afastam ou negam o sentido da vida: a evolução. Essa visão mítica contém, assim, simbolicamente, a formação sensata e a deformação insensata do nosso psiquismo. A preocupação inerente ao mito, de velar o seu conteúdo e de desvelar os processos descritos anteriormente, tem duas direções principais:

---

[50] idem, ibidem, p. 21

1. a causa primeira da vida (o tema metafísico), a origem desta, como, por que e por quem a vida foi criada, já que todas as mitologias antigas têm como tema principal a Criação do Mundo e sua relação com o Criador, e todas elas, mesmo com histórias bem diferentes, têm um sentido oculto, idêntico e puramente simbólico;

2. a conduta sensata da vida (o tema ético), na medida em que as histórias contadas nos mitos têm sempre um valor simbólico e oculto que se refere ao comportamento evolutivo. Isto não quer dizer que exista uma regra moral, rígida e que os personagens míticos a sigam à risca. O valor do mito está em descrever uma história comum a todos os homens, mostrando de uma forma realista o comportamento dos deuses, heróis, imortais e as conseqüências de seus atos, desde as mais corriqueiras até as mais funestas, de uma tal forma que a culpa não seja evidenciada. Esse é o segredo mais importante que o mito contém. Ao não se concentrar na culpabilidade, sua eficácia como instrumento de transformação cresce. É como se, ao contar e recontar essas histórias, tanto aquele que as conta como aquele que as ouve sofressem um processo de catarse interior que os leva a refletir sobre suas próprias vidas.

O mito vai sempre ser uma representação coletiva, transmitida através de várias gerações e que relata uma explicação do mundo, sendo sempre uma realidade profunda de nossa mente. Trata-se de uma metáfora da realidade social, que expressa expectativas humanas universais. Não é um dogma, como forma fixada de maneira permanente e rigorosa, servindo de fundamento para uma crença obrigatória, e é por isso mesmo que consegue manter um padrão de universalidade.

Assim, os mitos contêm sempre as possibilidades de escolha, que podem levar o indivíduo a processos evolutivos ou involutivos e, mais ainda, nos mostram que, ao escolher um deles, optamos também por todas as suas conseqüências. Existem leis que regem esses processos, não leis morais ligadas às convenções sociais, mas as que representam a adaptação ao sentido evolutivo da vida, à satisfação do desejo essencial que é obtido pelo domínio da multiplicidade dos desejos e sua harmonização.

O homem sempre buscou a sua dimensão mais ampla, mais sagrada. O mito proporciona esta vivência, permitindo que ela surja como uma espécie de epopéia que engrandece o indivíduo e o aproxima dos heróis e deuses. A própria jornada do herói ocorre menos na dimensão histórica do que na psicológica. É uma luta que se dá mais dentro da pessoa do que nos eventos externos, onde ela se defronta com a sua própria sombra, seus obstáculos pessoais no caminho da evolução natural. Citando Bachelard, temos que "(...) sempre houve a compreensão de que os mitos e as lendas desvelam as paixões radicais do coração humano."[51]

Segundo Paul Diel "o sentido real da vida resume-se na evolução. O funcionamento psíquico, tema dos mitos, é uma constelação evolutiva que resulta da evolução passada e aspira à evolução futura. O tema fundamental dos mitos é a evolução não somente do homem-indivíduo mas de toda a espécie humana."[52] A forma mais evoluída de consciência é o espírito, que se constitui na via evolutiva e que é responsável pela adaptação de todos os homens e de cada um de nós no mundo, às necessidades mais simples e, principalmente, à finalidade longínqua da vida. Segundo Diel, a obra de adaptação do homem e a superação da consciência primitiva estão longe de estar prontas em razão da dificuldade de compreensão dos processos conscientes e inconscientes, o que se constitui numa regressão em termos evolutivos. "(...) o desejo é o resultado do processo de diferenciação por que passa a necessidade elementar ao procurar tornar-se, através da via evolutiva (o supraconsciente), consciente de seus fins e seus meios de satisfação."[53]

Portanto, o homem é feliz quando satisfaz sua necessidade vital que, ao se apresentar múltipla e diferenciada (desejos materiais e sexuais são inúmeros), tem que ser harmonizada. O sofrimento tem como causa a insatisfação que se define como contraste entre desejo e realidade (considerada aqui como sentido da vida, a realidade ideal). O homem só pode compreender essa realidade ideal colocando-se em harmonia com o sentido da vida (a evolução) através da espiritualização do desejo (idéia) ou da sublimação (ideal) do mesmo. Esse processo no homem consiste em recuperar a calma e, sem medo ou exaltação, chegar à verdade essencial da vida debruçando-se sobre o mistério que a cerca. Esse comportamento conduz à contemplação calma o que, por sua vez, permite a concentração de todas as energias para agir sensatamente. O poder da ação baseada na contemplação e reflexão é muito grande, já que permite ao homem viver plenamente, olhando o mundo não mais sob a forma de obstáculo. Essa ação é, ao mesmo tempo, realização da idéia e do ideal. Ela é, segundo Diel "(...) tanto a representação objetivada, posse do mundo pela verdade e em verdade (espiritualização), quanto a posse sublime de si, aceitação de tudo que é imutável, sem qualquer resíduo de afetividade subjetiva que se poderia transformar em terror diante da vida, em angústia de remorso, de rancor e de ódio (sublimação)."[54]

---

[51] idem, ibidem, p. 10
[52] idem, ibidem, p. 29-30
[53] idem, ibidem, p. 30
[54] idem, ibidem, p. 32

Processo idêntico é encontrado nas histórias mitológicas, ainda que nelas nem sempre o deus, o herói ou o mortal consiguam compreender o sentido da evolução e se percam em labirintos criados por eles próprios. Quando, em vez de serem harmonizados, os desejos se mantêm insatisfeitos e inconscientes, geram nos seus agentes comportamentos patológicos, que poderão se desdobrar em comportamento doentio. O comportamento doentio pode se manifestar de duas formas básicas:

1. O Modo Nervoso:

Nervosidade é um processo patológico que gera deformações no homem mítico e no homem real. Tem como causa a representação imaginativa dos objetos desejados, elaborados, que em lugar de serem esclarecidos e objetivados, se tornam cada vez mais imaginativos e fantasiosos. Essa tensão exaltada do desejo insatisfeito e imaginário gera uma tensão psíquica, onde a afetividade torna-se impaciente e obsessiva, criando "(...) uma sobretensão, uma superexcitação insuportável"[55], que se torna irritação. À medida que esses desejos exaltados se acumulam, não encontrando meios para serem descarregados, sobrecarregam ainda mais a psique, que não consegue, de uma maneira sensata, livrar-se deles. O sentido da vida é perdido, o processo imaginativo se instala e o inconsciente e o supraconsciente se desordenam, gerando no indivíduo uma sensação de impotência, à qual ele responde ou se justificando pelo que não é realizável (já que é insensato), ou se desculpando pelos fracassos reais e inevitáveis. O indivíduo se desespera e se angustia, já que vai se distanciando da realidade concreta. Diel define a angústia como um desejo sob forma negativa. Ele diz: "A angústia é um estado convulsivo porque se compõe de duas atitudes diametralmente opostas: a *exaltação desejante* e a *inibição temerosa.*"[56] Esta deformação espiritual aparece claramente manifestada nas histórias de alguns heróis mitológicos tais como: Ícaro, Tântalo, Faeton, Ixion, Belerofonte. O combate dessa deformação aparece no mito de Perseu.

Este estado contraditório da psique, não podendo ser resolvido, gera um estado de desorientação permanente, que produz a convulsão e que não atinge somente as funções psíquicas (pensamento, vontade, sentimentos), mas também a soma (nosso corpo físico, a enervação do corpo, a mobilidade, as vísceras, a secreção glandular). O processo doentio da deformação do espírito, descrito anteriormente, tem vários graus de manifestação: desde a irritação nervosa ao desvario, até à

[55] idem, ibidem, p. 32
[56] idem, ibidem, p. 33

perda total desse espírito, que em última análise tem uma causa comum, a angústia, expressão da culpa vital. Esses processos se instalam na vida consciente e destroem a coesão do eu, a "individualidade, suporte da multiplicação excessiva dos desejos (...)"[57] e, em conseqüência, causa original da culpa provocada pelo esquecimento do apelo evolutivo do espírito, segundo Diel.

2. O Modo Banal:

A banalização ou a euforia banal, é uma deformação do espírito mais comum do que a irritação nervosa, deformação essa que se caracteriza por uma contenção imediata dos desejos que se acumularam. Um estado de subtensão energética se instala, o que gera uma automação dos processos psíquicos que, num estado permanente, trazem um vazio interior. A banalização na simbologia mítica, constitui o pior "(...) castigo que pode atingir o ser que se tornou consciente: a morte da alma, morte do impulso que anima, morte simbólica que atinge o homem durante a sua vida."[58]

A banalização pode se manifestar de três formas: convencional, dionisíaca e titânica.

• Convencional: nesse tipo, uma subtensão doentia se manifesta, sendo esta claramente a consequência da falta da função espiritualizante ou sublimadora que prepara a ação sensata. A razão, no caso do banal, é utilizada de uma forma utilitarista que elabora projetos que só a ele satisfazem e que dificilmente darão conta de disciplinar seus desejos exaltados pela imaginação. Este fato o leva a uma agitação constante, que só é acalmada, ainda que momentaneamente, pela descarga de ações impensadas. No banal não existe um acúmulo de energias pois elas são extravasadas através da ação imediata. Nele não existe um pensamento lúcido nem sentimentos fortes. Com isso, a capacidade supraconsciente e espiritualizante diminui e ele não consegue ter prazer intenso. Ele imagina que, satisfazendo todos os desejos que aparecem, vivendo intensamente todas as situações, encontrará o alívio e a felicidade. Nessa satisfação não existe, como no nervoso, o sofrimento que vem da culpa, mas esta se expressa através de um vago mal-estar que tende ao tédio. O vazio interior que se forma é preenchido através da busca incessante e obsessiva de prazer. Nessa forma, a razão perde sua lucidez e é carregada de afetividade primitiva. Com isso, o homem banal perde gradativamente sua personalidade. A luxúria, a busca do prazer sexual e a ganância são suas expressões mais

---

57 idem, ibidem, p. 34
58 idem, ibidem, p. 35

comuns. O mito de Midas nos mostra o que o amor irracional ao dinheiro pode gerar; o mito de Eros (filho de Afrodite), ao contrário, nos mostra como a banalização sexual pode levar o homem a conceber o amor sob uma forma perversa e que lhe pareça sedutora. Existe portanto uma necessidade, por parte de Eros, de esconder dos outros seu amor por Psiquê. Esconder-se para não ser julgado pelos outros é a forma mais comum de expressar um amor doentio. Esta forma, como veremos, nos interessa sobremaneira nesse trabalho.

• Dionisíaca: este tipo se caracteriza, não mais por uma vulgaridade, mas por uma sede incessante de buscar a satisfação sem limites. A busca de satisfação é provida de uma tentativa de sublimação falsa, isto é, ao buscar a intensidade da vida o banal se desvia do desejo essencial e se concentra nos desejos terrestres. Não existe nele nenhum tipo de inibição. Existe, isso sim, uma libertação enganosa que se caracteriza por uma consumação indisciplinada e depravada. Dionísio representa esse modo através de sua faceta que busca o prazer intenso e sem meias medidas. Os mitos de Medéia e Orfeu traduzem bem esse tipo.

• Titânica: caracteriza-se não mais por uma devassidão sexual ou ganância, mas por uma perversão da sociabilidade. Nesse tipo, a energia se dispersa através de uma imensidão de desejos materiais que se mesclam e se expressam por uma ambição obsessiva de melhorar o mundo. Existe aí uma agitação destrutiva e excessiva, uma falta de resistência em relação aos desejos materiais e terrestres, aliadas à uma falta de controle espiritual. Esse padrão se expressa através de uma vontade que quer banir o consciente, a verdade e qualquer lei sublime. Esse homem banalizado, portanto, visa um status social elevado, ainda que tenha que dominar os outros. Tem sempre o poder em suas mãos, mas usa-o de uma forma ambiciosa e pessoal. Na mitologia grega, Posídon é o exemplo mais perfeito desse padrão. Édipo, por sua vez, representa um tipo misto que mescla o tipo nervoso com o banal. Segundo Diel, ele é o nervoso banalizado que, como nervoso, luta contra o perigo banal e sucumbe. Ele consegue finalmente sair vitorioso desse combate quando se exila em Colono, onde passa a ter uma representação no santuário das Eumênides, divindades curativas. Isto significa que Édipo, ao perder a visão, começa realmente a enxergar sua verdadeira natureza. Temos ainda Hércules e Prometeu, que conseguem vencer a batalha contra a banalização: o primeiro através da realização dos Doze Trabalhos e o segundo através do seu filho, Deucalião, que consegue resgatar seu pai e a si mesmo desse estigma.

O resultado dessas deformações é a estagnação evolutiva, quando o homem que se tornou consciente involui para o estado instintivo. Os mitos, com seus monstros devoradores e sanguinolentos (perigos externos), nos lembram do "perigo essencial que reside na psique: a imaginação exaltada em relação a si mesmo, a vaidade"[59], nos diz Paul Diel. A vaidade engana o homem quando o faz crer que ajuda a evolução da vida. Ao contrário, ela é uma deformação do espírito que o cega e o impede de enxergar as próprias faltas. Cada falta cometida gera nele um sentimento de culpabilidade que poderá ajudá-lo a encontrar o caminho essencial perdido que, quando trilhado, traz um estado de harmonização e satisfação.

A mitologia narra a ousadia dos homens mortais em combater os monstros míticos que, para Paul Diel, não passam da "(...) presunçosa justificação de si mesmo e que gera ações culpáveis, que devasta o mundo e que destrói as almas."[60] Os heróis, quando agem com pureza, recebem das divindades armas simbólicas que lhes dão clarividência, o que lhes possibilita vencer. Quando vencem e matam o monstro mítico, que pode ser um animal devorador, uma peste, a fome, etc., matam também o seu monstro interior e salvam os homens que entenderam a sua mensagem. Essa deformação pode, muitas vezes, se transformar em estigma coletivo e então o monstro devorador simbolizará a patologia coletiva.

Assim sendo, os mitos contêm mais do que "a compreensão do sentido evolutivo e involutivo da psique, contêm a advertência sobre a existência de uma luta contra a involução, luta esta que o homem, para o seu próprio bem essencial, deve levar a cabo, com o objetivo de encontrar a satisfação, o sentido da vida."[61] Daí podemos concluir que a moral não é meramente uma convenção social ou algo dado pelo sobrenatural, mas um fenômeno natural inerente à vida evolutiva e que denominamos Ética. É essa ética que inspira aquele que age procurando a sua evolução e a de todos os homens. Esse processo supraconsciente da psique "tenta realizar a satisfação essencial, a felicidade, preferível ao prazer perverso, à paixão obsessiva dos gozos fúteis. Essa preferência não é devida a qualquer sentimentalismo face a um princípio extravital, mas à clarividência supraconsciente. Essa não é nada além que o pressentimento de uma direção evolutiva e também, consequentemente, o pressentimento de qualquer desvio em relação a essa direção que encarna a sensatez: a consciência."[62]

Esse modo, que visa a evolução constante e a satisfação ideal ou

---

[59] idem, ibidem, p. 35
[60] idem, ibidem, p. 36
[61] idem, ibidem, p. 37
[62] idem, ibidem, p. 37

idealizada dos desejos, pode ter duas manifestações: espiritualização - a busca da verdade ou sublimação - a busca da harmonia. Diel nos aponta que "psicologicamente, a sublimação é uma transformação energética da perversão: a energia psíquica pode ser sublimada ou pervertida."[63]

Resumindo, esses princípios éticos, que transparecem sempre no decorrer das histórias míticas, delineiam um conceito de justiça imanente à vida. Podemos, portanto, dizer que o homem-herói, ao não se submeter às leis dessa justiça, só conseguirá escapar à sua angústia e culpa, ainda que de uma maneira doentia, destruindo completamente o desejo evolutivo que existe nele. Essa destruição é uma perda essencial, encerrada no sentido oculto dos mitos.

A simbologia mítica, portanto, nos fala em grandes linhas da história essencial e ontológica da espécie humana que se tornou consciente. Esse sentido oculto dos mitos é carregado de elementos simbólicos que se estabeleceram através do processo analógico, função da psique consciente e supraconsciente, o que nos permite agrupá-los e analizá-los segundo seu significado mais constante, lembrando que o símbolo contém mais de um significado, podendo mesmo representar o seu oposto. Por exemplo, o sol pode significar luz ou fogo, isto é, pode iluminar ou queimar. Para Paul Diel, esses símbolos fundamentais referem-se às três instâncias que são acrescidas à psique humana em relação ao inconsciente animal: a imaginação exaltadora e repressora (subconsciente), o intelecto (o consciente) e o espírito (supraconsciente). São exemplos de símbolos míticos:

- o sol que ilumina o céu (supraconsciente espírito), significado que se estende às divindades solares;
- a lua e a noite (imaginação e subconsciente), o que se estende às divindades lunares;
- o topo de uma montanha (morada das divindades solares e, portanto, do supraconsciente);
- monstros que irrompem da região subterrânea, da cavidade sombria, do antro (inferno e tártaro, morada das culpas recalcadas);
- a terra, símbolo do consciente, onde as lutas heróicas acontecem;
- o fogo, em suas duas versões: o intelecto na sua forma revoltada, que representa o fogo devorador da imaginação exaltada, ou em sua forma iluminada, representando a luz que ilumina o céu e traz a compreensão purificadora e regeneradora (a capacidade curativa do símbolo);

---

[63] idem, ibidem, p. 42

- a água, em suas três vertentes: a purificação do desejo sob a forma mais sublime - a bondade; a purificação do caráter e a fecundação sublime através da chuva que cai do céu ou da água que forma os rios, que atravessam a terra e se lançam no mar, e em sua terceira vertente, quando congelada, simbolizando a completa estagnação psíquica.;

- o mar - símbolo do nascimento e da fonte primeira da vida. Ele representa a imensidão misteriosa da qual a vida emerge e em direção à qual a vida caminha. Já as regiões submarinas funcionam como símbolo do subconsciente pela sua dimensão profunda e escura;

- o lodo, a lama, o pântano: água que, ao ser misturada à terra (o desejo terrestre), perde a sua propriedade purificante e adquire uma característica de degeneração, de podridão.

A linguagem mítica, com seus deuses e heróis, tem uma importância muito grande, já que é através da sua tradução que conseguimos decifrar as motivações, as ações, suas conseqüências. Ela tem uma terminologia figurada e ao mesmo tempo precisa e flexível. A terminologia simbólica dos mitos chega, assim, a desenhar, em grandes linhas, a imagem da história essencial da espécie, que se tornou consciente: a perda da segurança instintiva e a conquista da certeza espiritual que se encontra somente na verdade (espiritualização) e na harmonia (sublimação).

Finalizando, gostaríamos de reforçar a idéia de que a imensidão dos domínios míticos contrasta com a restrição e até pobreza da vivência pessoal, da duração cronológica da vida. Há uma percepção inerente ao homem de que o mistério da vida transcende à sua capacidade de compreensão. E este é o mote que o impulsiona na sua eterna busca da explicação metafísica para a própria finalidade de existir, para então se perder nos campos sombrios da morte. Já a ação humana leva o homem a buscar os parâmetros éticos e morais que guiam a sua vida comunitária, o seu processo de socialização.

Fazem parte do acervo de mitos:

- a concepção metafísica da criação do mundo e a representação simbólica da evolução, prenunciando o começo da psique consciente e seus conflitos;

- a expulsão do paraíso como conseqüência da culpabilidade vaidosa;

- a busca da fonte da juventude como uma maneira do homem se eternizar e se igualar aos seus deuses;

- o dilúvio universal, como conseqüência da exaltação e da banalização dos homens;

- o combate heróico contra toda forma de exaltação e banalização, que salva o herói e todo o seu povo de um destino trágico;
- o encontro do herói com o velho sábio ou com a anciã, que lhe dá condições de realizar sua missão através dos conselhos recebidos;
- o seu contato com o feminino, que se dá em dois planos: o encontro com a pureza que terá que conquistar e incorporar e a ligação da alma com o ser feminino, parceiro da vida, condição decisiva de vida sadia;
- o mundo lunar das mulheres e o solar dos homens.

O mito, portanto, sendo o elemento essencial, nos aponta caminhos de transformação, sem realçar ou exaltar a culpa para não torná-la insuportável. Essa flexibilidade que o mito tem permite o processo de conscientização. Finalmente, essas histórias nos mostram, através do desenrolar de situações reais comuns a todos os homens, não só os fatos propriamente ditos, como também as conseqüências dos atos dos personagens míticos e os castigos que recebem quando não compreendem o sentido evolutivo da vida. O sofrimento que é gerado nesse processo pode fazê-lo tomar consciência de que foram seus desejos exaltados que provocaram angústia e culpa e que o desviaram do seu caminho evolutivo.

Neste trabalho estaremos analizando o comportamento de mulheres que, como as deusas gregas, desenvolveram personalidades diferentes, tiveram motivações vitais diversas e comportamentos coerentes com suas escolhas. O que nos interessa é decifrar o trabalho intrapsíquico de cada uma delas e as reações correspondentes. Gostaríamos ainda de mostrar a relação mítica de cada deusa com padrões femininos de comportamento, apontando a sua tragetória durante a vida.

E. Mito e Sociedade Moderna

> *O que sabemos é isto: a terra não pertence ao homem, o homem pertence à terra. Todas as coisas estão ligadas, assim como o sangue nos une a todos. O homem não teceu a rede da vida, é apenas um dos fios dela. O que quer que ele faça à rede, fará a si mesmo.*
>
> Chefe Seattle

Como vimos, são muitos os autores que falam da atemporalidade dos mitos, da sua eterna recorrência, com os devidos 'ajustes' locais. Mas como encaixar o mito na sociedade moderna?

Vivemos um momento particularmente desafiador na história da humanidade. As mudanças sociais são inexoráveis diante de um avanço tecnológico cada vez mais acelerado e de fronteiras cada vez mais tênues entre as nações do planeta. Os valores éticos também estão sendo revistos e há muita confusão e perplexidade no ar, face a um mundo em mutação. Certamente a globalização teve um papel preponderante. O volume de informações que nos chega diariamente através dos meios de comunicação, é muito maior do que a nossa capacidade de processamento. Esses "excessos" mexem em nossa segurança psicológica e dificultam a procura de um modelo pessoal de vida. Como diz Campbell: "Os mitos oferecem modelos de vida. Mas os modelos têm que ser adaptados ao tempo que você está vivendo; acontece que o nosso tempo mudou tão depressa que o que era aceitável há 50 anos não o é mais hoje. As virtudes do passado são os vícios de hoje. E muito do que se julgava serem os vícios do passado são as necessidades de hoje. A ordem moral tem de se harmonizar com as necessidades morais da vida real, no tempo, aqui e agora. Eis o que não estamos fazendo. A religião dos velhos tempos pertence a outra era, outras pessoas, outro sistema de valores humanos, outro universo. Voltando atrás, você abre mão de sua sincronia com a história. Nossos jovens perdem a fé nas religiões que lhes foram ensinadas e vão para dentro de si."[64]

Estamos, portanto, diante da necessidade de encontrar um novo modelo que, na nossa 'aldeia global', só pode ser do planeta. Essa nova mitologia não existe, mas é preciso criá-la, para que possamos voltar a nos sentir enraizados, perceber que existe um caminho a ser trilhado e que pertencemos a uma cultura, a um tempo e a um espaço determinados. A descoberta dessa "nova ordem" é essencial para evitar um processo de desagregação social, já prenunciado em muitos filmes

[64] Campbell, *O Poder do Mito*, p.13

futuristas como "Blade Runner", "O Buraco Branco no Tempo" e "O Ponto de Mutação".

O endeusamento excessivo da ciência, do racionalismo, do positivismo e de todos os "ismos" que mudaram a sociedade nos últimos duzentos anos já mostra os primeiros sinais de esgotamento. As atenções agora se voltam para a incógnita do futuro. Temos ainda o desafio adicional de vencer a angústia característica de *fin de siècle*, que traz um medo muito grande quanto ao devir, uma sensação de vazio e de falta de perspectivas, que pode levar a um comportamento extremamente escapista e destrutivo, do qual a disseminação das drogas é apenas o exemplo mais dramático.

Mais uma vez, o que sai na vanguarda é a arte, como a "antena" capaz de captar o futuro encaminhamento, congelando-o em imagens, que certamente serão contestadas ou rejeitadas pela porção mais tradicional da sociedade, já que esse caminho ameaça a estabilidade dos valores vigentes. De qualquer forma, há um efeito catártico que leva a uma transformação, mesmo que forçada, da visão de mundo pessoal e coletiva.

Nesta linha de pensamento, gostaríamos de citar Mircea Eliade quando fala do papel da arte, só que trazendo-o para a dimensão individual, como potencial existente em todo ser humano. Diz ele: "É preciso redescobrir as fontes espirituais das artes negra ou oceânica em nós mesmos, é preciso tomar consciência do que resta ainda de 'mítico' numa existência moderna, e que assim sucede justamente porque esse comportamento é, também ele, consubstancial com a condição humana, enquanto expressão da angustia perante o Tempo."[65]

Em nosso movimento para a frente - a busca de um novo paradigma - estaremos mais uma vez reformulando algo que surgiu no passado. Estaremos reformulando um velho mito, no eterno processo recorrente que marca a existência do próprio universo. Estaremos entrando mais uma vez no mundo fantástico das possibilidades simbólicas, da postura de maravilhamento diante da própria existência. Joseph Campbell, desta vez falando do potencial de transformação que existe na linguagem cinematográfica e no mundo criado por ela, diz que "Existe algo mágico nos filmes. A pessoa que você vê está ao mesmo tempo em outro lugar. Este é um atributo de Deus. (...) É uma presença múltipla. O que você vê na tela não é de fato ele, contudo 'ele' está lá. Através de múltiplas formas, a forma das formas, de que tudo isso provém, está exatamente ali."[66]

O mundo mágico da tela adentra em nossos mundos particulares

[65] Eliade, *Mitos, Sonhos e Mistérios*, p. 26
[66] Campbell, *O Poder do Mito*, p.16

e nos faz participar intensamente desse processo de mudança do homem. Os atores acabam funcionando como uma espécie de representantes dos heróis mitológicos que se movimentam por detrás da cena, nos domínios do inconsciente, e que servem de modelos, mesmo que apenas parciais, para os nossos processos de individuação.

Estamos, mais uma vez, procurando sustentação, raízes para o estabelecimento de uma nova sociedade. Na busca dessas raízes, voltamos a nossa atenção para o processo que marca a própria continuidade da espécie - a maternidade e as relações entre homens e mulheres.

A preocupação do homem com a continuidade da espécie funciona, assim, como um tema recorrente, que serve de ponto de partida para a análise das relações mãe-filhos, tão presente na realidade moderna. Dentro desse universo, é preciso separar a interação mãe-filha daquela que se desenvolve entre mãe e filho, de natureza diferente. Isto ocorre basicamente porque na primeira há uma expectativa da mãe de continuidade dos seus padrões de comportamento, a ser preenchida, ou não, pela filha. No segundo caso - a relação mãe-filho - a dinâmica é de parceria e complementação de papéis, uma espécie de extensão ou rejeição da relação existente entre a mulher e o seu companheiro.

O nosso foco, como já dissemos, será apenas no primeiro caso - mãe e filha - e em como essa vivência interfere em todos os modelos de relação que ambas possam estabelecer com os outros seres humanos que participam de suas vidas. As diferentes possibilidades serão exploradas, partindo-se da idéia de que cada modelo tem por trás uma determinada figura mitológica, servindo como uma espécie de "raiz arquetípica".

III

O MUNDO FEMININO

Se examinarmos a totalidade da esfera simbólica determinada pelo carácter vaso do Grande Feminino, reconhecemos que este Feminino - como o "princípio criativo" - abrange o mundo todo, em seus caracteres elementar e de transformação. Em sua unidade original, é a totalidade da natureza, de onde surge toda a vida, a desenvolver-se e assumir em sua mais elevada transformação.

Erich Neumann

A Psicologia, em suas muitas escolas, corrobora a tese de que os primeiros anos de vida marcam profundamente a psique humana e definem um padrão que será mantido na idade adulta, com seus traumas e disfunções. A relação que a criança desenvolve na família, sobretudo com a mãe, constitui o eixo central na formação da sua personalidade. A mulher, no seu processo de desenvolvimento psicológico, entra em contato com facetas diferentes do mundo feminino e é da sua reação diante delas que estará se formando a sua personalidade.

Segundo Erich Neumann, na base desse processo existem dois aspectos distintos da natureza feminina, que podem ser vividos de formas diferentes pelas mulheres:

- como forças que se interpenetram;
- como forças que coexistem;
- como forças que se hostilizam.

O primeiro aspecto é chamado de caráter elementar, de natureza envolvente e possessiva e que não abre mão daquilo que originou, seja um filho ou uma obra. É o aspecto que se manifesta através da atitude maternal, provedora de alimento, calor e proteção ou, de forma negativa, através da rejeição ou privação. Ele é a origem da tendência conservadora, imutável e estável do Feminino. É também responsável pelo potencial devorador da Mãe Terrível, que engole seus filhos quando eles ameaçam romper com seu poder, normalmente expresso quando são destruídas as barreiras do Ego que o defendem deste aspecto avassalador do inconsciente.

O segundo aspecto é o caráter de transformação, a energia oposta que enfatiza o potencial dinâmico da psique, que busca transformar algo já existente, algo que anteriormente pertencia à esfera elementar. Erich Neumann coloca que os mistérios de transformação da mulher são basicamente ligados ao sangue, levando-a a entrar em contato com a própria capacidade de procriar e que tanto provocaram a admiração e a reverência do homem primitivo. Existem basicamente três formas de experiência:

- a menstruação, que marca de forma intensa a transformação da menina em mulher;
- a gravidez, que é a interrupção do sangramento mensal e que para os antigos era resultado do sangue feminino;
- o aleitamento, que era visto como a transformação do sangue em leite.

A mulher vivencia o caráter de transformação primeiro em seu próprio corpo e depois através da relação com o homem. Já o homem pode ser inspirado pela essência feminina que existe dentro de si, ou que é projetada numa mulher real, através da ativação do arquétipo da anima.

A dinâmica desses relacionamentos intrapessoais (duas facetas opostas dentro do ser humano) ou interpessoais (entre homens e mulheres) pode ser analisada simbolicamente através das histórias de algumas deusas gregas, observando-se quais são os possíveis desdobramentos das relações femininas. Não nos esqueçamos de que a história de uma deusa funciona como uma metáfora da história de uma mulher, trazendo um padrão de se ver e viver o mundo das relações humanas.

Existe hoje uma vasta bibliografia que procura ligar as figuras mitológicas aos tipos psicológicos e às visões de mundo do homem. Dentre os autores gostaríamos de dar um destaque especial a Jean Shinoda Bolen, psiquiatra americana que explorou mitos femininos e masculinos como expressões de personalidade, chegando a imaginar quais seriam os seus padrões de comportamento e relacionamento nas diversas fases da vida. Esta autora afirma que a mulher está dividida entre dois campos de influência, ou seja, internamente é dirigida por "arquétipos divinos" (as deusas interiores), que constituem padrões internos, e externamente pelos estereótipos culturais, que tentam lhe impor papéis específicos e determinados pelo grupo social. Essas deusas interiores acabam explicando a força de certos instintos, de certas prioridades e habilidades, bem como as escolhas pessoais que a mulher faz em sua vida.

Uma outra autora importante e muito citada neste livro é Jennifer Woolger que, em parceria com seu marido Roger, deu continuidade e aprofundou as idéias de Bolen em seu livro A *Deusa Interior*.

Passemos, agora, a expor as múltiplas possibilidades da relação mãe-filha dentro da visão junguiana, incorporando a cada uma delas um ou mais padrões de deusas interiores.

A. O Arquétipo da Mãe - as possíveis relações mãe-filha

Da teoria junguiana dos arquétipos, analisada anteriormente, vamos destacar o arquétipo da mãe, suas formas e características principais, o que nos ajudará a esclarecer facetas do feminino. A maternidade representa a possibilidade de geração e manutenção da vida na Terra, onde a fecundidade feminina tem um papel importante. Este arquétipo assegura, portanto, a continuidade da espécie e permite a sua evolução. As imagens arquetípicas primordiais formadas na psique do homem são "ativas e vivas e, da mesma maneira que o instinto, pré-formam e influenciam o pensamento, o sentir e o atuar de cada psique."[67]

A manifestação do arquétipo da mãe, em cada caso específico, não depende somente dele, mas de outros fatores da realidade. Essa imagem arquetípica mostra algumas formas variadas da idéia de mãe, mas mantém uma unidade de significação. Para Jung, o arquétipo da mãe traz uma série de imagens que englobam desde figuras mais próximas até símbolos mais despersonalizados e abrangentes.[68] Temos, portanto, que este arquétipo se manifesta através de:

- figuras mais próximas como a mãe e a avó pessoais, a madrasta e a sogra, além de qualquer mulher com a qual se está em relação, incluindo também a empregada e a babá;

- imagens mais distantes e simbólicas, como por exemplo o remoto antepassado feminino e a mulher branca;

- figura mais elevada de uma deusa, (como Deméter e Isis) e, principalmente, da mãe de Deus; imagens mais primitivas como Sophia, mãe bondosa e sábia, e a mãe-amante do tipo Cibele-Átis;

Num plano ainda mais metafórico, o arquétipo da mãe pode se apresentar sob formas as mais variadas, tais como:

- o anseio de salvação, expresso nos símbolos do Paraíso, do reino de Deus, ou referindo-se a locais e instituições que têm como objetivo a preservação da vida, da fé ou do conhecimento como a igreja, a universidade, a cidade, o país, o céu, a terra, o bosque, o mar e o poço;

- a matéria, o mundo inferior e a lua, o campo, o jardim, o penhasco,

---

[67] Jung, *Arquetipos e Inconsciente Colectivo*, p.73
[68] idem, ibidem, adaptação das autoras

a cova, a árvore, o manancial, a fonte profunda, a pia batismal, a flor como recipiente (a rosa e o lótus);

- o círculo mágico, toda matriz, toda forma oca como a tijela, o forno, a panela, o vaso;

- animais, como a vaca, a lebre, a ursa, todo animal útil em geral.

Existem ainda outras formas, onde o arquétipo da mãe se apresenta sob forma negativa e nefasta, tais como:

- as deusas do destino (Parcas, Gréias e Górgonas);

- a figura ameaçadora da bruxa;

- Lilith, a primeira mulher de Adão, ligada ai feminino destruidor e obsessivo;

- o dragão, a serpente ou qualquer outro animal que devora ou envolve suas vítimas num abraço mortal;

- as impressões ligadas à falta de vida que são provocadas pela visão do túmulo, do sarcófago, da morte, do fantasma noturno.

As características essenciais desse arquétipo são "materno, autoridade do feminino, a sabedoria e a elevação espiritual que está além da compreensão: a bondade protetora, sustentadora, provedora de crescimento, fertilidade e alimento; os lugares da transformação mágica, do renascimento; o impulso ou instinto benéficos, o secreto, o oculto, o sombrio, o abismo, o mundo dos mortos, o que devora, seduz e envenena, o que provoca medo e é sem saída."[69]

Ou seja, constatamos que a imagem da mãe segue sempre um padrão arquetípico porque tem um caráter universal e imperecível que se integra à influência da figura da mãe pessoal. Dessa maneira, Jung divide em dois grupos os efeitos traumáticos causados pela relação com a mãe:

- os que estão relacionados com as peculiaridades do caráter ou atitudes da mãe pessoal;

- os que só aparentemente lhe pertencem, pois estão relacionados com as projeções fantásticas que a criança faz.

O arquétipo da mãe constitui a base do chamado *complexo materno*. Este complexo é constituído de um núcleo inconsciente portador de significado e não dirigível, ligado a uma série de associações relativas à vivência pessoal e à disposição original do indivíduo (seu

[69] idem, ibidem, p.75

caráter, índole). Basicamente podemos dizer que ao longo de nossa vida, principalmente ao longo dos primeiros anos, vamos acumulando uma série de lembranças, positivas e negativas, da relação desenvolvida com a nossa mãe real. Sempre que tivermos de nos confrontar com experiências semelhantes às que vivemos com a mãe, acionamos o complexo materno. Segundo Jung, a mãe real tem uma participação ativa no processo que causa a perturbação psíquica, principalmente nas neuroses infantis, ou naquelas que ocorreram na primeira infância. Assim temos que, em todos os casos, a esfera instintiva da criança é atingida e os arquétipos se agrupam e permanecem entre a mãe e o filho como um elemento estranho e que geralmente causa medo.

O complexo materno é um conceito que, quando vinculado à psicopatologia, vai estar sempre ligado ao sentido de dano e doença. Se, ao inverso, dermos a esse complexo uma dimensão maior e mais abrangente e o tirarmos do campo da patologia, ele terá uma importância muito grande e universal, exercendo uma ação positiva sobre todos os indivíduos. No filho, por exemplo, pode provocar uma negação da sua masculinidade ou uma relação saudável com o feminino e com a estética.

Todos os arquétipos do filho ou da filha em relação à mãe aparecem nos mitologemas e apresentam sempre diferentes processos se a criança ou jovem for homem ou mulher. Os mitos/arquétipos sempre vêm acompanhados dos opostos positivo e negativo; a escolha da postura individual diante desses arquétipos vai depender de como o filho ou a filha os introjeta, elabora e assimila.

Complementando a conceituação de complexo, é importante enfatizar que ele pode manifestar todos os graus de autonomia: alguns permanecem pacificamente no inconsciente, outros perturbam a ordem da psique e outros ainda já penetraram no consciente, mas permanecem como energias independentes. Podem ainda funcionar como elementos numinosos que auxiliam no processo de crescimento pessoal (atitude positiva diante do complexo) ou que degeneram e até desintegram a própria psique (atitude negativa).

É preciso também fazer uma distinção entre os complexos que são formados a partir de experiências dolorosas da vida individual (e portanto de caráter pessoal), daqueles que são gerados a partir de conteúdos irracionais e totalmente inconscientes para o indivíduo, cuja fonte estaria no inconsciente coletivo. A resolução e reintegração de um complexo pessoal pode ter um efeito regenerador e curativo, mas fica difícil, e pode ser até perigoso, incorporar um complexo coletivo inconsciente, o que levaria à desmoralização e ruína.

Existem, portanto, quatro saídas possíveis diante do complexo:

• falta de consciência - o que leva a pessoa a não integrá-lo, ficando ele como energia autônoma e podendo provocar uma neurose e até uma dissociação em dupla personalidade; ou até ser reconhecido intelectualmente, mas continuando ativo por não ser vivido em sua emoção;

• identificação parcial ou plena - faz com que a pessoa se torne apenas uma espécie de porta-voz das expectativas e desejos da pessoa com a qual se identifica, por exemplo uma mãe ou um pai dominador e poderoso;

• projeção - a pessoa 'sente' essa energia como se fosse externa, o que pode levá-la a se sentir perseguida - entrar em paranóia - e nos casos mais graves pode provocar todo tipo de alucinação;

• confrontação - não apenas racional, mas em toda a sua carga emocional, revelando-se assim o conflito interno, a incompatibilidade entre dois polos hostis que provocou esse nó energético, sendo que só esta última alternativa pode levar à dissolução do seu conteúdo energético autônomo e portanto à resolução do mesmo. Para que isto ocorra, é preciso que este conteúdo emocional seja totalmente esgotado. É este o processo que se deseja num trabalho terapêutico.

Também podemos dizer que o complexo tem duas raízes (conflitos atuais ou da primeira infância), duas naturezas (manifestar-se de forma doentia ou sadia) e pode provocar dois tipos de reação (positiva e construtiva ou negativa e desagregadora).

O fenômeno da identificação parcial ou completa do "eu" com o complexo pode ser bem observado exatamente nas pessoas que têm um complexo materno muito desenvolvido, fazendo com que elas passem a incorporar palavras, opiniões, atitudes, desejos e aspirações da mãe. É bem perigosa esta incapacidade de não diferenciar os conteúdos que pertencem efetivamente ao consciente daqueles que são decorrentes de um complexo inconsciente, pois isto pode levar a pessoa a ter muita dificuldade em se adaptar à sua realidade interna e externa, o que bloqueia a sua capacidade de julgamento e impede qualquer contato humano satisfatório.

O complexo materno tem efeitos diferentes num filho ou numa filha. No homem, dentro da vertente negativa, pode levar ao homossexualismo ou donjuanismo e às vezes à impotência. Já quando é trabalhado positivamente, produz uma diferenciação do Eros, ou ainda dá lugar a um desenvolvimento do bom gosto e da estética, aos quais uma certa dose de feminino acaba agindo como fator de refinamento. Uma outra saída positiva é quando funciona como um estímulo para o espírito histórico, que preserva a memória e, portanto, mantém e dá significado aos valores do passado ou ainda ao espírito religioso e a uma receptividade espiritual que converte o homem em ser religioso. De qualquer forma, no filho o complexo materno não é "puro", porque existe uma diferença de sexo e essa diferença é o motivo pelo qual, em todo complexo materno masculino, o arquétipo da companheira sexual, ou da vivência da anima, desempenha um papel muito importante junto ao arquétipo da mãe.

Na mulher, o complexo materno aparece puro e sem muitas complicações. Suas conseqüências são: de um lado, proporciona um desenvolvimento muito grande do instinto feminino e do outro, pode causar um debilitamento do mesmo, chegando até à própria extinção. No primeiro caso, o predomínio do instinto torna a filha inconsciente de sua própria personalidade e no outro desenvolve-se uma projeção do instinto sobre a mãe. Desse modo, verificamos que o complexo materno da filha aumenta exageradamente o instinto feminino ou o reprime também exageradamente.

B. O Complexo Materno na Mulher

Segundo Jung, o complexo materno na mulher pode se apresentar em diferentes padrões:

1. a hipertrofia do feminino;

2. a identificação com a mãe, repetindo o modelo maternal ou partindo para uma identificação com um marido;

3. a exaltação do Eros;

4. a defesa contra a mãe, pela negação ou pelo desconhecimento.

Cada um desses padrões parece acionar um mito feminino diferente, trazendo uma relação específica da mulher com o mundo feminino, através da relação que cada deusa estabelece com a sua própria mãe. Vamos recorrer aos mitos gregos para trazer esses diferentes caminhos do comportamento feminino.

1. A Hipertrofia do Feminino e o Mito de Deméter

O complexo materno provoca na filha uma hipertrofia ou uma atrofia do feminino. Assim, a exaltação deste significa um fortalecimento de todos os instintos femininos e em especial o materno, o que na sua exacerbação pode gerar mulheres excessivamente maternais. O homem, para ela, é apenas aquele que pode ajudá-la a procriar e passa a ter um caráter de objeto que tem que ser cuidado, assim como os filhos, os parentes pobres, os gatos, os cachorros e até a própria casa.

Este tipo de mulher não tem personalidade própria, pois não tem consciência do seu eu. Neste caso, a personalidade é um acessório, que frequentemente é mais ou menos inconsciente, pois a vida é vivida nos outros e através dos outros. A gravidez e a educação dos filhos são excessivamente valorizadas por essa mulher, que vai se tornando dependente dos filhos e que não encontra nenhuma razão de existir fora desse contexto. Este padrão está presente no mito de Deméter, onde vemos que a deusa exerce um sentimento de possessão sobre a filha e que seu Eros se desenvolve somente na relação maternal. Essa mulher, embora proclame sacrificar-se pelos outros em nome do amor e abnegação, mostra-se incapaz de um verdadeiro sacrifício e o seu instinto materno se manifestará como Poder, chegando mesmo a aniquilar a personalidade e a própria vida da filha.

Também observamos que quanto mais inconsciente for a mulher de sua própria personalidade, mais violenta será a sua vontade inconsciente de Poder. Ela se torna, assim, a mãe devoradora cuja inteligência não é cultivada por si mesma e permanece em seu estado primitivo. Nessa primitividade natural, sem consciência e sem qualquer relação com o mundo que a cerca, continua preservando sua verdade e mostrando-se profunda como a própria natureza. A mulher com esse complexo desconhece que tenha um valor como pessoa e consequentemente, como afirma Jung, "não sabe e não pode então nem valorizar a capacidade engenhosa da sua inteligência, nem admirar filosoficamente sua profundidade, provavelmente esquecerá imediatamente o que disse."[70] Ela não manifesta, portanto, nenhum compromisso com o logos, a racionalidade.

Do lado positivo, temos como decorrência desse modelo a exaltação do feminino e o consequente fortalecimento dos instintos da mulher, principalmente o instinto materno, que pode ser muito bem elaborado e incorporado pela filha. Se ela tiver um animus compensador, vai ser mais fácil integrar os polos opostos e assim sua consciência será bem desenvolvida, com uma racionalidade equilibrada (animus), ao lado do conteúdo irracional ou emocional forte (instinto feminino). Esse conjunto leva ao desenvolvimento de uma personalidade sadia. Lembramos ainda que a mãe é portadora de uma imagem inata da Grande Mãe, que engloba a mãe natureza e a mãe espiritual. É preciso sensibilidade para nem endeusá-la e torná-la excessivamente poderosa como imagem, nem reduzi-la a um mero papel reprodutor mecanicista. Os pais têm um papel mítico de vínculo com a sacralidade da vida em paralelo com os aspectos pragmáticos de suas responsabilidades com os filhos. Se pendermos para o lado da imagem arquetípica, seremos devorados por ela; se pendermos para a racionalização dessa imagem estaremos apenas convivendo com o estereótipo de mãe e acabaremos condenados a crer apenas no racional. Como alerta Jung, "Essa *Déesse Raison* difunde uma luz fraca, que só ilumina o que já sabe, deixando na escuridão aquilo que mais necessitaria saber e tornar consciente. Quanto mais independente é a atitude adotada pela razão, tanto mais se converte em intelecto puro, que coloca doutrinas no lugar da realidade e que, sobretudo, não tem diante dos olhos o homem, mas sim uma imagem enganosa que dele criou."[71]

Como já dissemos acima, Deméter é a deusa que serve como modelo mitológico para a hipertrofia do feminino. Woolger coloca que "Deméter e sua filha simbolizam os ciclos dinâmicos da natureza, que ocorrem no interior do corpo da terra e, em decorrência do princípio mítico de correspondência, também no interior do corpo de toda mu-

[70] Jung, *Arquétipos e Inconsciente Colectivo*, p.81

[71] idem, ibidem, p.86

lher."[72] Vamos à sua história.

Deméter e a mãe possessiva

Neste mito temos 4 personagens principais e suas histórias pessoais se interpenetram por se tratar de pai (Zeus), mãe (Deméter), filha (Perséfone) e marido da filha (Hades). Deméter é uma das filhas de Cronos. Ainda jovem foi assediada pelos seus irmãos Posídon (a quem rejeitou) e Zeus (que a possuiu e de quem engravidou, nascendo Coré, depois reverenciada como Perséfone). Era uma deusa pacata e gentil, raras vezes mostrando-se raivosa ou vingativa. Não vivia o tempo todo no Olimpo, pois gostava de ficar na Terra, ocupada com as suas atribuições de deusa da agricultura e da fecundidade. Era extremamente ligada à filha e ficou desesperada quando esta foi raptada por Hades (outro irmão), que a levou para seus domínios avernais. Zeus, o pai de Coré, sabia o que estava acontecendo, mas absteve-se de qualquer ajuda àquela mãe desesperada (dizem que temia negar ao irmão mais velho Hades, aquilo que este fora lhe pedir ficar com a jovem Coré para si). Durante 9 dias e 9 noites Deméter procurou pela filha, indo até os confins da Ásia Menor e voltando para a Grécia. No décimo dia chega disfarçada de velha a Elêusis e aceita ficar como babá de Demofonte, o pequeno filho do rei Celeus e da rainha Metanira. Decide fazer da criança um imortal e inicia um processo de envolvê-lo em ambrosia, deixando que a sua mortalidade fosse queimada no fogo. Metanira surpreende-a durante o ritual, dá um grito de desespero e quebra a magia, fazendo com que Demofonte morra. Deméter então aparece em todo o seu esplendor de deusa e promete proteger o outro filho Triptolemo, iniciando-o nos mistérios da agricultura, que ele passará a divulgar para o povo grego. Exige, porém, que seja erguido um templo em sua homenagem em Elêusis e que haja um festival para celebrar a sua glória. Esta é a origem do que ficou conhecido como os mistérios de Elêusis.

Vai ser o mesmo Triptólemo que lhe dará as informações que tanto deseja sobre o paradeiro da filha. Narra como Coré foi raptada por uma carruagem negra que saiu de um buraco aberto no chão, dirigida por um cavaleiro cujo rosto era invisível. Deméter chama Hécate (deusa da face negra da lua) e juntas vão até Hélio, o condutor do carro do sol e que tudo vê, e forçam-no a admitir que fora Hades o raptor, sem dúvida gozando da conivência do irmão Zeus. Deméter ficou com tanta raiva que passou a vagar pela Terra e a proibir que árvores e campos produzissem qualquer coisa até que a sua filha fosse

[72] Woolger, *A Deusa Interior*, p.216

devolvida, o que fatalmente levaria a raça humana - o grande orgulho de Zeus - a ser extinta. Zeus, envergonhado, enviou vários mensageiros com presentes para apaziguar Deméter, mas ela continuou irredutível e ele acabou tendo que ceder e enviar Hermes com uma mensagem a Hades exigindo que ele devolvesse Coré. Esta é levada de volta à mãe, que lhe pergunta, ansiosa, se comeu a comida dos mortos, pois nesse caso ela teria que retornar ao Tártaro. Coré havia engolido sete grãos de romã (o que a deixaria permanentemente ligada ao mundo avernal), mas acaba havendo um acordo e Coré passa a ficar três meses com Hades, agora seu marido, no mundo subterrâneo e nove meses com a mãe.[73]

É importante entender qual a dimensão que os personagens masculinos vão ter não só neste mito que acabamos de relatar, mas também em todas as outras histórias que vamos abordar. O ponto comum em todas elas é a presença de Zeus, seja como pai, esposo ou figura de poder. Estaremos sempre observando a ligação profunda entre os mundos masculino e feminino, seja numa relação de complementaridade ou de oposição. Os outros irmãos - Hades e Posídon - acabam compondo a tríade do poder masculino e suas possíveis manifestações. Para Diel, numa análise mais profunda, podemos perceber que Zeus, filho divino de Cronos, o tempo, é o princípio da evolução que se encaminha para a espiritualização. Seu reino representa a reintronização de Urano (a essência masculina do céu) ao nível da vida consciente. O espírito ordenador do mundo (Urano), tornou-se o espírito harmonizador dos desejos humanos (Zeus). A Zeus, rei de todas as divindades, símbolo da legalidade que governa a espiritualização, unem-se e opõem-se seus dois irmãos Hades e Posídon. Esses significam o oposto da espiritualização legal: a legalidade nas duas formas de perversão. Hades, rei da região subterrânea, subconsciente, representa a legalidade que governa a inibição perversa do desejo e o recalcamento. Posídon, rei das regiões submarinas, preside a legalidade que governa a satisfação perversa do desejo e a banalização. Vale notar que Posídon e Hades não representam a banalização e a nervosidade, as duas formas de queda, mas as leis que as regem. Nestas leis encontram-se também a chave da elevação, a possibilidade de espiritualização - sublimação da perversão e da perversidade. Assim compreendido, Zeus e seus irmãos formam uma unidade mítica onde um representa o espírito (Zeus), o outro representa a possibilidade de perversão, de nervosidade, de recalcamento (Hades) e o terceiro representa a possibilidade de banalização, da satisfação perversa do desejo (Posídon). As mu-

[73] Graves, *Greek Myths*, p.89 (fonte de consulta)

lheres da nossa história - Deméter e Perséfone - funcionam sempre como um par perfeito: enquanto Deméter é o elemento nutridor e ativo, Perséfone é o elemento receptor e passivo.

Gostaríamos de ressaltar que os rituais existentes em Elêusis eram dos mais importantes da Grécia. Havia um anual, de outubro a fevereiro, que marcava o período de separação entre mãe e filha e outro a cada cinco anos (em setembro), para celebrar os mistérios da deusa Deméter. Este último era aberto apenas aos iniciados, quando aparentemente a deusa fazia revelações quanto ao futuro e onde se reproduzia o seu casamento sagrado com Zeus, representados por um hierofante e uma sacerdotisa. Seria uma espécie de iniciação à essência do feminino, talvez uma repetição de rituais pertencentes ao período anterior à invasão das tribos indo-européias da Ásia Menor, onde predominavam as religiões femininas, reverenciadoras da Grande Deusa. O santuário de Deméter era construído sobre uma nascente sagrada, onde havia energias telúricas ou geomagnéticas muito fortes e que seriam captadas pelos iniciados mais sensíveis, podendo funcionar como forças reveladoras do mundo mágico, que hoje sabemos pertencer ao inconsciente profundo. Durante os festivais, as mulheres passavam os três dias chorando pela garotinha que perdiam ao se tornarem adultas.

Jean Shinoda Bolen classifica Deméter como "o arquétipo da mãe e representa o instinto maternal desempenhado na gravidez ou através da nutrição física, psicológica ou espiritual dos outros (...) e pode predispô-la à depressão, caso a sua necessidade de alimentar seja rejeitada ou frustrada."[74] No seu papel materno temos uma série de possibilidades. Surge assim a provedora de alimento, a mãe persistente, a mãe generosa, a mãe angustiada e a mãe destruidora.

O desejo de ser mãe é o ponto central de suas ambições pessoais. Ela gosta de se sentir criativa, protetora, ajudar criaturas mais frágeis. Pode ser que cuidar de crianças seja sua opção profissional: trabalhar como professora, psicopedagoga, enfermeira ou berçarista. A própria deusa não cuidou apenas de sua filha Perséfone, mas foi ama-seca de Demofonte, como vimos na história.

Neste mundo maternal não há muito espaço para o homem, visto como um estranho, capaz de arrancar a filha dos braços da mãe. É assim que surge uma expectativa grupal de desentendimento entre genro e sogra, já que ambos competem pela atenção da jovem esposa e filha.

Este padrão de mulher costuma ser muito preocupado com os filhos ou as pessoas de quem cuida. São também muito persistentes em sua luta. Servem como exemplos emocionantes as mães da Plaza de

[74] Bolen, *As Deusas e a Mulher*, p.241

Mayo, as mães de Acari e, mais recentemente, as mães da Cinelândia, pessoas que buscam notícias de filhos desaparecidos e justiça para os filhos assassinados pelos aparelhos repressores de seus países.

Há o risco da mulher-Deméter ser excessivamente protetora, sufocando toda e qualquer iniciativa do outro. Este é o seu lado sombrio, que traz o arquétipo da mãe devoradora, da qual a deusa Kali dos hindus é o exemplo mais citado.

Jennifer Woolger acrescenta que o padrão Deméter tem uma maneira instintiva de cuidar dos outros, sobretudo das criaturas frágeis, de não pensar em si, sempre ligada à realidade física e às necessidades do corpo e da vida. Esse padrão pode levar a uma relação simbiótica entre mãe e filha, uma cumplicidade muito grande no que diz respeito aos "assuntos femininos". Essa mulher tem uma facilidade para viver em comunidade, partilhando suas responsabilidades e aprendizados com as outras mulheres. É um tipo de mãe que pode ter sido vivenciada apenas no plano da fantasia, mas é a fonte de nossos anseios por carinho e proteção.

Para o padrão Deméter, ser mãe é a principal função de sua vida. Mesmo que a mãe dessa mulher não tenha lhe servido como modelo, ela saberá intuitivamente como fazê-lo e pode até assumir o papel de mãe da mãe. O mundo da mulher Deméter geralmente se resume ao seu lar e família, o que pode parecer um tanto anacrônico para as mulheres mais ambiciosas e engajadas do mundo moderno. Entretanto, caso ela resolva ter uma profissão, é muito provável que seja dentro dos campos da educação ou saúde.

Essas mulheres parecem possuir uma sexualidade natural e descomplicada, o que acontece também com a sua visão de vida e de mundo. Buscam um parceiro que possa ser um pai digno para seus filhos e de quem possam depender, pois a independência financeira não é uma de suas bandeiras pessoais. No caso de terem que funcionar como a provedora do lar, podem enfrentar problemas pessoais, já que sua atenção se concentra basicamente nos filhos, o que dificulta a dedicação ao trabalho que normalmente é exigida.

Elas se adequam melhor a um modelo social mais comunitário, onde responsabilidades e aprendizados são compartilhados com as outras mulheres. Como coloca Woolger, "Ela é aquela rodeada de crianças; aquela à qual bebês parecem se agarrar como a uma árvore robusta; aquela que faz e distribui pão com manteiga, café com leite e bolo de fubá; aquela que sabe onde estão as fraldas; aquela que cuida dos joelhos esfolados; aquela feliz em cozinhar para os seis amigos que o marido trouxe do futebol sem avisar; aquela que passa a noite inteira acordada cuidando da febre de um filho; aquela com reservas aparentemente inesgotáveis de energia (...) O amor de Deméter é uma forma totalmente dedicada e generosa de doação e acalento que todos nós reconhecemos, ainda que vagamente, quando dizemos carinho de mãe."[75]

O modelo Deméter tende a estabelecer uma certa cumplicidade entre mãe e filha. Infelizmente, constatamos que o modo de vida atual cria muitas vezes um antagonismo entre elas, talvez decorrente da própria carência de amor materno da mãe, que não consegue dar para a filha algo que também lhe faltou na infância.

A visão da deusa Deméter nos remete ao modelo tríplice de deusa, que traz em cada uma de suas faces a expressão dos três grandes momentos de ruptura e crescimento pessoal, a saber:

- a filha que deixa de ser menina para se transformar em mulher (a passagem de Perséfone para Deméter, a "morte da donzela interior");
- a mulher na plenitude de seu papel materno, depois que "desligou-se" da mãe e assumiu seu lugar como provedora e protetora das necessidades mais básicas da família;
- a anciã que perdeu sua capacidade reprodutiva e que passa a funcionar como fonte de sabedoria prática sobre as atividades ligadas à nutrição e cuidados com as crianças.

Cada uma dessas perdas permite que se desenvolva um novo tipo de consciência, funcionando, portanto, como ritos de passagem. Infelizmente, na sociedade moderna não há muito espaço para se viver plenamente essas três fases de desenvolvimento. Perdeu-se, nesses muitos séculos de cultura patriarcal, a sacralidade do feminino, trazendo um número muito grande de mulheres que lidam mal com a maternidade e com a inevitabilidade dos ciclos menstruais, considerados "incômodos".

---

[75] Woolger, *A Deusa Interior*, p.209

2. A Somente-Filha e o Mito de Perséfone

Este tipo de mulher estabelece uma relação muito íntima com sua progenitora. Ela pode surgir como consequência de uma relação com uma mãe do tipo que acabamos de ver, o que a leva a se identificar com a mesma, enfraquecendo seus próprios instintos. Isto acaba criando um vazio interior que será preenchido através de uma fortíssima projeção da anima. Quando este complexo de identificação com a mãe ocorre, a filha fica cada vez mais presa a essa relação e só poderá sair dela se encontrar um homem que realmente a arranque dos braços maternos.

Quando o homem arrebata a mulher que segue o padrão somente-filha e a libera do poder do feminino, ela inicia então um processo de conscientização que lhe permite decifrar quem ela realmente é. Ela poderá aceitar o casamento e se tornar companheira abnegada de um homem identificado com o trabalho ou talentoso, mas inconsciente. Diz Jung, "como esses homens são só máscaras, essa mulher deve ser capaz de exercer, com certa naturalidade, seu papel secundário de acompanhante."[76] Acaba assim sendo um tipo ideal de companheira para um homem mais tradicional, convicto de seus valores patriarcais.

A "somente-filha" pode ter dons valiosos e não desenvolvê-los porque não tem consciência deles, já que sua personalidade permanece inconsciente. Neste caso, segundo Jung, "O talento de que está dotada é projetado sobre um marido que carecia dele e vemos então como um homem totalmente insignificante se eleva repentinamente aos mais altos cumes, como que levado por uma um tapete mágico."[77]

Essas mulheres são extremamentes femininas e frágeis, sentem-se inferiores aos homens e são dependentes deles, como eram anteriormente dependentes da mãe. O 'vazio' se constitui num grande mistério feminino, que o homem deseja penetrar. Quando penetra nesse mundo e estabelece uma boa relação com o feminino, o homem consegue se sentir pleno. A mulher, ao deixá-lo penetrar nesse vazio, permite ao companheiro que ele conheça o que considera o "desconhecido primordial, o oco, o abismo profundo, o yin."[78]

O homem pode lutar contra essa magia, mas no fim se rende a ela e sente-se realizado, deixando de lado toda a razão e mergulhando nesse abismo. Se ele não penetrar nessas profundezas, terá perdido, sem dúvida, a única possibilidade de chegar a ser dono de sua masculinidade. Apesar da aparência frágil dessa mulher e de sua completa

[76] Jung, *Arquetípicos e Inconsciente Colectivo*, p. 90
[77] Idem, ibidem, p. 90
[78] Idem, ibidem, p. 91

indiferenciação íntima, é muito procurada pelos homens para o casamento, pois estes julgam poder moldá-la. Os homens sentem uma vontade de protegê-las, de representar o papel de cavaleiros que podem salvar a donzela. Essas mulheres transmitem uma sensação de desamparo, de que necessitam de proteção e mostram uma ignorância absoluta, o que desperta no homem a vontade de conquistá-las, que é um mistério para eles, mesmo que para isso eles tenham que violá-las. Esse arquétipo se mostra muito claro no mito grego de Perséfone, quando Hades, o senhor do mundo avernal, a rapta, deixando a mãe Deméter inconsolável.

Perséfone e a Filha Frágil

A história de Perséfone já foi contada quando falamos de Deméter mas gostariamos de acrescentar mais alguns dados sobre a filha. Não se sabe exatamente o que aconteceu durante o tempo em que ficou no mundo avernal, esperando ser resgatada, apelando para o pai divino (Zeus) que nunca atendeu ao seus chamados. Sabemos apenas que aceitou o seu destino e assumiu o papel de rainha do mundo subterrâneo, onde funcionava como guia das almas que chegavam. Ela está ligada à primavera, já que é a época quando tudo floresce, marcando a sua volta para os braços da mãe, após os três meses que passou com o marido. É como se fosse a semente que finalmente brota, após o período de germinação dentro da terra. Deméter anualmente repetia na natureza o processo de morte e vida pelo qual passou durante o rapto da filha. No mito, são as sementes de romã que marcam a ligação permanente de Perséfone e Hades, sementes essas que simbolizam a fertilidade feminina, pois são inúmeras contidas em uma só fruta. De cor vermelha, lembra o fluxo menstrual. Também se liga a romã à transformação da jovem Coré na mulher Perséfone e à possível gravidez dessa deusa, que teria dado a luz a Dionísio após aceitar a poção de romã oferecida por Hermes, o deus ligado à preparação de poções. Outra história que se conta de Perséfone é a da sua disputa com Afrodite pelo amor de Adônis. Neste caso, temos uma competição e depois uma união entre essas duas deusas e, por conseguinte, entre a força do amor e a figura frágil da mulher inocente, que desabrocha para essa emoção e encanta os homens, como já mencionamos acima. O próprio rapto pode estar simbolicamente explicando como é difícil e assustadora a iniciação à feminilidade, expressa pela primeira menstruação e também pelo defloramento, geralmente doloroso.

Perséfone é vista como uma figura mais ambígua, que cumpriu dois papéis diametralmente opostos: era a jovem Coré quando estava junto da mãe, frágil e sem iniciativa, e também a rainha do Inferno, guia das almas e dos vivos que chegam ao mundo das trevas, alguém que sabe pedir o que deseja. Este é o arquétipo que "predispõe a mulher a não agir, mas a ser conduzida pelos outros, a ser complacente na ação e passiva na atitude."[79] Ela não tem muita consciência de si e de seus desejos, sendo um modelo esperado na juventude. Está mais concentrada em ser aceita pelos outros, o que a leva a tentar ser o que eles esperam, criando uma máscara social que a dissocia de sua profundidade psíquica.

A mulher-Perséfone é uma pessoa extremamente sensível e geralmente sensitiva, sentido-se profundamente atraída pelo mundo simbólico do inconsciente. Como diz Woolger, "A mulher-Perséfone, portanto, constata que precisa verdadeiramente viver nos limites do conhecido, próximo daquelas regiões que nós descrevemos com prefixos gregos e latinos como para-, meta-, super- ou sobre- (...) O seu mundo é paranornal e a estrutura da sua consciência é o objeto da parapsicologia (...) Da mesma forma, como o seu mundo é sobrenatural, ou além do mundo físico dos sentidos, ela será atraída pelos ensinamentos da metafísica mais do que pelos das ciências naturais convencionais."[80] O problema está em como iniciar o contato com esse outro contexto, já que geralmente percebemos uma incompreensão total dos pais por este padrão mais introspectivo de filha, o que pode chegar ao caso extremo de rejeição e até mesmo a internação numa clínica psiquiátrica. Será preciso, portanto, encontrar alguém que a inicie nos mistérios da vida. Temos aqui dois caminhos: o da busca espiritual, que se dará através do encontro com um "mestre", e o da busca de sua sexualidade adormecida, através de um homem que irá arrancá-la dos braços da mãe dominadora.

No segundo caso, ela corre o risco de se acomodar e de substituir o domínio da mãe pelo domínio de um marido, que passa a definir tudo em sua vida. É como se ela fosse uma massa amorfa, pronta a ser manipulada pelo artista. Aliás, o tipo Perséfone atrai homens que não gostam de mulheres amadurecidas e preferem alguém jovem e inexperiente a quem poderão moldar a seu bel-prazer. Se tiver filhos e se algum deles tiver uma personalidade marcante, poderá acontecer uma troca de papéis quando eles crescerem um pouco, passando a agir como protetores da mãe.

A mulher-Perséfone precisa se convencer de que é capaz de enfrentar o mundo por si própria, descobrir sua força e capacidade. Certamente terá dificuldade em definir o que quer fazer. Pode, assim,

---

[79] Bolen, *As Deusas e a Mulher*, p. 277

[80] Woolger, *A Deusa Interior*, p. 179

transformar-se na eterna estudante, ou então ter uma série de empregos diferentes sem que haja uma definição de carreira. O caminho natural para ela, quando conseguir amadurecer, é de usar a sua intuição, sua percepção e sua sensibilidade no campo artístico, ou no campo do aconselhamento terapêutico ou mediúnico. De qualquer forma, será preciso aprender a delimitar as suas fronteiras pessoais, para não ser constantemente invadida pelas pessoas carentes que irão procurá-la.

Por outro lado, se tiver que sobreviver num ambiente mais racional ela pode se transformar numa verdadeira camaleoa, escondendo seus sentimentos e percepções para não ser olhada de viés, ser tachada de "estranha". Isto confirmaria a existência de uma fissura entre a sua máscara social (persona) e a sua vida interior. Entretanto, não se pode negar que ela é extremamente receptiva ao outro, não tendo uma postura preconceituosa e sendo assim uma boa ouvinte. Dará a impressão de ser uma "boa pessoa", quieta, despretenciosa, educada e sempre disposta a agradar. É mais receptiva do que expansiva, podendo passar uma noite inteira ao lado de alguém sem que revele nada sobre si mesma.

A mulher deste tipo tende a ser depressiva e precisa de um tempo para si, a fim de processar suas perdas, suas necessidades de mudança. Fazendo um paralelo com Perséfone, que pede auxílio ao pai, mas que sofre a transformação através do marido, essa mulher mais sensível precisa entrar em contato com as profundezas do seu psiquismo para encontrar suas respostas, que nunca estarão no mundo exterior e racional. Ela precisa deixar morrer dentro de si essa jovem frágil, que se julga uma vítima, para que possa surgir a mulher perceptiva e madura. É interessante observar que, em sua vida, ela tem uma tendência a viver experiências de morte (pode ter perdido um ou mais entes queridos) e de risco (atraindo pessoas ou situações violentas). Há aqui uma verdadeira luta entre Eros e Tanatos, o princípio da vida e o princípio da morte. Jennifer Woolger coloca que "Na verdadeira vida do espírito existem luz e trevas, júbilo e desespero, assim como o inconsciente tem seus aspectos superior e inferior. Para cumprir seu destino maior, Perséfone não pode ter intercurso com um sem abraçar o outro. Seu maior desafio é unir o lado escuro e o lado luminoso da deusa em si mesma."[81]

Seu lado sombrio pode trazer uma tendência para a falsidade e mentira e a guardar um profundo ressentimento, uma raiva contida por se sentir injustiçada. Em casos patológicos pode achar-se vítima de perseguição, uma mártir que não merece a vida que tem. Para ela é muito fácil fugir para um mundo próprio e evitar a realidade que ela sente perigosa e ameaçadora.

---

[81] idem, ibidem, p. 197

Em resumo, os papéis que mais assume são os da eterna jovem, da eterna filha, da mulher "anima" (que se adapta aos desejos de seu companheiro), da mulher-criança (inconsciente da sua atratividade sexual), de guia para o Inferno (simbolicamente camadas mais profundas da psique) e do símbolo de frescor (ligado à primavera). É uma figura complexa, sensível e frágil em sua estrutura de ego. É alguém que temos vontade de carregar no colo, mas que, ao estar profundamente ferida, pode provocar uma grande destruição ao seu redor, enquanto se recolhe orgulhosa para os recônditos do seu mundo interior. É o que veremos principalmente ao discutirmos os filmes *Perdas e Danos* e *O Piano*.

3. Hera - A Somente-Esposa como uma Variante da Identificação com a Mãe

Como variante do padrão "somente-filha", desenvolvido por mulheres ligadas arquetipicamente à deusa Perséfone, consideramos existir a "somente-esposa", representada por aquelas identificadas com a deusa Hera. Ambas as deusas compartilham de um mesmo sentimento de dependência do outro (a mãe para Perséfone e o marido oficial para Hera), embora esta última seja uma deusa muito mais guerreira do que Perséfone. Hera se une ao masculino através do casamento e o defende com o propósito de atingir uma situação de poder. É a defensora do matrimônio monogâmico e oficial, pois esta é única forma de tornar-se também poderosa. No patriarcado são os homens que detêm o poder em todas as suas vertentes. O problema nessa parceria está no ressentimento que Hera nutre pelo companheiro, por ele não reconhecer a igualdade de forças. Este padrão será seguido pelas mulheres que colocam em seus maridos toda a sua expectativa de sucesso. A raiva e frustração surgirão se o parceiro não perceber a ajuda que a mulher propicia para o alavancamento da sua profissão e *status*, ou quando ele não quer reconhecer essa ajuda. Vale aqui lembrar o velho ditado que diz que por detrás de um grande homem está sempre uma grande mulher.

O Mito da Grande Senhora

Hera é filha de Cronos e Réia, nasceu em Samos e foi criada na Arcádia por Temenos (filho de Pelasgos). As ninfas Estações foram suas babás. Quando Zeus, seu irmão, assumiu o poder após destronar seu pai Cronos, foi procurar Hera, cortejou-a, sendo a princípio por ela rejeitado. Mas aí metamorfoseou-se num pardal, que se aconchegou ao colo da deusa. Zeus volta à sua forma original e a seduz, obrigando-a a se casar com ele. O casamento foi muito celebrado e os noivos receberam muitos presentes, dentre eles uma árvore que produzia maçãs de ouro, dada à noiva pela Mãe Terra. A árvore, que será motivo de muitas disputas, foi colocada no jardim dedicado a Hera no monte Atlas e era guardada pelas Hespérides - ninfas do Ocidente. Os noivos passaram a noite de núpcias em Samos, que durou 300 anos. De tempos em tempos a deusa do casamento costuma banhar-se na fonte de Canatos, próxima a Argos, onde renova a sua virgindade e, simbolicamente, a sua integridade.

Hera e Zeus tiveram 5 filhos: Ares (deus da guerra) e sua irmã gêmea Eris (deusa da discórdia), Hefestos (deus da forja), Ilitia (deusa representada pela chama da vida e que é aquela que está presente na hora do parto) e Hebe (a eterna juventude). Um dos filhos de Hera teria nascido de forma partenogênica, sem a colaboração do pai, sendo que para alguns especialistas esse filho seria Hefesto e para outros Ares. De qualquer forma, este nascimento teria sido uma resposta de Hera ao nascimento partenogênico de Atena, gerada na cabeça de Zeus. A relação de Hera com seus filhos nunca foi muito calma, em função da sua maneira autoritária e crítica, sendo muitas vezes arbitrária e vingativa. As únicas exceções são Hebe, que vai ser uma espécie de governanta do Olimpo e que mais tarde será esposa de Héracles, e Ilitia, que cumpre a função de trazer à vida as crianças, ambas aliadas da mãe e seguidoras do seu modelo.

Hera (cujo nome significa "senhora") era uma divindade pré-helênica ligada à Grande Deusa e que tinha em Samos e Argos os principais locais de culto. Segundo Robert Graves, o casamento forçado com Zeus teria representado a conquista de Creta e Micena pelas tribos indo-européias vindas da Ásia Menor. Trata-se, portanto, de uma deusa poderosa e que tem muita dificuldade em se submeter ao jugo de Zeus, com quem tem uma vida extremamente atribulada após a longa lua-de-mel. Hera não se conformava com a infidelidade do marido e tampouco com os filhos nascidos de suas aventuras amorosas. Aliás, Zeus parecia preferir os filhos bastardos aos oficiais. Hera e Zeus constituem duas forças de igual potência que lutam entre si para delimitar seus campos de atuação. Zeus costumava contar seus segredos para a esposa e até acatava seus conselhos, mas nunca chegou a confiar totalmente na companheira e ficava furioso com as suas intrigas. Existe até o relato de uma rebelião dos deuses olímpicos contra Zeus, liderada por Hera, numa tentativa de refrear o excesso de orgulho e a petulância do senhor do Olimpo. Zeus chegou a ser aprisionado, mas foi solto pela Nereida Tétis, enquanto os parentes rebeldes discutiam sobre quem mandaria agora. O castigo foi tremendo, principalmente para Hera, que ficou suspensa no céu, com as mãos atadas por braceletes de ouro e uma bigorna em cada pé. Nenhum deus teve coragem de resgatá-la desse castigo vexaminoso e ela só foi libertada quando prometeu nunca mais se rebelar.

Ainda sobre esse casamento, na realidade temos a união de dois princípios opostos, de duas maneiras de encarar a vida. Por um lado temos Hera, digna representante de uma sociedade agrícola, matriarcal e que reverencia a Grande Deusa; de outro temos Zeus, trazido pelas tribos guerreiras dóricas e que vai estabelecer uma sociedade e um culto patriarcais. Aliás, as suas uniões com várias divindades femininas representam esse momento de passagem das atribuições dadas anteriormente a deusas para novos deuses, trazidos pela cultura asiática que se instalava na Grécia.

A relação de Hera com sua mãe Réia parece estar permeada pelo desejo de poder de ambas, que impediu o desenvolvimento de qualidades mais sutis, femininas e amorosas nas duas. Estas seriam características essenciais para uma relação mais verdadeira e intensa com a maternidade. Sob este aspecto, Hera funciona também como representante do feminino que tem no poder a sua principal motivação, conforme vimos no modelo "hipertrofia do feminino", frustrando-se quando não é reconhecida como poderosa. Como bem coloca Jean Shinoda "Os pais de Hera foram Cronos e Réia - um pai distante que engoliu os filhos, ameaçado pela possibilidade de que um o destronasse, e uma mãe sem poder para proteger seus filhos dele. Cronos e Réia nos proporcionam um quadro negativo e exagerado de casamento patriarcal: o marido é homem poderoso e dominador, que não tolera competição vinda de seus filhos nem permite que a esposa tenha quaisquer novos interesses. A esposa resiste passivamente, guardando segredo e usando trapaça."[82]

Como grande deusa dos tempos pré-homéricos, Hera foi reverenciada com três nomes diferentes: Hera Parthenos (virgem e à espera do companheiro), Hera Teleia (mulher plena que já conseguiu um parceiro e reina soberana sobre a casa) e Hera Chela (viúva, já isolada da sociedade, funcionando como a velha sábia e conselheira sobre os costumes sociais), que faziam dela uma deusa triádica ligada ao ciclo da vida de uma mulher. A título de informação, essas tríades são uma constante nas figuras femininas da mitologia grega, o que lhes dá um sentido de completude. No caso de Hera, a referência está ligada aos três momentos mais importantes da vida social feminina. Não é por acaso que a deusa vai renovar a sua virgindade de tempos em tempos, para que possa refazer seu próprio ciclo vital.

Encarando mais uma vez a deusa como um padrão de comportamento feminino, poderíamos dizer que suas principais características são as seguintes:

- Sua motivação básica de vida é casar-se com um homem promissor, que poderá colocá-la numa posição privilegiada em termos de *status*. A sua felicidade depende do grau de dedicação e reconhecimento do marido.

- É uma mulher com tendências monogâmicas e que preza, acima de tudo, a fidelidade. É extremamente tradicional nos seus valores e rígida na sua concepção de como a vida deve ser vivida. Aliás, o casamento e os relacionamentos são vistos sob a ótica da sua realização pessoal e sua concepção de sucesso.

[82] Bolen, *As Deusas e a Mulher*, p. 211

- É extrovertida e tem personalidade forte, sendo a figura central dos seus domínios, geralmente constituídos pelo seu lar e sua família. Quando se restringe ao papel de matriarca familiar, costuma ser extremamente autoritária com todos, projetando no marido e nos filhos todas as suas expectativas frustradas de sucesso.

- Opta por abafar as próprias ambições para investir apenas no sucesso do marido. Isto fará com que ela controle cada passo da vida profissional dele. Sabe avaliar as pessoas que o cercam, detectando possíveis parceiros e prováveis adversários. Ninguém a supera no papel de anfitriã e articuladora dos contatos sociais benéficos para a carreira do companheiro. Ela parece ter um entendimento intuitivo de como funcionam as estruturas de poder, já que adora acompanhar a ascensão e queda das pessoas que conhece, tendo sempre uma teoria sobre como e porque isto acontece. Exatamente por dar a impressão de que sabe o que está acontecendo, é comum ser a confidente e conselheira do marido. No caso dele ser uma figura pública, ela pode funcionar como uma espécie de eminência parda do jogo de poder.

- É uma oponente respeitável quando detém o poder. Isto pode acontecer em casa ou mesmo numa empresa ou instituição, caso não permaneça apenas no seu papel tradicional de esposa e mãe. Decide as coisas à sua maneira e não gosta de ouvir os outros, embora esteja sempre pronta a dar palpite nas vidas alheias. Bons exemplos são Margareth Thatcher, Nancy Reagan, Hillary Clinton.

- Pelo seu jeito autoritário e esnobe, costuma angariar muitos desafetos, o que fatalmente a leva a ser motivo de chacotas pelas costas.

- Pode ser extremamente vingativa se for desprezada ou desvalorizada, não tiver o seu poder e a sua autoridade reconhecida pela família, sobretudo pelo marido. Sua reação também é violenta quando descobre algum 'caso' do companheiro, tentando atingir as pessoas que estão ligadas a ele e não ele. No fundo ela tem dificuldade em admitir que o desejo de trair possa ter partido do homem. É mais cômodo vê-lo como vítima de uma mulher pérfida (geralmente alguém do padrão Afrodite).

- É um tipo muito possessivo e inconscientemente busca uma intimidade meio simbiótica com o companheiro, compartilhando de cada pequeno pensamento dele, o que é humanamente impossível e negativo. Esta atitude de controle acaba trazendo de volta a imagem arquetípica da mãe devoradora, o que gera um certo afastamento do parceiro, conseguindo o efeito oposto ao desejado pela esposa.

- A sua grande dor está sempre associada à dor da impotência, quando não pode fazer nada para mudar uma determinada situação. Isto ocorre quando o marido está tendo uma aventura ou a exclui de um assunto profissional dele. Como tem dificuldade de imaginar sua vida fora do casamento, acaba "engolindo" a situação desfavorável, fingindo não perceber o que acontece e lançando mão de "vingancinhas" para tentar extravasar um pouco o seu ressentimento.

Desde pequena parece que este tipo de mulher gosta de brincar de casinha e quando chega à adolescência costuma concentrar-se mais em procurar um futuro marido do que nos estudos, mesmo que chegue a fazer uma faculdade. Vai dedicar os primeiros anos de sua vida aos filhos de modo eficiente, porém geralmente desprovido de amor. O foco central será sempre o marido e a sua carreira, para que indiretamente ela possa satisfazer a sua ambição de poder e *status*. Já na meia idade, se tiver atingido uma boa situação financeira, sentir-se-á realizada e estará pronta para assumir um papel na comunidade, geralmente algo ligado à filantropia ou trabalhos sociais. No caso oposto, quando o marido não conseguiu corresponder aos seus anseios, este será um período tenso, frustrante, cheio de acusações mútuas e muita amargura. A velhice também só será bem aceita se ela estiver com uma situação financeira confortável e for respeitada como uma 'grande dama'.

É interessante observar que nas décadas de 20 e 30 houve um grande florescimento desse padrão de mulher poderosa, mas frustrada quando tinha que se manter restrita ao domínio familiar. Surge então este estilo de viver e pensar exageradamente disciplinado e "politicamente correto" de maternidade, parte integrante da consciência frustrada de Hera. Isto provocou o surgimento de uma relação mais fria entre mãe e filha, quando não de completa oposição, que levou a um grande afastamento entre as duas gerações. As filhas dessas mulheres cresceram acompanhando as frustrações de suas mães. Isto é bem descrito por Marion Woodman quando diz "A bílis da sua desilusão, os filhos tiveram que beber junto com o leite materno. Dissociadas de seu próprio princípio feminino, essas mulheres eram incapazes de transmitir alegria de viver, fé em sua existência, confiança na vida tal qual ela é. Voltadas para fazer as coisas com eficiência, não suportaram deixar que a vida simplesmente acontecesse. Não ousaram agir espontaneamente ao inesperado."[83]

Uma mulher tão poderosa, mas que canalizou esse poder para a realização indireta através de um companheiro ou dos filhos, acaba

---

[83] Woodman, *Addiction to Perfection*, p. 16

por se tornar um ser emocionalmente fragilizado e dependente, com uma tônica destrutiva, que pode ser expressa através da sua língua ferina ou das suas atitudes desprovidas de amor e espontaneidade. Ela tem um grande caminho a percorrer para resgatar a sua auto-estima e transformar a raiva e a dor em trabalho criativo. É preciso dar ao casamento o seu devido papel na vida, sem mitificá-lo e torná-lo sua condição básica de crescimento. Ela precisa resgatar a sua crença de que pode ter vida própria, aspirações só suas. Este é o primeiro passo para reciclar-se e começar de novo, desta vez buscando a própria felicidade. Caso tenha sido abandonada, seja por divórcio ou viuvez, precisa desapegar-se do ressentimento e da ilusão de que não passa de vítima da perfídia que existe no mundo. Precisa conscientizar-se da sua responsabilidade no processo, de seus excessos (de controle, de ciúmes, de vingança, etc.) para poder refazer o seu *élan* de vida. É preciso reconciliar-se com o seu feminino, descobrir a sua criatividade e quebrar a sua rigidez de princípios. É preciso também recontactar o princípio materno sufocado pelo excesso de energia fálica, de ação, que concentrou em si. Isto geralmente é obtido através da ajuda de outras pessoas ou de um tratamento terapêutico.

Como deusa do casamento, Hera traz a necessidade que o ser humano tem de buscar o seu oposto, o que geralmente é feito de forma externa, ou seja, encontrando um companheiro do outro sexo. Só que também é essencial que haja uma reconciliação interna, agora entre os dois princípios da ação (yang) e recepção (yin) para que se atinja um equilíbrio entre duas forças igualmente poderosas.

O casamento tem, essencialmente, uma natureza sagrada, que está contida exatamente na idéia de que há a busca da totalidade e da união espiritual através da qual a graça pode ser canalizada. Saindo do nível mais superficial de uma convenção social, é raro encontrar alguém que não tenha mergulhado, talvez de forma inconsciente, no simbolismo mais profundo no momento da cerimônia. É o entrelaçamento dos dois princípios opostos, como já dissemos anteriormente, que precisam ser integrados para que seja possível a própria renovação da vida. É a deusa Hera, em toda a sua pompa e circunstância, que rege soberana sobre este princípio arquetípico.

4. A Exaltação do Eros e o Mito de Afrodite

Este complexo vai aparecer como uma reação a esta mãe natural, "puramente instintiva e que, em consequência disto, absorve tudo."[84] Este modelo feminino.tem·dificuldade em relacionar-se com uma mãe do padrão possessivo e castrador. Ela não estabelece uma relação muito próxima com a mãe e tenta criar a sua própria maneira de viver. Os zelos excessivos que ela observa na mãe e em si própria e seu intento em superá-los, convertem-se no tema principal que conduzirá sua vida, o que poderá trazer resultados desastrosos. Uma mulher com esse arquétipo prefere relações amorosas exaltadas e sensacionais. Poderá frequentemente se interessar por homens casados, pois isto a levará a destruir as relações matrimoniais do parceiro. Assim que consegue seu intento, como lhe falta o instinto materno (negado ou anulado), o interesse que ela tinha nesse homem acaba, levando-a a procurar um novo companheiro que o substitua. A mulher com Eros exaltado se caracteriza por uma inconsciência notável. Ela sofre uma cegueira em relação a seus próprios atos e movimentações, ainda que tenha consciência desses feitos, já que somente o significado é inconsciente.

A intensificação reativa do Eros a esse padrão matriarcal arcaico pode surgir quando a jovem encontra um homem que também tenha uma relação de dependência materna muito forte. O seu movimento será na direção de arrancá-lo dos braços da mãe, colocando-o num novo contexto de vida onde ele passa a ter que decidir sobre suas emoções, vivenciando-as por si mesmo e não por projeção. "Essa mulher perturba a tão perigosa comodidade da personalidade masculina, comodidade que ele gosta de ver como fidelidade. Essa comodidade leva à inconsciência da própria personalidade e ao pretendido matrimônio ideal, no qual ela não o vê senão como *papi* e ele não a vê senão como *mami* e no qual, ambos se dão um ao outro esses nomes."[85] Consequentemente esse matrimônio pode levá-los a criar uma identificação inconsciente permanecendo, no entanto, uma falta de contato com os papéis sexuais de homem e mulher.

A mulher que direciona o seu Eros sobre um homem coberto pelo domínio materno, desencadeia nele um conflito moral, única forma dele tomar consciência da sua personalidade. Tal consciência arquetípica, formada ao longo dos séculos, revela ao homem a existência de "um mundo maravilhoso das montanhas, do mar, do sol e da lua, da via láctea, das nebulosas, das plantas e dos animais"[86], escreveu

---

[84] Jung, *Arquetipos e Inconsciente Colectivo*, p. 88
[85] Idem, ibidem, p. 88
[86] Idem, ibidem, p. 89

Jung. Para ele o processo de conscientização é um caminho longo onde "cada pequeno passo à frente no sentido da conscientização tem o poder de criar mundos."[87] Esse processo de conscientização ocorre quando aprendemos a distinguir os opostos: o princípio-pai do Logos se desprende, lutando, do calor e das trevas primordiais. Este princípio é a inconsciência que, para ser libertada, deve matar a mãe arquetípica e o espírito deve sofrer o "encarceramento do Cáucaso", o que significa o sacrifício que tem que ser feito; a ousadia em contestar as 'leis divinas' vigentes e se aventurar em todas as alturas e profundidades. Simbolicamente é o primeiro vôo do pássaro, jornada de muito medo e expectativa.

Esse conflito moral que é provocado no companheiro pela mulher que segue o padrão do Eros exaltado, primeiramente funciona como uma luz que se encarrega de clarear a psique do homem e, em segundo lugar "produz o fogo dos afetos e emoções e, como todo fogo, tem dois aspectos: o da combustão e o da produção de luz. A emoção é o fogo alquímico cujo calor é o que faz surgir tudo e cujo ardor *omnes superfluitates comburit* - queima todo o supérfluo - e é também, por outro lado, o momento no qual o martelo bate na bigorna e produz uma faísca: a emoção é a fonte matriz de toda a conscientização. Sem emoção não se produz transformação alguma das trevas à luz e da inércia em movimento."[88] Esses dois aspectos do fogo, que queima ou ilumina, indicam os caminhos que levam a destinos opostos: no primeiro caso temos o mergulho no mundo instintivo das paixões e no segundo temos a elevação espiritual trazida pela Verdade.

A mulher que tem o poder de despertar, através do sentimento, a consciência do companheiro, só em casos patológicos exerce uma ação funesta e destrutiva sobre ele. Caso contrário, seu papel terá uma influência sobre o amante, marido ou parceiro, que o ajudará no seu processo de transformação. Essa mulher que lhe desperta sentimentos profundos é, ela mesma, afetada e consequentemente se transforma e se eleva ao mesmo tempo que ele. No caso oposto, se ela permanece inconsciente do seu papel sagrado e se não o entende, não percebe que faz parte "dessa força, que sempre quer o mal e sempre cria o bem (em função da projeção dos instintos), ela também sucumbe, ferida pela espada que ela mesma carrega. Se alcança a consciência, em troca, se transforma em libertadora e salvadora."[89]

Jennifer Woolger fala que este é o padrão da deusa Afrodite em sua maturidade e no seu papel de hetaira - a mulher inspiradora que

[87] Idem, ibidem, p. 89
[88] Idem, ibidem, p. 90
[89] Idem, ibidem, p. 90

desperta a vida psíquica individual no homem, estimulando-o no espírito, mas não esquecendo o próprio estímulo sexual, fonte primeira de todas as inspirações. Segundo Woolger, " Os homens se sentem atraídos não apenas pela sua beleza física, mas também pela sua sabedoria feminina espontânea no que tange aos assuntos do coração. Afrodite entende as pessoas e, sobretudo, ela entende os homens."[90]

Vamos relatar o mito desta deusa tão sedutora.

Afrodite - A mulher centrada em si mesma

Da união de Gaia (Mãe Terra) e Urano (Pai Celeste) nasceram muitos filhos, rejeitados pelo pai em função da sua feiúra. Dentre os últimos a nascer estavam os Titãs, que odiavam o pai que os rejeitava e os empurrava de volta para o seio de Gaia. O último dos titãs - Cronos - é incentivado pela mãe a liderar a rebelião dos filhos contra Urano e um dia, com a conivência de Gaia, este aproveita-se do sono do pai para castrá-lo e jogar os seus genitais no mar. Das gotas de sangue que respingaram na terra brotaram as Erínias (também conhecidas por Fúrias), que vão se transformar nas vingadoras dos parricídios e do perjúrio. Da espuma que se formou ao redor do membro decepado surge a bela Afrodite. Ela sobe numa concha para ser levada até terra firme - a pequena ilha de Citerea - e partindo daí para Chipre, que acaba se transformando no seu principal local de culto. É aí que será vestida e adornada pelas Estações, filhas de Têmis. A sua presença faz surgir relva e flores por onde passa.

Não podemos deixar de notar que Afrodite nasce como resultado de um ato violento de castração do pai, em função do excesso de rejeição que ele demonstra pelos filhos, frutos da sua união com Gaia. A deusa não vai ter contato direto com Gaia (nasce já adulta) e acaba desenvolvendo um modo próprio de lidar com o masculino. É uma deusa extremamente poderosa, mas cuja maneira autônoma e livre de agir perturba a dinâmica patriarcal rígida. Ela pode ser considerada uma força primordial e mais antiga que o próprio mundo olímpico, o que deixa evidente o fato de que houve aqui uma adaptação de um culto dos primeiros habitantes da região helênica ao panteão de deuses trazidos pelos povos indo-europeus. Simbolicamente poderíamos dizer que ela é a imagem diferenciada de mulher que se separa da dimensão mais oceânica da figura materna.

Afrodite costumava atender aos pedidos daqueles que recorriam a ela para assuntos amorosos, como fez com Pigmalião e com Hipômenes. O primeiro se apaixona pela estátua que esculpe e pede para que ela ganhe vida, de modo que ele possa ter uma mulher de ver-

[90] Idem, ibidem, p. 90

dade - surge assim Galatéia. O segundo pede ajuda da deusa para conquistar Atalanta, uma mulher guerreira que se recusava a casar, desafiando seus pretendentes a uma corrida mortal, pois se eles perdessem eram impiedosamente mortos. A deusa atende ao pedido de Hipômenes, entregando-lhe três maçãs de ouro que ele devia jogar no caminho quando Atalanta estivesse tentando ultrapassá-lo. Com este artifício, Hipômenes ganha a corrida e o coração de Atalanta.

Afrodite também sabe ser muito vingativa quando não é reverenciada como deseja. Hipólito e Mirra foram duas pessoas que puderam comprovar este lado mais sombrio da deusa. Hipólito optou pelo culto de Ártemis, mostrando desprezo pela deusa do amor, o que acabou provocando a sua morte. A deusa fez com que Fedra, madrasta do jovem, se apaixonasse perdidamente por ele e tentasse seduzi-lo. Como ele a rejeita, ela se suicida, mas deixa uma carta para o marido Teseu dizendo que tinha sido Hipólito quem tentara seduzi-la. Dominado pela ira e pela dor, Teseu pede a seu pai divino, Posídon, para que mande uma fera atacar o filho, que morre destroçado. Mirra também é vítima das artimanhas de Afrodite como consequência de proclamar-se tão bela quanto a deusa. Esta faz com que a jovem tenha um desejo incestuoso pelo pai Tiante e, com a ajuda da ama, torna-se sua amante sem que ele saiba quem é essa mulher que vem procurá-lo no escuro. Por doze noites consegue manter o engodo, mas depois o pai, horrorizado com o que aconteceu, tenta matá-la. Mirra pede a proteção divina e é transformada numa árvore. Dez meses depois, da casca da árvore nasce Adonis, um menino lindo, que encanta a deusa. Se a mãe foi punida pela sua beleza, o filho é resgatado pela mesma razão, o que talvez possa explicar simbolicamente o fato de amor e ódio terem a mesma raiz. Afrodite é, portanto, a força do amor, que não pode ser negada.

Conhecida como a deusa do amor, Afrodite também é reverenciada como *philommedes*, "aquela que ama o riso", *urania*, "a celestial" e *pandemos*, "a que pertence a todos". Cada uma dessas qualidades adicionais vai se reportar a um tipo de comportamento ligado a esta deusa. É de *urania* que temos a sua visão como *femme inspiratrice*, que estimula a criatividade do homem e que funciona como sua anima. Um belo exemplo dessa qualidade é dado pelas grandes damas do século passado que mantinham salões literários onde circulavam intelectuais, políticos, nobres e milionários, num ambiente altamente estimulante e rico em idéias. É de *urania* ainda, a função de mãe espiritual de todos os homens. *Philommedes* contribui com a leveza, fazendo de Afrodite, e das mulheres que seguem o seu padrão, pessoas extremamente alegres e agradáveis, presença necessária em qualquer acontecimento social. Já *pandemos* traz o lado mais controvertido e criticado da deusa, que pode levá-la a ser associada a um comportamento promíscuo e a ser criticada e execrada pelas sociedades tradicionais e, sobretudo, pelas possíveis esposas traídas. É aqui que entra o papel da "outra", a triangulação amorosa, fonte inesgotável de escândalos e críticas. Vale aqui colocar um comentário de Woolger quando fala da instituição do concubinato e do fascínio que este tipo de mulher sedutora exerce sobre homens poderosos. Segundo aquela autora, políticos têm um forte impulso sexual (basta lembrar os inúmeros políticos proeminentes que tiveram suas vidas devassadas e onde surgiram muitos "casos amorosos", principalmente em sociedades mais puritanas como a americana e a inglesa). Diz Woolger: "Na maioria dos casos, os políticos que buscaram tais relacionamentos ilícitos no mundo secreto de Afrodite eram casados. Um político solteiro não inspira muita confiança no público, é claro, e Janus e Bess[91] constataram uma importante dinâmica psicológica nesses homens: eles forçavam-se a enxergar suas esposas como mulheres 'boas' ... e viam suas amantes ... como mulheres 'sujas'."[92] Woolger também relembra um ditado que diz que o patriarcado não consegue viver sem Afrodite e nem com ela. Quando uma mulher assume este jeito livre de amar e se lança em muitas aventuras amorosas, geralmente acaba sendo condenada a um papel marginal na sociedade e, mesmo que a princípio (na flor da sua beleza e juventude) não ligue para isto, essa rejeição mais dia menos dia vai pesar-lhe e deixá-la mais amarga e desencantada com a vida.

Gostaríamos de mencionar aqui mais um comentário de Woolger, desta vez sobre o significado mais profundo do nascimento de Afrodite: "O relato que Hesíodo faz do nascimento dos deuses mostra Afrodite nascendo dos órgãos genitais decepados de Urano, o Pai Celeste. Eis aqui uma ligação inevitável com a sexualidade masculina que poderia explicar a atração de Afrodite por tudo o que é fálico. Podemos também dizer que ela traz em si algo do excesso ou superabundância da energia sexual de seu pai. O mito nos diz que Cronos, filho de Gaia, a Terra Mãe, lançou no oceano os órgãos genitais arrancados de Urano. É chegado o tempo (Cronos) de tornarmos a tirania dos céus, o domínio do mental, impotente. Cronos era um deus da agricultura, de modo que sua sabedoria e poder pertencem à terra, juntamente com sua mãe, Gaia. Na realidade, porém, ele ajuda a derrubar o pai tirânico não apenas para a terra, mas para a água. O resultado da supressão da terra pelo ar é um novo nascimento vindo da água - Afrodite. A água costuma representar sentimentos e empatia na lin-

---

[91] Autores de uma pesquisa sobre o perfil sexual dos homens modernos

[92] Woolger, *A Deusa Interior*, p. 118

guagem mitológica e onírica."[93] Ao tentar impedir o processo de renovação do poder (que deve ser passado para os filhos), Urano perde contato com a consciência prática e realista do elemento terra e acaba sendo castigado duplamente: perde a sua potência (representada pelos órgãos sexuais reprodutores) e faz nascer o seu oposto (Afrodite, beleza jovem, inocente e feminina, pronta para viver todas as emoções, que vem se contrapor à aridez e irredutibilidade do poder masculino e mental). Woolger chama isto de "milagre de reversão dos opostos psíquicos"[94] que vem funcionar como um processo compensatório para equilibrar um excesso de controle restritor pela energia masculina. Isto é atingido fazendo ressurgir com mais força a energia expansiva feminina.

Fazendo um resumo desse padrão feminino, poderíamos dizer que é uma mulher naturalmente sensual, intuitiva e bela, charmosa e extrovertida, um tanto exibicionista, com uma eroticidade despreocupada e muito voltada para os relacionamentos. Vê a vida como uma aventura, sem se preocupar em criar raízes, casar-se e ter uma família. Caso tenha filhos, poderá ser uma mãe amorosa, mas eles nunca serão o ponto central de sua existência. Uma gravidez seria mais uma consequência da vida amorosa do que um objetivo de vida. Estará sempre mais próxima dos homens do que de outras mulheres e tem uma tendência em funcionar como 'a outra' num triângulo amoroso. Gosta de homens mais velhos e que tenham uma boa situação financeira. Sente-se atraída por homens fálicos e impelidos pelo poder, numa relação onde as artes da guerra se unem às artes do amor (Afrodite teve um conhecido caso com Ares, o deus da guerra, embora fosse casada com Hefestos, deus da forja e da criatividade artística). É alguém que vive intensamente o momento presente, sendo capaz de uma dedicação plena ao objeto do seu interesse, embora não tenha nenhuma expectativa de continuidade. Isto nos faz lembrar de uma definição de amor de Vinícius de Morais: "que seja eterno enquanto dure".

Seu lado mais sombrio aparece quando, cega pela dor da rejeição, é capaz de se transformar numa mulher vingativa e altamente destrutiva, como bem pudemos observar no filme *Atração Fatal* e em muitos outros que falam dessa capacidade sinistra de 'matar por amor'. Ferida em seus propósitos, rejeitada publicamente, ela pode colocar o seu poder de sedução a serviço da destruição de um homem ou até de valores muito caros a um grupo social. Este é o papel das mulheres fatais.

Afrodite sempre estará presente na sociedade patriarcal, nem que seja no plano da fantasia e da imaginação. O amor é a grande força

---

[93] Idem, ibidem, p. 119

[94] Idem, ibidem, p. 121

motriz da vida e negá-la, por temer suas consequências, é entrar num processo psicológico altamente destrutivo e neurótico. O medo que se tem da paixão pode até ser considerado justificável, pois o indivíduo apaixonado corre riscos que seriam impensáveis de outra forma. Aliás, parece que paixões avassaladoras sempre surgem nos momentos mais áridos de nossas vidas, trazendo o caos para uma rotina muito ordenada.

Existem dois modos de ativar a força do amor: a primeira é através de uma iniciação dramática e desestabilizadora, uma reação que será tão excessiva quanto foi a repressão anterior da disposição de amar, de relacionar-se e satisfazer os desejos, principalmente sexuais; e em segundo lugar, aceitando um relacionamento onde há um crescimento gradual da confiança e do amor. Em resumo, cultivar essa energia do Eros é cultivar o presente, a percepção, a sexualidade, o prazer sem culpas e o interesse pelo belo. É também não sufocar essa energia, para que ela não irrompa sob a forma de um nó energético autônomo, que caracteriza o complexo.

5. O Complexo Negativo da Mãe e o Mito de Ártemis

Este caso se constitui em uma variante dos anteriores. É um tipo intermediário, que trata mais de um aumento ou diminuição do instinto feminino, o que traz uma atitude de defesa contra o predomínio da mãe de tal ordem que prevalece sobre os demais instintos. Este complexo é chamado de complexo negativo da mãe e o lema de uma mulher que o desenvolve é "com qualquer coisa que não seja com minha mãe."[95] Trata-se aqui de uma resistência a se considerar a maternidade como a motivação absoluta da vida.

A mulher parece saber muito bem o que não quer ser, mas não tem uma idéia clara do que deseja para si, do seu próprio destino. Concentra seus esforços e seus instintos na defesa contra os valores que predominam em sua mãe, mas deste modo não consegue construir uma vida própria. Afirma Jung: "Assim, em conseqüência da sua atitude meramente inconsciente, reativa frente à realidade, sua vida se identifica com o que ela mais combatia, isto é, com o somente materno feminino."[96] Ela pode até se casar, mas será como se fugisse da mãe, e acaba procurando um companheiro que compartilhe das características maternas essenciais. Isto pode se manifestar como dificuldades em lidar com sua sexualidade ou recusa em ter filhos, pois os deveres maternais são insuportáveis. A própria vida conjugal pode trazer impaciência e irritação. O casamento torna-se infeliz e a vivência com o marido, um inferno.

O foco de resistência à mãe depende do significado que o modelo materno encerra. Basicamente existem três formas de entendê-lo:

- Mãe como família - a mulher não se interessará por nada que se relacione com família, comunidade, sociedade, convenções, ou oferecerá uma certa resistência a tudo isso.

- Mãe como útero - ela poderá ter transtornos na menstruação, dificuldade de conceber filhos, horror frente à gravidez, hemorragias durante esse período, partos prematuros, vômitos durante a gestação, etc.

- Mãe como matéria - ela se mostrará impaciente com objetos, terá dificuldade em manejar ferramentas, utensílios, vestir-se-à de forma descuidada ou sem gosto.

A resistência contra a mãe poderá resultar na criação de uma esfera de atuação diferente da materna, levando a mulher a desen-

[95] Jung, *Arquetipos e Inconsciente Colectivo*, p. 84
[96] Idem, ibidem, p. 92

volver mais o seu lado intelectual. Este desenvolvimento seria resultado de necessidades próprias e não em função da vontade de impressionar um homem. Ela poderia, assim, destruir o poder da mãe através da crítica intelectual e o conhecimento superior. Junto com o desenvolvimento da inteligência vão aparecendo as características masculinas em geral. "Será inimiga de tudo o que é obscuro, confuso, ambíguo. Ater-se-á em troca, ao que é seguro, claro, racional, o que será colocado em primeiro plano. Superará sua mãe em objetividade e seu julgamento será independente da paixão."[97]

Quando trabalhado de modo positivo, este complexo promove uma nova visão de sua luta pessoal, ou seja, pode abandonar a defesa contra a mãe e transformá-la em crescimento pessoal. Ela será mais objetiva em seu julgamento e mais independente da paixão. Poderá tornar-se uma amiga e conselheira do companheiro e permanecerá mais sensível à individualidade do homem, já que pretende preservar a sua. Terá também uma compreensão humana que a distanciará de todo erotismo. Segundo Jung, "na segunda metade da vida, é esse tipo de mulher que mais provavelmente fará do seu casamento algo excitante" se tiver, naturalmente, superado com sucesso o somente feminino, o caos do seio materno, ou seja, que tenha esgotado plenamente, até às últimas profundidades da sua vida, esse complexo materno negativo."[98]

Concluindo, ela só conseguirá transformar esse complexo negativo quando olhar o mundo de frente, sob uma ótica mais madura. Essa nova visão lhe possibilitará reconhecer e descobrir a verdade, que é a única condição de despertar a sua consciência. Ela poderá também funcionar como a guia espiritual invisível de um homem, pois sua objetividade e inteligência masculina, combinadas com a feminilidade que não nega mais, lhe conferem um certo poder que o homem maduro não teme e até admira. Funciona, assim, como uma estrela na escuridão, aquela que ilumina o caminho do homem escolhido.

Este complexo se caracteriza, como já vimos, por uma reação de defesa contra a mãe e tudo o que se refere ao instinto feminino. Duas deusas gregas representam bem esse padrão: Ártemis e Atena, ainda que tenham tido uma experiência diferente com a mãe e consequentemente uma postura diversa diante desse feminino rejeitado:

- Ártemis, ao rejeitar o casamento e a maternidade porque os considera situações que exigem muito sacrifício e abnegação da mulher, vai defender o feminino frágil e rejeitar esse modelo nela mesmo;

- Atena vai se colocar ao lado do masculino forte, defendê-lo, fazer

[97] Idem, ibidem, p. 91
[98] Idem, ibidem, p. 92

parceria com ele, aceitar uma possível maternidade com uma atitude de pouco sentimento e muita racionalidade.

Ártemis - a filha engajada e livre

O mito de Ártemis nos conta que ela é filha de Zeus e Leto, sendo sua mãe filha dos titãs Coeus e Febe. A sua concepção se deu quando Zeus se transforma e transforma Leto em codorniz para fugir do controle de Hera. Esta ficou ciumenta ao saber da gravidez de Leto e enviou a serpente Píton para persegui-la pelo mundo todo, decretando que a jovem grávida não poderia ser recebida em nenhum lugar da terra onde o sol brilhasse.

Leto vaga por muitos lugares e não consegue se fixar em nenhum deles para poder dar à luz aos seus dois filhos. Porém, carregada pelas asas do vento sul, chega finalmente em Ortigia, perto de Delos, onde nasce Ártemis. A filha, logo ao nascer, ajuda a mãe a atravessar os estreitos até chegar ao lado norte do monte Delos, onde, entre uma palmeira e uma oliveira, ajuda no nascimento de Apolo (o Sol), seu irmão. Isto só ocorre no nono dia de trabalho de parto. Nesse momento, Delos, que se localizava numa ilha flutuante, se fixa no mar e, desse dia em diante, ninguém mais é autorizado a nascer ou morrer lá.

Ártemis, quando tinha 3 anos de idade, foi visitar seu pai Zeus "que sentou-a em seus joelhos e perguntou-lhe o que ela desejaria como presente. Ela respondeu prontamente: quero a virgindade eterna, assim como muitos nomes, como tem meu irmão Apolo; um arco e flechas também semelhantes às do meu irmão; a incumbência de trazer a luz; uma túnica de caça até os joelhos, amarela com uma barra vermelha; 60 ninfas do mar, todas da mesma idade, para serem minhas damas de honra; 20 ninfas do rio Amniso em Creta, para tomar conta de minhas botinas e alimentar meus cães de caça quando eu não estiver caçando; todas as montanhas do mundo; e, por último, qualquer cidade que o senhor escolher para mim, mas uma será o suficiente, porque eu pretendo morar nas montanhas a maior parte do tempo. Desafortunadamente, mulheres em trabalho de parto estarão frequentemente me invocando, desde que minha mãe Leto me carregou na barriga e me trouxe à vida sem dores, e as Moiras têm, desde então, me feito a protetora do nascimento."[99]

Zeus era muito orgulhoso dessa filha e a amava tanto quanto ela era odiada pela ciumenta Hera. Zeus lhe prometeu dar tudo o que ela havia pedido e muito mais ainda. Ela agradece ao pai e sai pelo mundo à procura de suas ninfas e de seus domínios. Pede aos Cíclopes que lhe façam um arco de prata e flechas afiadas e em troca prometeu-lhes a

[99] Graves, *Greek Myths*, p. 83

primeira presa que caçasse. Capturou duas corças de chifre e começa assim o seu trabalho na terra.

Sua mãe também tinha muita admiração por essa filha tão amiga e decidida. Cria-se, portanto, um elo de solidariedade entre mãe e filha desde o nascimento, havendo uma certa inversão de papéis, com Ártemis cuidando da mãe. Mas não é para pensar que ela é uma mãe frágil demais, apenas sabe lidar com os filhos sem ser excessivamente autoritária.

Ártemis se mostra independente desde cedo, para o deleite da mãe, Leto. Karl Kerényi tem uma linda descrição para se referir a isto: "Deleitava-se com Ártemis, sua filha, quando a via transpondo, de um salto, as cadeias de montanhas e divertindo-se, acompanhada pelas ninfas, com javalis e veados. Ártemis, a eternamente virginal, era uma figura fraterna em suas relações tanto com o irmão quanto com a mãe."[100]

Ártemis afastava violentamente os homens que se apaixonavam por ela ou por suas ninfas e encontra um meio delas se tornarem invisíveis para evitar o assédio: pinta a sua face e a das ninfas de lama branca. Podemos citar o caso de Ácteon, filho de Eristeus, que vagava pela floresta e flagra o banho de Ártemis e suas ninfas. A deusa percebe o intruso e o transforma num veado adulto. Ele é morto por ela com as suas próprias armas e matilha, destroçado em muitos pedaços. Ártemis mata também um outro caçador, Órion, a quem amava. Foi um engano, ou melhor um ardil de seu irmão Apolo, enciumado pela atenção que a irmã gêmea dispensava ao jovem mortal. Isto se deu quando desafiou Ártemis a acertar num alvo distante no mar, que não passava do jovem que fora nadar. Ártemis, que não resiste a um desafio, prontamente lançou uma flecha certeira e matou Órion. Logo depois, arrependida desse ato impensado, coloca-o no firmamento, juntamente com um de seus cães de caça, o cão estrela Sirius.

Ártemis também exigia a castidade de suas companheiras e de si própria, chegando mesmo a matar uma delas, que seduzida por Zeus, dele esperava um filho. Calixto, este era o seu nome, foi transformada numa ursa e caçada até a morte. Entretanto, o filho de Calixto é salvo. Zeus, para reverenciar a amante morta, transforma-a numa constelação, a Ursa Maior.

Ártemis ficou conhecida como a deusa da caça, mas tinha uma outra atribuição originada do seu desejo de presidir os partos e ainda por seu arco ser de prata. Ficou então conhecida como deusa da Lua. "Ela ficava à vontade à noite, percorrendo seu império deserto, ao clarão da lua ou à luz de uma tocha."[101] Nessa condição de deusa da

[100] Kerényi, *Deuses Gregos*, p. 107

[101] Bolen, *As Deusas e a Mulher*, p. 81

lua, forma uma tríade lunar com Hécate e Selene, onde esta última reinava no céu, Ártemis na Terra e Hécate no mundo avernal.

Encontramos como características arquetípicas de Ártemis: a imunidade à paixão, independência do homem e de seus pareceres, defensora das mulheres, protetora do nascimento e guardiã dos mais frágeis e dos animais. Pela sua competitividade focalizada, alcança sua meta a qualquer custo. É também amante da natureza, a qual defende bravamente.

A relação da mulher-Ártemis com os pais é complexa e a partir dela a mulher define uma trajetória própria, feliz de estar viva e de ser mulher, mostrando uma clara preferência pelo pai, que considera forte e corajoso. Quando tem uma mãe fraca, com instintos femininos bem desenvolvidos, transforma-se na defensora da mãe, o que fortalece ainda mais esse padrão, levando-a a fazer o papel de mãe da própria mãe. Se tem o apoio e compreensão dos pais (o que aconteceu com a deusa), seguirá seu próprio caminho, mas se não contar com esse apoio, vai se transformar num tipo desafiante, rebelde, questionador, apesar de sofrer muito com isto.

O padrão Ártemis de comportamento cria numa mulher dificuldades psicológicas diversas:

- Não consegue estabelecer vínculos amorosos que exijam uma postura dependente, pois ela quer ser dona do próprio nariz.

- Ao não conseguir colocar o amor e o homem como centro de sua vida, afasta a possibilidade de relacionamentos, o que pode lhe trazer sentimentos de solidão e nostalgia.

- Se colocar seu escudo protetor, reagindo a qualquer interferência externa, poderá levar os outros ao sofrimento, principalmente seu parceiro. Esse comportamento é acionado quando a mulher se identifica com o que Esther Harding definiu como "a frieza da lua e a crueldade 'deusalua', que simbolizam esse aspecto da natureza feminina."[102]

- Tem uma faceta cruel, por ser radical e imediatista em seus julgamentos quanto a atitudes dos outros. Pode até se arrepender dos atos extremos que comete, mas isto só se dará quando não houver mais jeito de consertar.

- Também estará enfrentando uma eterna escolha entre ser racional (tendo um entendimento do que está acontecendo) ou dar vazão à sua raiva (seguindo seu impulso e cometendo vinganças cruéis e outros atos radicais), quando se sente violada e ultrajada em seus princípios.

---

[102] Bolen, *As Deusas e a Mulher*, p. 106

Bolen afirma que, no primeiro caso, "ela livra do patriarcado as mulheres e os valores femininos, pois o mundo patriarcal desvaloriza ou oprime ambos"[103] e, no segundo caso, "com seu intenso enfoque nos objetivos, ela pode exigir sacrifício da mulher e desvalorizar o que foi tradicionalmente considerado 'feminino' - as qualidades receptivas, desejosas de fazer sacrifícios em benefício dos outros."[104] Este último caso nos lembra as atitudes das feministas radicais do Women´s Lib, no início da década de 70, que embora tenham trazido mudanças muito favoráveis para as mulheres, acabava sendo ridicularizado exatamente pelo seu lado excessivo.

Para crescer intimamente, a mulher de padrão Ártemis, precisa desenvolver o seu instinto feminino conscientemente e, para isto, necessita fazer crescer em si o sentimento de compaixão e empatia; aprender a amar e a interessar-se profundamente pelo parceiro e pelos outros; desenvolver um potencial mais receptivo, orientado para o relacionamento. Dessa forma, não se fecha em si mesma e aceita a passagem do tempo, trabalhando a sua sabedoria interior, o que a levará a se tornar uma mulher sábia no fim da sua vida.

---

[103] Idem, ibidem, p. 111

[104] Idem, ibidem, p. 111

6. O Desconhecimento da Mãe e o Mito de Atena, como Variante do Complexo Negativo da Mãe

Consideramos a mulher que segue o padrão Atena como uma variante do complexo materno de defesa contra a mãe. Como Ártemis, Atena também tem uma relação complicada com o feminino, só que, no seu caso, isto se dá em função de não ter tido contato algum com a sua mãe. Vamos ao mito.

Atena, segundo Hesíodo, era filha de Métis, titânida que presidia todo o conhecimento e sabedoria. Zeus se apaixona por ela que, para escapar ao seu assédio, toma diferentes formas, até ser capturada, seduzida e engravidada por ele. Um oráculo previu que, se Métis tivesse um filho homem, este destronaria Zeus. Temendo o nascimento do seu sucessor, Zeus decide suprimir antecipadamente a fonte do seu problema, ou seja, Métis. Pensa em eliminá-la, mas sabe que ela é mais poderosa do que ele. Entretanto, é preciso dar um jeito para evitar que esse filho nasça. Para isto, usa da sua habilidade em manipular os outros e a convence a ficar pequena, o que lhe permite engoli-la. Passado algum tempo, Zeus começa a sentir uma dor de cabeça insuportável e aí aparece seu filho Hermes, que lhe diz saber o motivo do incômodo. Vai procurar seu irmão Hefestos e lhe pede para abrir a cabeça do pai, de onde surge a deusa, filha de Métis, gloriosa, adulta e mostrando a sua faceta guerreira. Atena foi, segundo Bolen, "a única deusa olímpica retratada usando uma couraça, com a pala do seu capacete voltada para trás, para mostrar a sua beleza, um escudo no braço e uma lança na mão."[105]

Seu papel principal era presidir, estrategicamente, às batalhas e, em épocas de paz, às artes domésticas. Tanto uma tarefa quanto a outra exigiam dela o planejamento lógico e estratégico e a habilidade para executá-las. Ambas as atividades requeriam sua inteligência, um pensamento intencional e direcionado. Simbolicamente poderíamos dizer que a sabedoria de Atena é bem integrada no patriarcado, enquanto que a de sua mãe Métis seria excessiva, o que a levou a ser engolida pelo masculino. O surgimento de Atena também marcaria o fim de um processo repetitivo de pai engolindo o filho sucessor, pelo fato de surgir uma filha, trazendo então uma reconciliação de opostos.

Como filha que não conheceu a mãe, Atena associou-se ao pai e assim permaneceu para sempre. Pela sua fidelidade, recebeu de Zeus o raio e a égide. Atena o admirava como pai e como patriarca, organizador

[105] Bolen Jean, *As Deusas e a Mulher*, p. 116

do poder masculino, o qual ela ajudou a preservar. Bolen a descreve assim: "protetora, conselheira, patrona e aliada dos homens heróicos."[106] Nas suas histórias encontramos várias passagens onde ela ajuda esses heróis, sempre fornecendo-lhes armas divinas e aconselhando-os sobre as melhores estratégias para vencer seus inimigos. Ajudou Perseu a matar a Medusa, Górgona monstruosa com cabelos de serpente, garras de bronze e com o poder de petrificar aqueles que a olhassem, dando-lhe seu escudo para ser usado como espelho. Jasão e os argonautas também recebem a sua ajuda para construir o navio que os levaria até o velocino de ouro. Aquiles foi ajudado na guerra de Tróia e Ulisses nas suas viagens. Temos ainda uma versão latina onde Orestes, filho de Agamênon, um dos vencedores da Guerra de Tróia, acaba sendo favorecido com o voto da deusa, livrando-o da loucura imposta pelas Erínias por ter assassinado a mãe. Este voto ficou conhecido como Voto de Minerva (nome latino da deusa), indicando o voto definitivo que desempata um julgamento que chegou a um impasse.

De forma indireta, através de seus heróis e protegidos, Atena vive o papel de progenitora. Há mesmo uma história que fala de um quase-filho seu, de nome Herictônio. Hefestos, deus da forja, tenta seduzir Atena quando foi flechado por Eros, mas ela consegue evitar o assédio. As gotas de sêmen caem na terra, que por ser muito fértil (é Gaia, a mãe Terra), acaba gerando uma criança, Herictônio. Atena se sente responsável por este nascimento e acaba assumindo a educação da criança. Esta história mostra um caminho possível para que esta deusa possa entrar em contato com a maternidade: é uma forma indireta, através de afilhados.

A jovem sempre foi uma das filhas favoritas de Zeus. Era muito inventiva e batalhadora, tendo sido atribuídas a ela a invenção, dentre outras coisas, da flauta, da trompeta, do arado, do carro, do navio e do bridão para cavalo. Ela também teria ensinado aos homens o uso deste animal como montaria. Tomando o sentido simbólico de domar um animal para montaria, ousaria dizer que ela colocava o instinto animal (representado aqui pelo cavalo) sob o controle do lado mais racional (que distingue os homens dos demais animais). Quanto ao seu lado mais combativo, é preciso entender que a deusa não gostava da violência, do sangue (características de um outro deus mais belicoso - Ares), mas concentrava-se mais na estratégia e na mediação em disputas, na reconciliação.

As características arquetípicas do padrão Atena, que definirão o comportamento das mulheres que o seguem, têm um princípio fundamental: o pensamento lógico, o que significa ser governada mais pela

[106] Idem, ibidem, p. 116

razão do que pelo coração. Essas mulheres pensam muito, e bem, conseguindo manter a calma mesmo numa situação extremamente emocional, encontrando alguma saída para o problema que as envolve no momento. Bolen acredita que essa fria reação mediante situações delicadas, aproxima essas mulheres da deusa Atena, mas não as masculiniza, já que considera que o ato de pensar não se realiza numa mulher através do seu animus, ou seja, projeção em um homem, mas através de uma qualidade própria feminina que, se bem desenvolvida, cria nela uma auto-imagem positiva e adequada.

Outra característica deste padrão feminino é se manter completamente invulnerável e íntegra, já que focaliza sempre suas próprias prioridades. Este é um ponto em comum entre os padrões Atena e Ártemis, pois ambas têm uma percepção completamente voltada para as suas necessidades e não para a dos outros. Atena prefere estar no meio da ação e do poder masculino, ainda que sua condição de virgem intocada permita-lhe viver no meio dos homens, sem ser vulnerável a eles, sexual ou intimamente. Ela será a companheira, a colega e a confidente que trata e quer ser tratada como uma igual. Gosta de ver a vida como ela é, sem romantismo ou idealismo. Isto a leva a agir pragmaticamente, respeitando os padrões patriarcais vigentes. Em sua vida jamais se oporá a esses padrões, mas, ao contrário, será uma aliada do homem para mantê-los. Da mesma forma que a deusa Atena atuava para ajudar estrategicamente seu pai Zeus a consolidar seu patriarcado, as mulheres desse tipo se sentirão realizadas se atuarem como mentoras de homens poderosos, que compartilham de suas concepções e interesses.

Seu lado estratégico é herança de sua mãe Métis, deusa da sabedoria, e dessa forma, a mulher que segue este modelo pode usar esse potencial, principalmente se fizer um curso superior, para criar projetos próprios, ou como consultora de empresários e executivos em ascensão.

Um outro aspecto que chama a atenção é a sua tendência natural de fazer tudo racionalmente, pesando os resultados e optando sempre por caminhos que conduzem ao equilíbrio e à moderação. Esse fato leva a mulher, de um lado, a agir com o equilíbrio necessário para ter uma vida produtiva e sadia, mas de outro, se exagerar na dose tentando controlar tudo, poderá se tornar uma mulher fria, calculista, totalmente afastada dos outros.

A frieza íntima e o distanciamento são elementos comuns às deusas que Bolen classifica como independentes - Ártemis e Atena - já que ambas têm objetivos bem definidos e competem para consegui-los. Ártemis, no entanto, se ressente quando é ferida ou insultada, descontrolando-se emocionalmente e dando vazão à sua face sombria de crueldade e irracionalidade. Atena, ao contrário, torna-se ainda mais fria e controlada, conseguindo assim resolver seus problemas com lógica e estratégia. Uma mulher arquetipicamente Atena tem que desenvolver seu intelecto, estudando ou trabalhando, para poder utilizá-lo como meio de crescimento interior.

Para que este padrão arquetípico possa evoluir adequadamente, sua mãe ou seu pai terão que privilegiar o intelecto da filha, pois do contrário sua personalidade se enfraquece, transformando-a numa mulher insegura. Poderá até se casar, se encontrar um parceiro amistoso e que respeite a sua independência; ou então a opção será manter o celibato e se dedicar a uma carreira. Se casar e tiver filhos, estará mais à vontade quando eles crescerem um pouco e se mostrarem intelectualmente curiosos, competitivos e extrovertidos, já que ela não é uma mãe com um instinto maternal e provedor muito desenvolvido. Desta forma, tem dificuldade de lidar com crianças sensíveis ou muito pequenas e com filhas, principalmente se forem inseguras e dependentes.

Assim, temos que este padrão de mulher valoriza a racionalidade e estratégia, é invulnerável, detesta tudo o que é irracional e considera todo tipo de sentimento como uma opressão. A atitude defensiva que ela desenvolve nas suas relações com os outros lhe traz um endurecimento interior que certamente a fará sofrer quando ficar mais velha. Como enfatiza excessivamente seu intelecto, sua ligação com seu corpo e com as suas emoções permanecerá apenas latente, totalmente esquecida da sua feminilidade, oculta pela couraça que ela mesma cria. Aliás, a sua maneira de vestir, tradicional, clássica e recatada, já funciona como uma espécie de escudo, que mantém a fantasia dos homens à distância. Além disso, vivendo num mundo paternal, hostil e querendo fazer parte dele como igual, muitas vezes é obrigada a se encouraçar, ser dura e obstinada, às vezes até em maior dose do que o homem. Segundo Woolger, "a armadura é a metáfora que descreve psicologicamente um ego bem defendido, sendo aplicado a quem, qualquer que seja o seu sexo, não for facilmente derrubado por críticas e ataques a seu caráter ou à sua competência."[107]

O mundo da mulher-Atena será naturalmente a cidade grande ou a universidade, onde terá oportunidade de resolver novos desafios ao senso de independência e identidade pessoal. É nesses ambientes que poderá encontrar caminhos que a farão crescer intimamente. Seu desafio principal, quando já rompeu com o mundo feminino da mãe e já conseguiu sobreviver e atuar sozinha no mundo paterno, é ainda mais difícil e se constitui no que Jung denominou "a matança do pai". Isto significa que, ao se liberar da visão tradicional de mundo feminino e de tudo que ela implica, terá que se tornar independente, não só

[107] Woolger, *A Deusa Interior*, p. 58

dessa visão opressora, mas também conseguir ser ela mesma, defendendo princípios próprios (e não os patriarcais vigentes), trilhando um caminho independente e ainda estabelecendo uma intimidade com o seu feminino, permitindo aos outros entrarem em sua vida íntima. Só assim conseguirá realizar um trabalho criativo, que tenha valor para si, para todas as mulheres que se assemelham a ela e para a comunidade. Em suma, esse processo só será desencadeado quando a mulher tomar conhecimento do seu complexo materno, que a leva a desvalorizar intimamente tudo o que se refere ao instinto primordial feminio, substituindo-o pelos princípios arquetípicos masculinos. Como mulher, essa inversão inconsciente lhe trará um grande desgaste emocional. Para crescer intimamente ela terá que:

- reconhecer que o seu ceticismo a distancia dos outros e de todo o seu potencial como mulher;
- desenvolver mecanismos de aceitação e empatia para que os outros se aproximem dela;
- sensibilizar-se com os outros, resgatando a criança que nunca foi;
- descobrir a mãe que nunca teve e, por conseguinte, seu lado feminino nutridor e emocional.

Cabe aqui um último comentário sobre esses padrões arquetípicos baseados nas deusas gregas. Como bem colocam Jennifer Woolger e Jean Shinoda Bolen, não existem tipos puros e sim interpenetrações desses modelos discutidos acima. A mulher contém em si todas as possibilidades e é até problemático quando exacerba apenas um modelo, o que pode levar até a uma patologia. O próprio Jung fala que os complexos também são mesclados. O que temos tanto em um caso como no outro, ou seja, tanto em relação ao padrão mitológico quanto ao complexo materno, é a predominância de um ou dois tipos. Esta predominância, varia de acordo com o momento que a mulher está vivendo. Assim, Perséfone e Ártemis são os padrões mais comuns da adolescência, Deméter e Hera da fase em que se casa e começa a ter filhos, Atena do período dedicado aos estudos e ao início da carreira e Afrodite em todos os momentos de busca do amor e da beleza.

Resumindo, a completude da mulher, o comportamento mais sadio, é justamente quando há nela um certo equilíbrio entre todos esses padrões. A sua plenitude se dá quando há uma compreensão sobre eles e quando se tenta extrair de cada um o seu melhor potencial. Isto geralmente ocorre, quando ocorre, na segunda metade da vida. Este é o caminho da sabedoria e do crescimento espiritual.

IV

A PRESENÇA DO FEMININO NO CINEMA

A arte é o espelho da vida que mostra aos homens capazes de emoção as forças e as fraquezas da alma, as consequências nefastas de suas exaltações imaginativas, com o objetivo de obter a catarse, a elevação acima da vaidade culposa. A arte verídica é uma produção da imaginação sublimente criadora, oposta à imaginação exaltada.

Paul Diel

O cinematógrafo fala do homem e a ele se endereça. Ele alcança assim a parte espiritual que faz parte da nossa humanidade e desse forma atinge o universal. Reencontrar esse essencial é a tarefa de um olhar que se liga ao homem interior, à sua alma.

Guy Bedouelle

A. Simbolismo e Linguagem Cinematográfica

Como estudiosas das linguagens simbólicas, consideramos a mitologia, a mitologia comparada e o estudo dos arquétipos e símbolos as principais fontes que nos dão elementos para conhecer a nossa história passada, como pensavam e agiam nossos antepassados, como se deu a evolução da espécie e o que sustentou e ainda sustenta esse processo evolutivo. O estudo dessas linguagens nos permite ainda compreender o processo cognitivo e a evolução da psique humana. Podemos então perceber que o poder do mito é muito maior do que apenas nos dar elementos para decifrar nossa história, já que ele, sendo resultado de um processo supraconsciente projetivo, nos aponta caminhos a serem seguidos e as conseqüências das escolhas feitas.

Para entender como o conteúdo simbólico está presente nas diferentes formas de comunicação humana, procuramos estabelecer uma relação entre as linguagens simbólicas antigas, eternas, e a nossa realidade em termos de comunicação, já que percebemos a existência de uma essência comum entre esses dois campos de estudo. Não temos hoje contadores de histórias que reúnem os jovens em torno de si para difundir, e desta forma fixar, os valores tradicionais que manterão a vida evolutiva. Os valores nas sociedades modernas são transmitidos através de diferentes canais de comunicação. É preciso entender o sentido de tradicional aqui utilizado. Ele abrange o campo de experiências arquetípicas, de vivências que se repetem em todos os momentos históricos pelos quais a humanidade passou e que constituem o alicerce da vida evolutiva da própria espécie, em termos de comportamento social (viver em sociedade). Quem hoje tem um contador de histórias em sua comunidade? Com a evolução da sociedade, novas formas de comunicação e transmissão de experiências comuns à vida de todos os homens foram sendo desenvolvidas. Citemos como uma das primeiras, e mais significativas, a invenção da escrita, que agilizou e permitiu perpetuar essas experiências essenciais. Ela se constitui em um código que permitia a manutenção e propagação dos costumes, sem que fosse necessário confiar apenas na memória e na transmissão oral. Era uma nova forma das pessoas reviverem situações ocorridas em períodos muito distantes no tempo e que serviam para que intensas experiências interiores, arquetípicas, fossem revividas pela psique. Esse fenômeno explica a contemporaneidade dos relatos míticos que, como relato de experiências essenciais, permanecem como faróis que nos possibilitam olhar para dentro de nós mesmos e ver, não a nossa forma, mas a nossa essência.

Com o passar dos tempos, os mitos foram tomando novas formas e se integrando em outras linguagens, como na literatura, primeiramente através de contos, lendas e peças teatrais. Este processo chegou até nós através de várias civilizações e principalmente através da cultura grega. Os gregos apresentavam a reedição dos mitos, recontados e encenados, nas festas de Dioniso, com duração de vários dias. Havia então uma espécie de competição entre vários escritores, que mostravam sempre três obras trágicas e uma comédia. Eles eram julgados pela própria audiência, que passava então a ter uma participação ativa na peça, criando assim um vínculo emocional com o relato que ocorria no palco, vínculo que se mantinha ativado na psique a partir de então. Esta foi a primeira experiência onde se estabeleceu um contato íntimo entre palco e platéia, ou seja, entre atores, coro (que representava a voz da sabedoria, da justiça e era constituído por homens mais velhos e experientes) e audiência. Criava-se, então, uma cumplicidade entre eles, que os levava a um estado catártico. Essa experiência permitia que, ao se contar histórias reais ou não, as pessoas pudessem se espelhar nesses relatos e trazer a experiência para a vida de cada uma delas. O teatro, tornou-se, assim, uma tentativa mais estruturada e intencional de trabalhar conteúdos inconscientes e arquetípicos.

Durante muitos séculos o teatro e a literatura foram as formas de perpetuar essas vivências interiores. Quando a humanidade atingiu um maior desenvolvimento científico e tecnológico, a partir do século XIX, foi possível expandir as possibilidades de comunicação. Muito contribuiu para isso a descoberta do processo fotográfico, onde se projeta e fixa uma imagem num papel. O próximo passo foi dado quando se colocou a imagem em movimento. Lumière, em 1896, conseguiu fixar a imagem numa matéria muito especial feita de celulose. Conseguiu também desenvolver a máquina de projeção da imagem em movimento numa tela. Estava descoberto o cinema. Agora, ao lado do espetáculo ao vivo do teatro, também era possível assistir a uma atuação feita à distância e em uma só vez, criando-se a distância espacial entre atores e espectadores. O próximo passo evolutivo foi trazer a imagem para dentro da própria casa, com o advento da televisão e toda a revolução que ela provocou nos conceitos e métodos de comunicação. Os valores e o comportamento humano a partir daí passam a ser transmitidos não só através do contato de pais e filhos, alunos e professores, mas principalmente através do cinema, da televisão e mais recentemente da Internet, invenções essas que foram pouco a pouco tomando o lugar do contador de histórias. Dessa forma as invenções tecnológicas o substituem. Este assunto é extremamente abrangente e, por isto mesmo, vamos nos ater a discutir a simbologia dentro dos campos do cinema e da propaganda, deixando de lado outras expressões como a telenovela, mini-séries, telejornais e espetáculos de auditório.

Como já dissemos anteriormente, todo processo de comunicação só se estabelece através de um mecanismo projetivo e simbólico, seja na linguagem falada, escrita, imagética ou virtual. As linguagens mais modernas de comunicação, como as do cinema, da TV e do sistema multimídia, têm um ponto em comum, que é o uso da imagem. A principal diferença entre elas é que a TV é instalada na casa do indivíduo, ele a assiste com um mínimo de deliberação (só tem que decidir se vai ligá-la ou desligá-la), sem nenhum esforço maior e sem nenhum ritual, não estando relacionada a nenhum momento ou local especial. O cinema, ao contrário, exige uma escolha clara, onde a vontade do indivíduo é o elemento propulsor: ele deve sair de casa, ir até o local onde o filme escolhido está sendo exibido e pagar para assisti-lo. Aqui a sala de exibição funciona como uma espécie de templo, onde uma história vai ser contada sem interrupção como uma história da vida real, ainda que imaginária. Na TV as histórias são fragmentadas com intervalos comerciais dificultando assim a completa imersão da psique no que vê. A TV não provoca um clima como o cinema, já que os intervalos nos remetem sempre ao mundo real, para o qual você é chamado cada vez que um corte é feito. Nela tudo é mostrado rápida e convencionalmente e portanto trabalha mais com signos do que com símbolos, mais com estereótipos do que com a essência, não permitindo que nenhum processo projetivo penetre profundamente na psique a ponto de estabelecer um tipo de conflito que leva à transformação.

Para melhor compreender essa relação entre o mito e as linguagens cinematográfica e publicitária do ponto de vista da apreensão da realidade, recorremos mais uma vez a Paul Diel: "À época do desabrochar das culturas agrárias, a psique humana evoluiu na direção a uma complexidade que se encontra muito longe do primitivismo animista e mesmo do alegorismo cósmico. A imaginação não é mais somente afetiva e divagadora, mas também expressiva e simbolizadora; torna-se capaz de criar símbolos, ou seja, imagens de significação precisa, tendo por objetivo exprimir o destino do homem. Assim, o plano metafísico começa a se estabelecer na mente humana e o plano moral na sua atividade. A significação simbólica que substituiu o sentido alegórico é de ordem psicológica pelo fato que sustenta a atividade intencional das divindades antropomorfizadas."[108] Assim, a representação que na sua origem falava unicamente dos astros e dos fenômenos físicos e era imaginada como uma luta entre divindades,

[108] Diel, *O Simbolismo na Mitologia Grega*, p. 17-18

termina por exprimir os conflitos reais e intrapsíquicos da alma humana.

Gaston Bachelard, em seu prefácio ao livro já citado de Paul Diel, diz: "(...) de fato, em sua simplicidade aparente, o mito enlaça e solidariza forças psíquicas múltiplas. Todo mito é um drama humano condensado. E é por esta razão que todo mito pode, tão facilmente, servir de símbolo para uma situação dramática atual."[109]

A obra criativa acaba, assim, transformando-se numa ponte simbólica entre esse inesgotável passado arcaico e o futuro longínquo, uma espécie de parábola da vida que contém, além das características pessoais do artista, um conteúdo pertencente ao acervo comum da humanidade. Numa comparação muito feliz, Joseph Campbell coloca que "É como se a mesma peça fosse levada de um lugar para outro, e em cada lugar os atores locais vestissem costumes locais e encenassem a mesma velha peça (...) Isso é absolutamente fascinante, porque elas (imagens míticas) falam do profundo mistério de você mesmo e tudo o mais. É um *mysterium*, um mistério, *tremendum et fascinans*, tremendo, horrível, porque destrói todas as noções fixas que você tem das coisas, e ao mesmo tempo é absolutamente fascinante, porque diz respeito à sua própria natureza, ao ser. Quando você começa a pensar nessas coisas, no mistério interior, na vida interior, na vida eterna, não há muitas imagens à sua disposição."[110] Surge daí o fascínio inconsciente que esses temas arquetípicos exercem sobre as pessoas, o que está muito presente na linguagem cinematográfica e também nas imagens da propaganda.

No cinema, a linguagem utilizada ultrapassa as fronteiras da oralidade, já que recorre à imagem. Analisando a comunicação no cinema, constatamos que a narração no filme tem uma linguagem própria, onde a imagem, a música, os ruídos, o silêncio, o primeiríssimo plano, ou o plano distante, efeitos de luz (claro e escuro), enquadramento, o uso das cores, as sequências, a montagem, têm um papel essencial na formação do objeto de observação. Tudo isso nos é apresentado como uma obra acabada e que podemos assistir como algo em permanente movimento, num desenrolar contínuo. Diante de um filme existe uma impressão de realidade muito maior do que diante de uma fotografia, o que é causado pelo movimento, a sensação do desenrolar da história como na vida, em quadros que se sucedem logicamente, mesmo que haja uma inversão entre passado e futuro.

Quando assiste um filme, o espectador vive a impressão de realidade, que é o sentimento de estarmos assistindo diretamente a um

[109] idem, ibidem, p. 10
[110] Campbel, *O Poder do Mito*, p. 40

espetáculo quase real, o que desencadeia na assistência um processo ao mesmo tempo perceptivo e afetivo de participação e, assim, conquista de imediato uma espécie de credibilidade, não total, é claro, mas mais forte que em outras artes. Assim, no cinema, arte ficcional ou narrativa, o espectador apreende um ser-aqui-vivo e não um ter-sido-aqui como na fotografia, nos ensina Roland Barthes. A sua credibilidade e realidade, em razão do movimento, nos dá a sensação de algo que acontece naquele momento, nos traz uma identificação maior do espectador do que no teatro, onde os personagens são objetos de oposição porque se mostram como atores muito reais em situações ficcionais.

O filme é portanto uma forma narrativa que tem um início e um fim e cuja história é apresentada em imagens dinâmicas que se mostram como seqüências temporais na vida dos personagens, ainda que não seja o tempo real mas o imaginado. O espectador percebe que o espaço e o tempo que o filme apresenta não é o mesmo no qual ele vive mas que existe uma conexão entre eles, pois quem assiste participa também do que está vendo. Essa participação, ainda que imaginária, nos leva a investir o que vemos de uma realidade que é da ficção, de uma realidade que, segundo Metz, "provém de nós mesmos, das projeções e identificações misturadas à nossa percepção do filme."[111]

Esse é o grande poder transformador do cinema na medida que estabelece um diálogo entre conteúdos imaginários que se encontram, ainda que inconscientes, no imaginário coletivo. Este é permeado por mitos e símbolos que são plenamente compreendidos pois fazem parte da psique de todos os homens. Segundo Levi-Strauss "O mito é sempre reconhecido como tal por aqueles a quem é contado, inclusive se tiver sido traduzido de um idioma para outro e inclusive se a literalidade de sua formulação tiver sido modificada até certo ponto."[112] Esse poder de entendimento do mito se estende para todas as artes que lidam com o conteúdo imaginário dos homens. Segundo Diel: "A arte é o espelho da vida que mostra aos homens capazes de emoção, as forças e fraquezas das alma, as conseqüências nefastas de suas exaltações imaginativas, com o objetivo de obter a catarse, a elevação acima da vaidade culposa. A arte verídica é uma produção da imaginação sublimemente criadora oposta à imaginação exaltada."[113]

A arte definida dessa maneira nos leva a compreendê-la como forma de elevação sublime e como instrumento que nos permite ver a nós mesmos. A obra cinematográfica é assim considerada por nós como tendo seu próprio código significativo, que faz parte de um códi-

[111] Metz, *A Significação no Cinema*, p. 23
[112] idem, ibidem, p. 30
[113] Diel, *O Simbolismo na Mitologia Grega*, p. 99

go maior e de caráter universal, e que por isso pode ser vista por diferentes grupos sociais em outros meios culturais e ser apreendida. Quanto mais universal e arquetípica for a mensagem, maior será a possibilidade de ser compreendida. De qualquer forma, há uma intencionalidade de passá-la de modo verdadeiro e não apenas verossímil. Assim o filme, mais do que qualquer outro meio de comunicação, tem hoje uma função de catalisar e promover diálogos, ainda que imaginários, sobre nossa própria vida.

Os mitos que esse imaginário comum contém, sendo relatos arquetípicos, nos falam da história evolutiva de todos os homens. Para o mito, o sentido real da vida é a evolução, seja do homem individual, seja da espécie humana, o que resultou da vida passada ou o que se aspira para a vida futura. A aspiração maior de todos os homens sempre foi e será conseguir a harmonização interior, a felicidade, que se constituiria, assim, na satisfação da necessidade vital que, no nível humano, é diferenciada e portanto ela só seria encontrada pela harmonização dos desejos múltiplos, materiais e sexuais. O sofrimento teria a sua causa no desejo insatisfeito, que pode ser definido como um contraste entre desejo e realidade. A satisfação harmoniosa dos desejos múltiplos é, no final, o sentido último da vida.

As histórias que nos são contadas pelo mito falam sempre de comportamentos de personagens que vivem nesse mundo e cuja ação sofre um julgamento constante, não um julgamento moral, mas ético, de alguém ou algo que lhe é superior, ainda que impessoal. Essa entidade nada mais é que a consciência do homem, que se projeta constantemente na realidade. Essa projeção, no mito, tem sempre implicitamente valores evolutivos, como verdade, beleza, bondade, mesmo que os personagens nos mostrem o oposto disso: a mentira, o feio, a maldade. Quando isso acontece, eles são julgados e castigados aparentemente pelos deuses, mas verdadeiramente pela consciência evolutiva que todos os homens possuem e à qual até mesmo os deuses estão submetidos.

A consciência evolutiva, dessa forma, é não só a via destinada a adaptar a espécie humana e cada indivíduo às necessidades imediatas, como também à finalidade longínqua da vida. É uma função mais clarividente que inconsciente, pois tem uma função supraconsciente. Os mitos, portanto, simbolizam a vida e seu sentido e seu tema inesgotável são as transformações energéticas que ocorrem na psique que permanentemente julga, pesa e escolhe formas adaptativas para manter sua integração com a realidade. Esse trabalho intrapsíquico de transformação energética não conduz necessariamente à realização do caminho evolutivo, pois pode também conduzir ao que Paul Diel chamou de deformação doentia, já que o combate heróico pode terminar em derrota. É exatamente esse trabalho intrapsíquico que analisaremos nos personagens femininos de quatro filmes, levando em conta especificamente como essas mulheres se relacionaram com suas mães e como, a partir dessa relação, diferentes personalidades se formaram.

B. As Deusas e o Cinema

Escolhemos quatro filmes contemporâneos, três realizados na década de 90 e um mais antigo, de 1977, que narram as histórias de mulheres muito diferentes entre si e cuja vivência levou-as por caminhos bem particulares na vida. Os filmes são:

- *Perdas e Danos*, campo de ação dos arquétipos de Perséfone, Hera, Deméter e Afrodite;
- O *Piano*, onde encontraremos Perséfone, Deméter e Ártemis;
- *Tomates Verdes Fritos*, com Ártemis, Hera e Perséfone;
- *Julia*, onde o foco se dá sobre a relação entre Atena e Ártemis.

As personagens desses filmes possuem uma riqueza inigualável de componentes reais e traços de personalidade, mantendo relações sociais, familiares e de trabalho bem definidas, o que nos permitirá desvelar pouco a pouco, suas razões, motivações, desejos e aspirações, alegrias e tristezas. Elas apresentam características arquetípicas do comportamento feminino, em suas diferentes facetas, aqui abordadas sob a ótica da mitologia e da teoria dos arquétipos. O objetivo final deste trabalho é mostrar como o comportamento desses personagens, das mulheres reais em todos os tempos, tem um caráter de atemporalidade e permanência, da mesma forma que as as deusas gregas mantêm os seus traços eternos a que recorremos em nossa busca de raízes existenciais.

1. As Relações Femininas em *Perdas e Danos*

Perdas e Danos foi realizado em 1992 por Louis Malle nos Estados Unidos, baseado no livro de Josephine Hart. Seus personagens principais são: Stephen Fleming (Jeremy Irons), Anna (Juliette Binoche), Eva Prideaux (Leslie Caron), Ingrid (Natasha Richardson) e Martyn (Rupert Graves).

Stephen tem uma personalidade rígida e um caráter poderoso, representando na história um homem racional, seguro de si e uma das pontas do triângulo amoroso formado por ele, Anna e Martyn, seu filho e noivo de Anna. Aparecem ainda mais duas personagens: Eva, a mãe de Anna, e Ingrid, mãe de Martyn. Esses cinco personagens se relacionam profundamente durante um certo período de suas vidas, cada um tendo um papel bem definido nessa trama que vai sendo tecida inexoravelmente. Como em toda relação familiar, os papéis de seus membros se justapõem uns aos outros e se acomodam, até formarem um quadro dinâmico, onde as características arquetípicas de cada um se manifestam. Stephen, então, representa o arquétipo do homem poderoso e racional cuja ação é toda baseada no logos, na razão. Ele é um político, com um cargo importante no governo inglês, tido como um estrategista brilhante, sendo sua família vista como modelo de normalidade. Representa, portanto, o arquétipo do senhor do Olimpo, Zeus, cujo âmbito é o céu e a terra e cujo atributo é a racionalidade. Ao se apaixonar por Anna e desenvolver por ela uma paixão violenta e, diríamos, incestuosa (já que é noiva de seu filho), não consegue controlar a avalanche de sentimentos contraditórios que o assola. Acaba incorporando o arquétipo oposto, o de Hades, o irmão sombrio de Zeus. Mitologicamente Hades é o futuro esposo de Perséfone: o senhor do mundo avernal, do mundo instintivo e do mundo dos mortos. A paixão incestuosa que desenvolve por Anna o leva a trilhar caminhos completamente desconhecidos para ele, onde valores como amor, fidelidade, verdade são questionados e se opõem ao desejo de possuir Anna. A violência e a urgência com que o seu desejo sexual é satisfeito, evidencia que algo ficou represado e precisa ser experimentado, vivenciado. Para Stephen é mais que o desejo de união sexual - é o desejo da união, da busca da unidade interna, da mescla do seu masculino com o seu feminino. A sua relação extra-conjugal com Anna mescla paixão, violência, traição, até o desfecho final. A tragédia (a morte do filho) provocará nele uma transformação pessoal, fazendo com que se isole do mundo e reformule todos os seus valores.

Anna, parceira de Stephen, jovem de aparência frágil e meiga, noiva de Martyn, trabalha num antiquário, que é um ambiente ideal para uma pessoa que cultua o passado. Sua personagem a mostra como a virgem intocada, reservada, vestindo-se sempre de preto, com um olhar perdido como se nada que estivesse presente realmente a interessasse. É ligada ao passado, onde guarda um segredo, que não é revelado de imediato e com o qual joga o tempo todo. Esconde de todos a tragédia que viveu na adolescência e que a marcou para sempre: o amor incestuoso do irmão que acabou se matando quando ela o preteriu por outro. No diálogo abaixo, quando Anna fala sobre sua vida num jantar de apresentação à família de Martyn, temos uma idéia de como ela é:

- Fui criada no exterior. Meu pai era diplomata. Quase não moramos aqui. Minha mãe é ... como se fosse francesa! Está com seu quarto marido morando em Palm Springs.
- Palm Springs? Santo Deus! comenta o avô de Martyn.
- Sua infância foi diferente, diz Ingrid.
- Vivíamos mudando. Argentina, África. Por muito tempo ficamos em Roma. Depois me mudei para Paris. Eu queria ser livre. Até fui garçonete. Terminei um namoro e estou na Inglaterra há três anos, continua Anna.
- Mora sozinha? pergunta Ingrid.
- Sim, responde Anna.
- Você vive com sua mãe? indaga Ingrid.
- Que interrogatório! Imagine! diz Martyn impaciente.
- Não, não mesmo, responde Anna.
- Anna veio para se divertir, continua Martyn.
- Estou me divertindo, diz Anna olhando para Stephen.
- É filha única? pergunta Ingrid.
- Tive um irmão, responde Anna.
- Ele morreu, interfere Martyn.
- Matou-se, eu tinha 15 anos, fala Anna.
- Sinto muito. Que idade ele tinha? pergunta Ingrid.
- 16 anos, responde Anna.
- Viu o seu corpo? pergunta Sally (irmã de Martyn).
- Sim. Estava horrível, responde Anna.
- Do que ele morreu? pergunta Ingrid curiosa.
- Amor, diz Anna desafiadoramente.

A paixão que Anna desperta em Stephen se manifesta de forma marcadamente sexual, onde ela representa o papel da vítima que enfrenta o sacrifício ou punição que ela imagina merecer. Isto fica claro na cena onde, ao ser acariciada por Stephen, se coloca de braços abertos inertes, pendendo como se estivessem presos numa cruz. Ela é totalmente passiva aos carinhos de Stephen. No triângulo amoroso ela é a personagem que fica presa a um fato do passado familiar, onde a mãe tem um papel fundamental e a filha representa o papel da jovem Perséfone que, não conseguindo se desvencilhar do mundo materno, desenvolve uma passividade e uma indiferença em relação ao mundo real. Fica evidenciado o desejo de posse de Stephen e o horror à possessão de Anna. Se analisarmos do ponto de vista do mito, ela tem um ar inocente, é impotente e passiva. Segundo Jennifer Woolger "as coisas simplesmente lhe acontecem e, todavia, num exame mais atento, ela aparece estranhamente atraída por esse tipo de coisas, como se fosse de fato o seu destino. Somos levados a suspeitar que a mulher-Perséfone tem uma ligação secreta com uma questão profundamente humana e intratável: a miséria e desgraça da vítima inocente."[114]

Os encontros de Stephen e Anna se tornam cada vez mais freqüentes, ele tem ciúmes de qualquer homem que se relacione com ela. Ele vai visitá-la e a encontra com Peter, um antigo namorado. Depois que este vai embora Stephen lhe pergunta:

- O que significa aquilo? Quem é ele?
- Eu estava com Peter quando Aston morreu. Peter faz parte da minha vida. Nossos pais eram amigos. Tivemos a mesma vida. Uma noite, levou-me para dançar. Eu tinha 15 anos. Peter me levou para casa de carro e começou a me beijar. Eu não sabia que Aston estava na janela, lá em cima, olhando. Quando entrei ele parecia louco. Me dizia: "Vai transar com ele, como todos os outros! É nosso fim". Foi ao meu quarto. Quis dormir na minha cama. Eu sabia que tinha que fazê-lo sair. Tranquei a porta. Eu o ouvi lá fora. Começou a implorar para que eu o perdoasse. Eu só ouvia. Fiquei horas ouvindo. Aí, parou. E eu dormi. Na manhã seguinte acordei e ouvi um choro. Fui para o corredor. Falavam para eu não entrar, mais entrei. E vi Aston. Havia cortado os pulsos. Segurei sua cabeça em meus braços. Seu rosto tinha ficando em baixo da água, que estava vermelha. Levaram minha mãe e eu para a casa dos pais de Peter. Queriam que saíssemos de lá. Peter estava esperando. Ele me levou para cima. Minha camisola estava coberta de sangue. Aí, aconteceu. Eu sabia que tinha que fazê-lo. Pedi para ele transar comigo. "Foda-me", eu disse.

Tudo bem, diz Stephen após abraçá-la.

Anna tem uma curiosidade mórbida a respeito de Stephen. Uma atração pelo possível perseguidor. É ela que o escolhe, pois na cena onde eles se conhecem ela claramente dá a entender que está vulnerável a ele. Segundo Jennifer Woolger, "(...) imprudente é a pessoa

[114] Woolger, *A Deusa Interior*, p. 194

que contesta a vítima. Pois, no instante que o fez, torna-se a nova perseguidora e a vítima pode voltar novamente a sangrar, granjeando mais dó e comiseração"[115] Stephen, ao aceitar a paixão de Anna e se apaixonar por ela, torna-se seu perseguidor.

A ferida de Anna é anterior a Aston, embora a morte do irmão tenha sido a primeira concretização dessa chaga. Esta já começara a se formar na infância devido a uma ausência do vínculo materno, o que a levou a negar qualquer espécie de ligação que pudesse estabelecer com alguém. Anna consegue se relacionar, mas o seu papel é merante passivo e ausente, como se existisse uma barreira íntima que não pudesse ser ultrapassada. É como se ela tivesse perdido algo que ficou no passado e que não quer, nem mesmo de leve, aprofundar. A atitude de sua mãe, impedindo que ela tenha qualquer relação mais estável, o que promoveria, muito provavelmente, esse despertar íntimo, mostra que a patologia se manifesta em Anna mas não se origina nela, mas na sua relação com a mãe. A Sra. Prideaux era uma mulher fria, impiedosa e distante, que como modelo feminino de Anna-criança lhe mostra a frieza, a impiedade e o distanciamento. Anna-adulta não demonstra piedade pelo próprio irmão, por Martyn, nem por Stephen e consequentemente nem por ela mesma. Ela demonstra frieza, indiferença e passividade diante da morte do noivo, como já demons-trara na morte de Aston. Existe nela uma irresponsabilidade doentia e uma automação instintiva que a leva a ferir os outros assim como foi ferida.

Anna entra num processo de banalização gradativa e, como todo banal, não assume a sua culpa e, consequentemente, não acumula qualquer tensão, vivendo num estado de tédio. O seu processo de banalização do tipo convencional se manifesta através de uma perversão sexual que surge como forma de esvaziar qualquer tensão que possa permanecer em sua psique. Esta fica embotada e não consegue provocar em Anna qualquer pensamento lúcido nem sentimentos. Como consequência disso, ela vai perdendo a capacidade supraconsciente, única forma de sair desse círculo vicioso. Sua alma vai morrendo e não consegue ter mais qualquer prazer interno. À medida que Anna extravasa mais e mais esse seu lado banal, mais sua indiferença e frieza crescem. Isto fica muito claro na cena em que Anna vê o cadáver de Martyn e sai sem dar nenhum sinal de que compreendera qual fora a sua parcela de culpa nessa história. Para a pessoa banal, não existe, portanto, o sofrimento pela culpa mas simplesmente um mal estar tedioso que aparece como consequência do vazio interior que ela tenta preencher a todo custo.

---

[115] idem, ibidem, p. 194

Na perversão banal, que se exprime através da sexualidade, existe uma falsa escolha amorosa, permeada de intriga. Anna escolhe Stephen sabendo que ele é pai de Martyn e é aí que começa a sua queda. Ao escolhê-lo, ela demonstra que sua alma perdera sua força e clarividência e está cega por causa da imaginação exaltada por fatos do passado, a ausência do afeto materno que a levará a perder seu vínculo vital. Como forma de amor perverso, com Anna e Stephen, este só pode se manifestar se recluso, se continuar sendo secreto. A sugestão de Stephen de romper com Ingrid e ficar definitivamente com ela, não a atrai. Ela diz claramente que o casamento não modificaria em nada o seu amor por ele. A necessidade de manter segredo sobre esse amor evidencia que não é conveniente manter um relacionamento formal. O relacionamento entre ela e Stephen não é uma união sagrada, que busca o crescimento interior e a completude, mas é uma forma que se baseia em um falso sentimento e que se manifesta através da atração sexual. Essa atração reúne o que de pior existe de cada parceiro e por isso mesmo acaba em tragédia.

Anna, nesse contexto, vive um estado de banalização vulgar, onde não existem nem conflitos intrapsíquicos nem o combate contra qualquer manifestação banal. Ela, como a jovem que não cresceu, permanece egoísta, pensando somente em si. Sua atitude a coloca sempre na posição de vítima de um destino que não escolheu, mas simplesmente lhe foi imputado. Anna, dentro do padrão Perséfone, não consegue ter o encontro genuíno com Hades, que poderia provocar a morte do seu ego, da sua inocência, e com isso destruir o orgulho e levá-la a uma conscientização de si própria.

Anna pede para que Stephen a leve a este mundo desconhecido. No mito, Perséfone admira e colhe narcisos (símbolo da pureza) longe da vigilância de Deméter e é assim que Hades a encontra e a leva para seu mundo. Ele é alguém que vem das profundezas da terra para levar consigo, à força, a virgem inocente e intocada. Ela precisa ser forçada, ela tem que descer até os infernos, no mais fundo de si mesma, para poder acordar, ou seja, tomar consciência da sua vulnerabilidade. Para Ana, no entanto, esta não é a primeira descida ao mundo das sombras, onde já descera muitas vezes.

A mulher tipo Perséfone não tem consciência de suas experiências interiores, ainda que viva num mundo à parte onde aprendeu, para sobreviver, "(...) a recolher-se para dentro de si e para seus encontros psíquicos secretos,"[116] segundo Jennifer Woolger. Ela se vê e é vista, ao contrário, como alguém que não tem personalidade, que não tem valor nesse mundo competitivo e complexo onde são exigidas

[116] Woolger, A *Deusa Interior*, p. 187

respostas imediatas e racionais.

Essa aparência eternamente jovem que mulheres do tipo Perséfone possuem, ou seja, sua máscara exterior totalmente separada do seu mundo interior, rico e intocável, é o que alguns psicanalistas chamam de esquizoide ou cindida. A origem dessa separação fundamental é provavelmente fruto do seu próprio nascimento e da inexistência ou enfraquecimento de um elo com a mãe. Como explica Jennifer Woolger, "(...) isso corresponde precisamente à linguagem arquetípica do mito grego, pois Perséfone é a filha que perdeu a mãe e cuja vida real é vivida em outra parte. Enquanto as plenas implicações dessa separação agonizante e abissal não forem aceitas, a Donzela permanecerá estancada, congelada, fixa naquele terrível momento de separação da mãe - suas próprias profundezas ainda não sondadas, suas próprias trevas ainda não redimidas."[117]

Anna, ao sofrer o processo trágico do suicídio do irmão, se refugia num mundo próprio, isolado dos outros. O isolamento em que ela se coloca impede sua descida para o mais fundo do seu inconsciente, único meio de encontrar respostas e entendimento de suas questões vitais. Ao se negar a isso permanece sendo a vítima inocente à qual tudo acontece injustamente, ainda que sua atitude indiferente e passiva esconda uma profunda raiva por todos aqueles que se relacionam com ela. No fundo, Anna sabe o que está fazendo, ela tem consciência que está sendo levada por Stephen para o abismo e que foi ela que provocou isso. Mais uma vez Jennifer Woolger diz: "a realidade é que, como nunca aquiesceu no momento de descida, ela não abandonará os últimos fragmentos do seu ego, a saber, a inocência de donzela que tem que ser sacrificada. Esses últimos fragmentos de vínculo com o mundo revelam com extrema clareza a raiva que sente contra um destino que considera injusto."[118] É preciso entender aqui o sentido de inocência. Não se trata de perdê-la através da iniciação sexual mas de um desligamento da mãe, uma transformação da filha que ela foi e continua sendo em uma mulher madura e real que vive no mundo concreto. A morte de Aston mantém Anna e sua mãe ligadas por fios invisíveis, ocultos, como os de uma armadilha e nessa ligação a fraqueza de uma é a fortaleza da outra e vice-versa. Essa relação simbiótica só será rompida quando esse segredo que ambas guardam zelosamente for esclarecido e ambas conseguirem entender claramente a responsabilidade de cada uma. Anna vive com esse segredo. Numa cena intimista, Anna diz claramente a Stephen, quando ele pergunta sobre o irmão:

- Fale-me sobre Aston (irmão de Anna).

---

[117] idem, ibidem, p. 189

[118] idem, ibidem, p. 191

- Meu irmão e eu? Estávamos sempre juntos. Sempre mudávamos para um país novo, uma nova língua a aprender. Aston e eu ficamos cada vez mais unidos. Não tínhamos mais nada, só um ao outro. Eu o amava. Ele não conseguiu encarar o fato de que eu ia crescer. Ele me queria só para ele. *Fiquei com pavor de todo tipo de possessão.*[119] Sabe, se você conseguir, imagine a pior coisa que poderia acontecer na sua vida. Aconteceu comigo. Meu irmão se matou por minha causa. Eu tinha que decidir. Eu decidi. Eu poderia ter me afundado. Mas decidi que não ia. Lembre-se ... *Pessoas sofridas são perigosas. Elas sabem que podem sobreviver*[119].

A paixão entre Stephen e Anna cada vez mais se deteriora, levando-os para um caminho sem volta, já que ela insiste em manter o relacionamento com Martyn. No almoço de noivado, a mãe de Anna é convidada para conhecer a família do noivo, o ambiente está tenso e podemos notar o constrangimento geral. O diálogo que se segue demonstra bem isso:

- Escolha a música do casamento, diz Ingrid.
- Eu gostaria, mas Anna não confia em mim, responde Eva Prideaux.
Chega Stephen:
- Desculpem o atraso, diz Stephen chegando.
- Começamos sem você, comenta Ingrid.
- Ótimo, responde Stephen. - Sra. Prideaux, seja bem vinda.
- Eu estava dizendo que estou muito emocionada, comenta a sra. Prideaux. - Por Anna, claro. Não a tenho visto ultimamente. E quando soube, fiquei emocionada e só de olhar para Martyn (...) Puxa!
- É, eu sei!
- Ele não é o tipo de praxe de Anna, continua a sra. Prideaux.
- Como? pergunta Ingrid.
- Se me permite dizer, seu primeiro namorado estabeleceu um padrão. Atormentado, difícil. Todos os demais seguiram esse padrão.
- Refere-se ao Peter? pergunta Martyn.
- Sim.
- Ele parece muito legal, continua Martyn.
- Ele é. Sinto saudades dele, retruca mais uma vez a sra. Prideaux.
- Mãe, está tudo bem, interfere Anna.
- Bem ... continua sua mãe meio desconcertada.
Ingrid percebe o mal estar entre mãe e filha e desvia o assunto:
- Como está o salmão?
- Bom, responde Stephen. A mãe de Anna parece não perceber e volta ao assunto:

[119] Os grifos são das autoras

- Quando Peter e Anna brigaram... ele se casou com uma advogada brilhante. Uma moça linda. Mas só durou 8 semanas, eu não posso falar nada. Meu recorde não é muito melhor.
- Ah, casou-se uma porção de vezes... comenta Ingrid.
- Quatro.
- Meu Deus! admira-se Ingrid.
- Quase cinco. No Reno. Chegamos à Capela do Amor. Aí, eu dei para trás. Graças a Deus, ou teriam sido cinco. Foi difícil para nós. Anna deve ter-lhes contado.
- Contado? pergunta Ingrid.
- Sobre o irmão que ela teve, começa a sra. Prideaux.
- Mãe! interrompe Anna, quase num pedido para evitar o assunto.
- Fico surpresa. Eu teria que ficar surpresa ao olhar para Martyn. Parece-se com o irmão de Anna.
Há um mal estar geral, todos se entreolhando.
- Não sei se sabiam disso. Não que Aston fosse tão bonito.
- Você sempre complica tudo, mãe, interrompe Anna raivosamente.
- Já não é ruim o bastante? Precisa me lembrar sempre?
- Desculpe. Com certeza, eu... Por isso não devíamos nos ver, continua a mãe, ao que replica Anna:
- Tudo bem, mãe. Está tudo bem.

A relação de Anna com sua mãe tem um caráter ambíguo de distanciamento e proximidade. É distante porque ambas vivem em mundos separados, com comportamentos bem diferentes: enquanto Anna é calada, passiva, introvertida e introspectiva, sua mãe é alegre, irônica, extrovertida, dominadora. É próximo porque o segredo do suícidio de Aston as mantém unidas num clima de acusações mútuas, interdependentes uma da outra. Fica claro o distanciamento de Anna da mãe, quando comenta com Stephen que na infância ela e o irmão só tinham um ao outro. Isso mostra que ela e o irmão formavam um núcleo independente da família, sentindo-se completamente separados dos seus outros membros: um pai provavelmente ausente e uma mãe com interesses próprios que não os incluía.

Eva Prideaux apresenta um comportamento bastante peculiar quanto à relação com a filha. Ela nos mostra em público seu lado extrovertido e glamouroso, sempre envolvida em seus próprios casos amorosos, inconstante e até inconsequente, como vimos na desastrosa conversa durante o almoço. Existem outros indícios que confirmam esse modelo: casou quatro vezes (quase cinco como ela mesma coloca, rindo), veste-se de maneira extravagante, é muito falante mas sua conversa é superficial e não é capaz de perceber a inadequação do que fala, o que deixa todos constrangidos. Parece uma borboleta que não se atém a nada, mas que é plena de vida, sempre em busca de coisas leves e divertidas. Nisso ela parece seguir o padrão Afrodite (Pandemia), que não consegue se envolver profundamente com ningúem. Esse comportamento nada mais é do que uma máscara. Algumas vezes uma outra faceta sua aparece quando o assunto envolve Anna. Ela se mostra rancorosa e irônica ao falar de fatos da vida da filha, sempre lembrando a morte do seu filho. Dando continuidade ao diálogo anterior, Stephen se oferece para levar Eva ao hotel. Ela fala à Stephen:

- Causamos uma má impressão. Sua esposa não pareceu contente. O problema é que fiquei nervosa.
- Ambos gostamos de conhecê-la, diz polidamente Stephen.
- Não estou mais nervosa. Esta é uma chance para Anna. Ter a chance de construir uma vida nova. Seria uma pena se algo a impedisse, fala Eva.
- Não entendi o que quis dizer, argumenta Stephen.
- Acho que entendeu. Observei-o durante a refeição. Nem consegue olhar para ela. Você não pode atrapalhá-la. Estou lhe pedindo. Por favor. ... Não falarei mais nesse assunto, diz ela.

Após essa conversa, Stephen resolve terminar seu relacionamento com Anna, mas não consegue, embora racionalmente saiba que deve fazê-lo. Esse fato culmina com a morte acidental de Martyn, que ao presenciar os dois juntos no quarto num acaso, chocado, cai da sacada. Stephen então, desce correndo, abraça o filho e chora o que não havia chorado a sua vida inteira. Anna vê os dois e, indiferente, vai embora. Após algumas horas Stephen retorna à sua casa e encontra Ingrid desesperada. Ele pergunta:

- O que você fez?
- A dor era insuportável. Bati em mim mesma. O dono do flat ligou para ensinar Anna a ligar o aquecedor. Acontece que Martyn estava lá. Nunca ouvira falar do flat. Nunca. Ele anotou o endereço. Foi um acaso. Por que não se matou? Devia ter se matado quando começou. Não sabia? Pensou que podia ir adiante?
- Sim.
- Todos os dias? Continuaria traindo nós dois todos os dias? Você não é um homem ruim. Devia ter-se matado ao se dar conta. Aí, eu ficaria de luto. Seria difícil, mas eu enterraria você e choraria.
- Ingrid, tome isto (e lhe dá um remédio).
- Eu não quero pílulas! Eu o quero de volta! Quero meu filho de volta! Eu quero o Martyn! Devolva meu filho!
- Martyn está morto. Seu filho está morto! Desconte sua morte em mim.

- Martyn, Martyn ...

Ingrid, mãe de Martyn e esposa de Stephen é uma mulher madura, bela, elegante, séria, refinada, boa dona de casa, companheira do marido a quem ajudou a se firmar como profissional respeitado. Ela e seu pai são os responsáveis pela carreira política de Stephen. Isso fica claro quando o sogro de Stephen comenta casualmente: "Eu o forcei a entrar na política. Eu e a Ingrid. Ele não teria escolhido essa vida".

Ela tem dois filhos, que educou enquanto Stephen trabalhava. Seu foco principal de vida foi sempre o marido, a quem valorizava e amava. Esse padrão feminino se aproxima do padrão da Deusa Hera, a esposa de Zeus cujo atributo principal era presidir o matrimônio sagrado. Ingrid considerava o seu casamento como algo que devia ser preservado a qualquer custo. O que interessa a esse tipo de mulher é o poder que emana da figura do marido. Ela não advoga para si uma carreira brilhante, mas, ao contrário, cria condições para que a carreira de Stephen lhe dê boas e estáveis condições econômicas e projeção social. Segundo Woolger, o casamento que mulheres com padrão Hera desejam para si não tem aspectos eróticos e de maternidade, mas é "uma união das forças masculinas e femininas em toda a sua plenitude e maturidade. Uma união que não é apenas um par de amantes ou procriadores, mas o congresso de representantes dos poderes maiores que derradeiramente movem o universo – poderes que só podem ser simbolizados pela forma mais elevada de casamento, entre um rei e uma rainha."[120]

Ingrid, como padrão Hera, tem um dignidade pessoal que ela imagina ter adquirido com o seu casamento. Ela sabe também que é o espelho da imagem da nobreza de Stephen e a sua queda, a sua ruína. Woolger fala que para o casamento da mulher tipo Hera "ter um mínimo de chance de dar certo, ela sabe que precisa ser capaz de exigir do parceiro o mais absoluto respeito por ela enquanto pessoa adulta, madura, de plena posse de todo o poder e toda dignidade como mulher – não como criança objeto amoroso ou *clone* feminino dos ideais masculinos."[121] É esta confiança que Stephen quebra ao se apaixonar por Anna e relegá-la a segundo plano. Ao acordar, na manhã seguinte à morte de Martyn, Stephen e Ingrid conversam:

- É verdade, não? pergunta Ingrid. - Que pena que nos conhecemos! diz ela decepcionada. - Acho que todo mundo ama só uma pessoa. Para mim ... era o Martyn. Para você, a Anna. E para Anna ... quem? Você chegou algum dia a me amar? Amou isto? (diz tirando a camisola) E isto? (diz mostrando os seios) Não basta? Não é o bastante para

[120] Woolger, *A Deusa Interior*, p. 175

[121] idem, ibidem, p. 40

você? Cheguei a pensar em fazer amor com você, diz ela saindo do quarto, deixando-o sozinho.

Diante disso, Stephen se cala e rompe definitivamente com todos os laços do passado, abandonando esse falso mundo que construira. A morte de Martyn desencadeia um processo de ruptura definitiva com a vida passada, como se naquele momento trágico ele tivesse compreendido o que tinha feito de sua vida. A perda do filho transforma o seu caminho e a partir daí ele não é mais o mesmo, nada do que ele tivesse feito ou sentido tem o mesmo significado. Ele larga tudo e vai morar sozinho, num bairro modesto em algum lugar distante, num ambiente monástico. A última cena mostra-o voltando para casa enquanto tem seus pensamentos perdidos num monólogo:

> "Afastar-se do mundo leva pouquíssimo tempo.
> Eu viajei, até chegar a uma vida própria,
> o que faz de nós o que somos é inatingível, é incompreensível.
> Entregar-se ao amor dá alguma idéia do que é incognoscível.
> Nada mais importa, no final das contas."

Na história de *Perdas e Danos* formou-se um grande círculo vicioso, onde todos têm uma participação na morte de Martyn. As relações entres seus personagens se baseiam numa estrutura de poder e aí cada um tentou, de alguma maneira, dominar o outro. Ingrid exerceu o poder sobre o marido para que ele exercesse um poder político. Consequentemente não há entusiasmo no trabalho dele, é só dever e um poder decorrente, que é frio e calculista. A mãe de Anna, Eva, exerce um poder sobre ela que acaba transformando-a num instrumento de poder destrutivo que a torna tão fria e calculista quanto Stephen. No fim morrem aqueles que têm sentimentos, Aston e Martyn, os que representam aspectos humanos, os que possuem uma alma. Eles morrem como cordeiros imolados, que sem culpa são sacrificados. Vivem os que são donos de um calculismo e frieza que os tornam indiferentes ao sofrimento dos outros.

A história de *Perdas e Danos* nos traz o encontro entre Stephen, sua esposa, o filho deles e sua noiva. Esses personagens se encontram num certo momento de suas vidas formando uma unidade onde cada um representa um papel determinado e todos se interdependem. A história contada aproxima-se das tragédias que muitos mitos antigos contêm. Ela mistura fatos como incesto, traição e sentimentos contraditórios onde a razão se opõe a paixão. Temos de um lado Stephen, 50 anos, casado, temperamento reservado, homem respeitado com uma carreira política brilhante e em ascensão, que se apaixona perdidamente por uma mulher jovem, Anna, 25 anos que o escolhe deliberadamente como parceiro amoroso, mesmo sendo noiva de seu filho. Existe nessa paixão um sentimento de urgência por parte de Stephen, da busca do tempo perdido, da procura de algo não resolvido que ficou no passado adormecido. Por sua vez, ela é a jovem que, sentindo-se atraída pelo poder que dele emana, o escolhe como amante. Ela, como a jovem Perséfone, tem um segredo guardado há muito tempo, algo que marcou profundamente sua psique. É a mulher vulnerável, sufocada por um complexo de culpa que não consegue exorcizar e que, ao se imaginar ferida por fatos trágicos do passado, faz deles a sua força. Segundo Woolger "se a jovem Perséfone não reconhecer o profundo impacto deste primeiro encontro com o mundo da morte e dos espíritos, a experiência se repetirá na adolescência ou no início da vida adulta.[122]

Anna, desse modo, atrai para si, inconscientemente, situações violentas e parceiros emocionalmente desequilibrados. Esse processo doentio só acabará no momento que sair deste estado de depressão permanente e encoberto por uma máscara de sobriedade, passividade, negando-se desta forma a penetrar no seu mundo psíquico que se encontra adormecido. Ela penetrou profundamente no mundo da morte, mas sem compreendê-lo, se fixa no momento da perda de tal forma que um grande vazio se instala e um estado de insatisfação permanente a toma. Para superar esse estado é necessário encontrar a sua própria força, fato que ela desconhece. Contrariamente, a procurará em pessoas poderosas ou dominadoras. Assim sendo, Anna, nossa personagem, procurará na figura de Stephen, homem eminentemente masculino e sensual, detentor de uma personalidade forte, a força que ela pensa não possuir internamente e que aparece como frieza e calculismo, mas que inconscientemente tem.

Por outro lado, Stephen vê em Anna a possibilidade de liberar toda a energia psíquica em forma de paixão sensual, que ele possuía e que recalcava em nome de um casamento convencional e de uma carreira política. Ele, de uma certa maneira, transfere todo o impulso de sua libido para uma carreira que exige dele um potencial masculino de ação e extroversão. Portanto, ele e Anna são parceiros que se completam e que arquetipicamente se atraem. O processo psíquico que cada um deles desenvolve poderia se resumir no que Jung denominou a busca no sexo oposto daquilo que se tem em potencial, mas que, muitas vezes, precisa ser vivenciado para se integrar à psique. Ainda que no caso de Anna e Stephen essa vivência tenha tido um caráter negativo e desequilibrado. Numa relação que tenha por finalidade a procura da completude, o homem busca na mulher o feminino, a sua anima, ou seja, a capacidade de sentir e relacionar-se que nele é pouco desenvolvida; a mulher, busca no homem o seu masculino, o seu animus, a capacidade de pensar e agir

[122] idem, ibidem, p. 186

logicamente, o que nela existe em forma latente.

A força feminina pode, então, ter duas funções: uma função purificadora que ajuda o herói a se elevar ou uma função devastadora, que o inibe ou perverte, mas que pode ser resgatada por ele quando finalmente compreende isso, e realizar internamente a união entre o masculino e o feminino, entre logos e intuição. Em *Perdas e Danos*, Anna representa o feminino devastador que levou Aston e Martyn à morte e Stephen a mudar radicalmente sua vida.

2. As Relações Femininas em O *Piano*

O *Piano*, França/Nova Zelândia, 1992, diretora Jane Campion, roteiro original da própria diretora. A trama se passa na Nova Zelândia em 1850 e gira em torno dos seguintes personagens: Ada (Holly Hunter), George Baines (Harvey Keitel), Flora (Anna Paquim) e Stewart (Sam Neil).

Ada, mulher de 30 anos aproximadamente, vivia na Escócia e vem para Nova Zelândia afim de concretizar um casamento arranjado por seu pai. O filme começa nos mostrando a casa de Ada, na Escócia, onde ela morava com o pai viúvo e sua filha Flora (10 anos); uma voz de criança nos fala:

> "A voz que vocês estão ouvindo agora não é a minha voz, mas a voz de minha mente.
>
> Eu não falo desde os 6 anos de idade. Ninguém sabe o porquê, nem mesmo eu. Meu pai diz que este é um dom nefasto que tenho e que o dia em que decidir que devo parar de respirar, será certamente o meu último sobre a terra.
>
> Hoje ele me casou com um homem que ainda não conheço. Logo, eu e minha filha estaremos nos reunindo a ele em seu país distante. Meu marido garante que minha mudez não o perturba. Ele assim o escreveu, à guisa de saudação: "Deus ama as criaturas que não podem falar, por que não faria o mesmo?"
>
> Seria muito bom se ele tivesse a paciência de Deus, porque o silêncio sempre afeta a tudo e a todos. O estranho, no entanto, é que eu não me sinto muda, por causa do meu piano.
>
> Sentirei sua falta na viagem."[123]

Ada tem uma aparência frágil, um porte miúdo e é muda desde os 6 anos de idade, ano em que um fato traumatizante bloqueou a sua fala. Passa, a partir de então, a se comunicar por gestos e através do seu piano e posteriormente através de sua filha, que como este, fala por ela. Não sabemos muita a respeito do pai de Flora a não ser o que Ada frequentemente lhe conta sobre ele, que foi seu professor de piano quando ela ainda era muito jovem. Responde quando a filha pergunta o porquê de não ter casado com ele. Diz ela: "ele parou de me ouvir", numa alusão clara ao fato dela não falar e mesmo assim conseguir ser ouvida, não por todos, mas por aqueles que a amam.

Ada vai para a Nova Zelândia, local inóspito e de difícil acesso, selvagem mesmo, onde a espera o marido arranjado, que ela só vai conhecer na chegada. A partir da leitura do livro O *Piano* ficamos

---

[123] Campion, O *Piano*, p. 9

sabendo que, quando pequena, o grande amigo de Ada era o afinador do piano, que freqüentemente visitava a sua casa: "Ele elogiava o piano e a pequena Ada corava de prazer, como se o instrumento fosse, ele próprio, sua mãe, e ela estivesse sendo saudada por seu formato raro, desenho e timbre."[124] Cecília, a mãe, morreu após o parto de Ada e portanto é a figura grandiosa, desconhecida e idealizada, que se torna muito importante e influente na vida da filha. Isto pode ser percebido pois ela jamais toca no nome da mãe. Confirmamos este fato ao ler o argumento cinematográfico do filme, escrito pela própria diretora e Kate Pullinger, que nos relata a história que se segue. Na página 39 elas nos contam que o piano pertencera à mãe de Ada e que fora presente de casamento do noivo para Cecília. Ficamos sabendo ainda que a mãe de Ada morrera três semanas após dar a luz à filha e que esta fora cuidada pelo pai, que sempre dizia que o piano tornou-se a única lembrança de sua esposa. Dizem as autoras: "Ninguém nunca mencionava o fato do piano ter pertencido à mãe de Ada mas a menina sabia e de alguma forma, mesmo sem ter lembrança consciente dela, quando tocava o instrumento, invocava uma figura suave e terna, toda feita de música, madeira polida, a que chamava Cecília."[125] Seu pai, por sua vez, adorava a filha, "a mascote mimada" segundo ele e a única lembrança viva da sua mulher que morrera muito jovem. Um certo dia ele repreendeu Ada dizendo: "vá para o seu quarto e não fale o resto do dia, uma vez que só fala para contrariar seu pai e suas tias."[126] Este fato não fica claro no filme, mas o que sabemos é que um acontecimento trágico, deve ter ocorrido para Ada ficar muda, sem ser muda.

Finalmente Ada chega ao seu destino depois de uma viagem longa e cansativa. Ao chegar a esse lugar totalmente desconhecido e inóspito seu pensamento voa a léguas de distâncias e se vê banhada por jatos de água salgada numa praia a quilômetros de Aberdeen, sua cidade natal. Ela pressente que sua vida vai passar por mudanças bruscas.

Jane Campion em seu livro descreve esse sentimento: "Tal qual um pássaro que migra todos os anos para o sul, no entanto, ela tinha certeza que houvera uma boa certeza para tudo, fundamental e inquestionável, um fio importante de seu tecido existencial, ponto de partida para tudo o que construíra para si, depois ..."[127]

No seu primeiro encontro com essa nova realidade, com o marido e principalmente com Baines e os habitantes desse lugar, ela se mostra medrosa e mais arredia do que nunca. Esse encontro definirá as

[124] idem, ibidem, p. 40
[125] idem, ibidem, p. 40
[126] idem, ibidem, p. 23
[127] idem, ibidem, p. 25

relações que se estabelecerão:

- Ada McGrath, Alisdair Stewart, se apresenta o marido.
- Acorde. Há homens aqui para carregar suas coisas.
- São pálidas como anjos, diz um nativo se referindo a elas.
- Há muitas caixas. Eu queria saber o que há em cada uma, diz Stewart.
- Está me ouvindo? Ada o olha confirmando.
- Isso é bom. Muito bom. O que tem nesta? diz ele apontando para um baú e falando consigo mesmo. "Pequena ... nunca pensei que você fosse pequena".
- E esta? É muito grande, diz ele apontando para uma enorme caixa.
- O que tem aí, uma cama?
- É o piano da minha mãe, responde Flora.
- Mande-os carregar em pares. Todas as caixas ... a mesa e ... as malas, diz Stewart a Baines. - O que acha? pergunta a ele.
- Ela parece cansada, responde Baines.
- Ela é mirrada, isso sim! comenta Stewart, enquanto Flora gesticula insistindo para que levem o piano. Ao que ele responde: - Não, só os baús e as caixas.

Ada, enquanto isso, tira o caderninho e o lápis que traz pendurado no pescoço e escreve um bilhete: E o piano? Ela encarrega Flora de entregá-lo a Stewart que, lendo, responde:

- Não pode ir agora.
- É preciso. Ela quer que vá, insiste Flora.
- Eu também, mas há poucas pessoas para carregar, responde Stewart se dirigindo a Ada. - Pesado demais. Prefere que não levem suas roupas e seus utensílios? pergunta Stewart.
- Não podemos deixar o piano! argumenta Flora.
- Não falemos mais nisso. Fico feliz que tenham chegado bem, diz Stewart tentando mudar de assunto.
- Podem voltar em seguida para buscá-lo? pergunta Flora
- Peço desculpa pelo atraso, diz Stewart se dirigindo a Ada.

O piano permanece lá e Stewart justifica sua atitude e se mostra satisfeito com ela, pois julga o piano um objeto desnecessário e pesado. Além disso, o ocorrido é uma maneira sutil de firmar sua autoridade perante Ada e sua filha. Contudo Ada procura Baines, pois vê nele a possibilidade de resgatar seu piano. Ele reluta mas finalmente concorda em buscá-lo, mas para conseguir a autorização de Stewart, propõe a ele uma troca: o piano pelas terras que Baines possuía. Este se aproxima de Stewart e lhe pergunta:

- O que acha dos 80 acres de terra do outro lado do rio?

- Não tenho dinheiro. O que tem em mente? responde Stewart.
- Não gostaria de trocar? pergunta Baines.
- Com o quê? questiona Stewart.
- Com o piano, responde Baines.
- O piano da praia? pergunta Stewart surpreso.
Baines confirma balançando a cabeça.
- Não é pântano, é? pergunta Stewart.
- Não, responde ironicamente Baines.
- Amante de música, George. Quem diria! Tem talentos ocultos? comenta ironicamente Stewart.
- Preciso de aulas. Sem isso seria inútil, diz Baines rindo maliciosamente.
- Creio que não, diz Stewart desconfiado. - Ada sabe tocar. Uma das cartas diz que ela toca desde dos 5 ou 6 anos, responde Stewart.

As personalidades de Baines e Stewart se mostram completamente opostas: enquanto o primeiro é sensível e primitivo, Stewart é lógico, ambicioso e egocêntrico. O tratamento que, no desenrolar da história, eles darão à Ada e aos nativos, se opõem completamente. Enquanto Baines é afetuoso, intuitivo e perspicaz, Stewart é frio e calculista. Seu personagem é um homem de aproximadamente 45 anos, natural da Nova Zelândia, alguém que saiu em busca de fortuna numa região mais selvagem. Seu único interesse era aumentar o número de suas propriedades, ficar rico, sem se preocupar com os meios para alcançar a riqueza. Uma das principais razões do casamento arranjado com Ada é o recebimento de um dote, o que lhe permitiria comprar mais terras. Sua dinâmica é puramente racional, seguindo sempre à risca seus projetos pessoais, sem se importar com a sensibilidade de sua esposa.

Quanto a Baines, seu personagem tem quase a mesma idade de Stewart, vive nessa região há algum tempo, sendo o único capaz de entender e respeitar os Maoris (nativos da região), servindo como intermediador entre Stewart e os nativos. É um tipo mais sensual, tem uma sensibilidade mais primordial, onde a racionalidade tem um peso igual à intuição e à sexualidade. Ele é o único a perceber o que o piano significava para Ada e vai procurar estabelecer uma estratégia para facilitar conhecê-la e para isso sugere ao seu marido que Ada lhe dê aulas de piano. Ele percebe que qualquer contato ou relacionamento com ela deverá partir do piano. As aulas começam, apesar da relutância de Ada que se revolta com o marido por ele ter trocado com Baines algo que não lhe pertencia. Este, ao contrário, vai usar o piano para aproximar-se de Ada, barganhando com ela a sua devolução. A combinação estabelece que Ada toque o piano enquanto Baines assiste. Após algumas aulas, ele tenta se aproximar dela, percebendo seu envolvimento com o piano, segura o seu pescoço e o beija. Ela fica indignada e Baines lhe pergunta:

- Você sabe negociar? Pode ter seu piano de volta. Você o quer? Quer de volta? Ouça ... quero fazer um acordo com você. Há coisas que ... quero fazer enquanto você toca, diz Baines.
A reação de Ada é se afastar.
- Se deixar, pode tê-lo de volta. O que você acha?
Ada reage instantaneamente pegando seus livros e levantando-se do piano.
- Uma visita por cada tecla, argumenta Baines.
Ada responde mostrando seu vestido preto.
- Saia? Pergunta Baines sem entender.
Ada se aproxima do piano e aponta as teclas pretas.
Baines concorda com movimento de cabeça. - É bem menos. Metade. Está bem. Então, as teclas pretas, conclui Baines.

Após esse momento, Ada aceita a sedução de Baines. Ele a acaricia enquanto ela toca e pouco a pouco ela vai percebendo o poder da sensualidade dele, o que cria um elo entre ambos. O tempo vai passando e a intimidade entre Ada e Baines cresce a cada dia e, de acordo com a troca que fizeram, ela vai pouco a pouco recuperando as teclas do seu piano. Baines, com seu jeito calado porém perceptivo, vai devagarinho penetrando na armadura que Ada construíra ao seu redor. Essa armadura se formou com a morte prematura de sua mãe, que é marcadamente um processo de separação que causa na psique de Ada um rompimento com o mundo real. Esse processo de separação e afastamento se anulava cada vez que Ada tocava o seu piano.

Ela tem um mundo interior rico e não quer compartilhá-lo com ninguém. Vive uma situação que ela guarda como um segredo só revelado quando percebe que o seu afastamento do mundo aí se originara. Na realidade houve uma cisão num determinado momento de sua vida que a levou a vivenciar o seu mundo interno e o externo completamente separados e opostos. Segundo Jennifer Woolger "Para muitas Perséfones modernas, a realidade nua e crua da vida é que ela tem que viver e agir em dois mundos, igualmente inóspitos: o mundo frio e imprevisível do inconsciente e o incompassivo e alienante mundo real. Por correspondência, a estrutura de sua personalidade é dúplice: uma máscara exterior inocente e bem adaptada e uma outra vida rica e intensa, da qual poucos chegam a saber, cujo significado será para ela um perpétuo tormento enquanto não se decidir a enfrentá-lo."[128] Ada começa a perceber então que Baines provoca nela um processo de li-

[128] Woolger, A *Deusa Interior*, p. 188

bertação interna que a fará reunir harmonicamente esses dois mundos. Este porém, apesar de ter tido um papel importante nessa transformação, vacila, devolvendo-lhe o piano, temendo que a excitação de Ada fosse causada pela posse do piano e não pelo amor por ele. Ela fica indignada com essa atitude e o procura para uma explicação. Ele lhe diz "Vou devolver o piano. Para mim, chega. O acordo ... fez de você uma prostituta e de mim um desgraçado. Quero que você goste de mim. Mas não consegue. Ele é seu. Saia! Vá, ande!" Ao ouvi-lo, confusa, vai embora. Quando Stewart chega em casa e vê o piano, pensando que Baines tivesse desfeito o negócio das terras, vai até sua casa para lhe pedir explicações. Este o acalma dizendo que o devolvera mas que é um presente seu para Ada. A presença do piano porém não consegue acalmá-la e ela, depois de alguma hesitação, vai novamente a casa de Baines. Ao vê-la, pergunta surpreso:

- O que traz você aqui? Esqueceu alguma coisa? Não encontrei nada ... Ele sabe de algo?
Ada nega com a cabeça.
- Aconteceu algo ao piano? Chegou intacto? pergunta Baines preocupado.
Ada fica cada vez mais agitada, por ele não compreender o porquê de sua ida.
- Quer sentar-se? Vou me sentar, Ada ..., eu me sinto infeliz ... porque eu quero você ... porque eu só consigo pensar em você. Por isso estou sofrendo. Estou doente de tanto desejo. Não estou comendo, não estou dormindo. Por isso, se veio aqui ... sem sentir nada por mim, então, vá embora. Vá! Vá! Saia! Saia daqui!
Sem poder responder, as lágrimas respondem por ela, enquanto ele abre a porta esperando que ela saia.

Nesse momento Ada compreende que a paixão de Baines a contagiou de tal forma que uma necessidade de comunicação surge dentro dela. Esse tipo de mulher com padrão Perséfone precisa normalmente de um acontecimento semelhante que consiga sensibilizá-la a ponto de deixar esse mundo imaginário, irreal em que vive. Baines descobre que o único vínculo que Ada tem com a vida é o seu piano e que só através dele ela poderá abrir-se, restabelecendo o elo perdido e dessa forma sair desse mundo de sombras e reclusão. Ele compreende também que é o único que poderá despertá-la, salvá-la. Jennifer Woolger nos diz que: "o verdadeiro salvador (de Perséfone) não é Zeus, e sim, paradoxalmente, o irmão sombrio de Zeus, Hades. A sabedoria deste mito extraordinário é que a fonte de transformação de Perséfone vem de baixo, das profundezas abissais da alma, não dos confins mais elevados do espírito. Com isso quero enfatizar que o espírito, em sua forma olímpica, não é capaz de iniciar Perséfone."[129]

Como Ada, essas mulheres padrão Perséfone necessitam buscar algo que ficou adormecido no passado, aprofundando assim seus próprios processos psíquicos. Isto surge por oposição, no momento em que estabelece o contato físico com um homem, portanto, com a força vital masculina que penetra seu íntimo. Dessa forma, é através das sensações e da sexualidade, do que têm de mais profundo e escondido, que se fará sua iniciação para a vida. É Baines, um homem menos mental, menos racional, mais primitivo, que percebe que o amor será a única maneira de trazê-la à vida. Isso é realçado por Jennifer Woolger quando diz: "(...) não podemos deixar de perceber a qualidade bastante fálica de Hades-Plutão, às vezes identificado pelos gregos com a figura mais sexualizada de Dionísio. Um componente fundamental na iniciação e despertar de Perséfone, era, portanto, de ordem sexual, relacionado com a união das energias masculina e feminina no âmago do mundo avernal - que também poderia significar nas profundezas do corpo."[130]

A ligação que Ada tem com o piano, como vimos, surge quando ela percebe que, não podendo se relacionar com sua mãe, transfere para este toda a carga emocional que uma criança normalmente estabelece com sua própria mãe. Ela coloca no piano os seus sentimentos. Passa então a viver toda e qualquer sensação através dele. Sua vida afetiva, portanto, se resume nele e nem mesmo sua filha consegue despertá-la. Não podendo se relacionar com a mãe, Ada cria em torno dessa ausência um relacionamento imaginário, transferindo para alguém ou alguma coisa esse sentimento. A mãe imaginada, mítica, tem um poder muito maior sobre a filha do que teria uma mãe real. Ao se identificar com essa mãe, os seus próprios instintos são paralisados através do processo projetivo, permanecendo dessa forma a mulher eternamente jovem que não quer crescer. Segundo Jung "(...) o destino dessa mulher depende dessa projeção; ela não pode nunca encontrar a si mesma, nem de uma forma aproximada, sem a ajuda de um homem; ela precisa lite-ralmente ser arrancada ou roubada de sua mãe."[131]

Ela deve, portanto, percorrer esse caminho, ser arrancada da mãe, ainda que isso lhe cause sofrimento. O despertar de Ada, a sua iniciação para vida, é provocada pelo amor de Baines. Ela toma a decisão de retribuir o seu amor, enviando-lhe a maior prova que poderia dar: uma tecla do piano, onde escreve "Baines, com todo o meu amor, Ada". Com isto sacrifica, mutila, a única possibilidade de comu-

[129] idem, ibidem, p. 190
[130] idem, ibidem, p. 200
[131] Jung, *Aspects of the Feminine*, p. 126

nicação com o mundo que tinha até então - o piano. Quando o marido se dá conta da profundidade de sua ligação com o capataz, também Ada é mutilada. Como forma de punição, ela tem seu dedo indicador decepado, o que, por extensão simbólica, significa impedir Ada de acariciar Baines, sua única fonte de libertação. Ao cortar o seu dedo, Stewart lhe diz: "Eu cortei suas asas, só isso". Simbolicamente as mãos têm um significado, segundo o estudo feito por Annick Souzenelle. Têm uma função de conhecimento e de único instrumento que possibilita o amor. Segundo ela, esse processo de conhecimento não é "(...) uma qualidade intelectual, mas do conhecimento experimental que o homem adquire sobre a mulher, que todo homem adquire a respeito de todo elemento da criação, de todo elemento do MA (simbolicamente é o mundo da multiplicidade manifestada nos seus diferentes níveis de realidade - manifestação, matéria, maternal, matriz, mão - N.A.), penetrando-o na profundidade do seu mistério, isto é, no que ele contém em si enquanto também pertencente ao mundo do MI (simbolicamente o mundo da unidade arquetípica não manifestada - mito, murmúrio, mudo, mistério - N.A.)."[132] Complementando, diz: "Esse conhecimento é casamento. Esse conhecimento é amor."[133] Para ela, a palavra conhecer em hebraico é construída sobre a raiz que se traduz como mão, que se complementa com uma outra letra que quer dizer olho, "poderíamos portanto dizer que a mão é dotada de visão e que o olho possui uma certa qualidade de toque."[134] Esse conhecimento pode ser só cerebral e dessa forma ficar muito longe do ato de amar. Quando esse "(...) conhecimento é também amor, as mãos são um sopro criador."[135]

A história que Jane Campion nos conta em *O Piano*, além de sua riqueza mítica nos trás também símbolos importantes que enriquecem ainda mais o seu conteúdo. A cena da mutilação de Ada nos mostra Stewart enraivecido empurrando-a em direção ao quintal enlameado pela chuva que caía. Ela, ao tentar desvencilhar-se, cai sujando não só o seu vestido como todo o seu corpo. No simbolismo mitológico, ao pisar na lama, o herói entra em contato com a sua materialidade, com a sua realidade subconsciente. Ada, ao pisar no pântano, toma consciência dessa condição. Quando a água da chuva cai em seu rosto, sua força vital é despertada com tal intensidade que o próprio Stewart se dá conta disso. Ao tentar seduzi-la enquanto dormia e ser reprovado pelo seu olhar acusador, resolve ir procurar Baines e lhe pede para levá-la dali.

Baines e Ada vão para Nelson de barco, levando o piano. Há

---

[132] Souzenelle A, *O Simbolismo do Corpo Humano*, p. 16

[133] idem, ibidem, p. 221

[134] idem, ibidem, p. 224

[135] idem, ibidem, p. 224

excesso de peso e risco de afundarem se não aliviarem a carga. Percebendo a ameaça que paira sobre todos, Ada pede que joguem o piano ao mar, para que seja sepultado no fundo das águas. Quando ele é jogado e vai afundando, ela se arrepende, pensando que não aguentaria sofrer tal perda. Enrosca o pé na corda que o segura, sendo então também puxada para o fundo do mar. Esta imersão simboliza a possibilidade da morte e do renascimento, a sua volta ao útero da mãe e também ao seu paraíso perdido. Nesse caso, afundar na água ajudou-a reviver o contato que teve com sua mãe. Esse mergulho permitiu também que penetrasse no seu inconsciente trazendo elementos valiosos que a ajudaram a se desvencilhar dos laços que a prendiam. Ao perceber que não podia mais respirar e iria morrer, Ada luta com a corda que a prende ao piano (como se fosse o cordão umbilical que prende a crian-ça à mãe) e consegue se soltar, voltando à superfície. Respira como se fosse a primeira vez, como se estivesse renascendo. Eros vence Tanatos, a força vital vence a força da morte, ainda que para viver Ada tivesse que morrer um pouco. Ela se admira que a sua vontade tenha escolhido a vida, dizendo:

> "Que morte!
> Que sorte!
> Que surpresa!
> Minha vontade escolheu a vida.
> Contudo ela me assustou.
> Assim como a muitos outros."

Já em Nelson, em sua nova casa e em sua nova vida com Baines e a filha, dá lições de piano (com um dedo metálico), diz silenciosamente:

> "À noite, penso no meu piano.
> em sua sepultura no oceano.
> E, às vezes, em mim mesmo,
> flutuando sobre ele.
> Lá embaixo tudo é tão quieto e
> silencioso, que me faz dormir.
> É uma estranha canção de ninar.
> Tinha que ser ... É minha."

Citando Thomas Hood, diz ainda:

> "Há um silêncio onde
> nenhum som se fez ouvir.
> Há um silêncio, onde som algum
> pôde existir.

> Na fria sepultura das profundezas
> mais profundas do mar."

Ada percorreu um longo caminho que a levou de volta à vida, aí incluindo a possibilidade de resgatar a fala. Quando chegou a Nelson, percebeu que começava a emitir alguns sons, ainda que simples murmúrios, primeiro passo para voltar a falar. Agora era uma questão de tempo, paciência e persistência para voltar a um estado de normalidade plena. Ao lado desse progresso de Ada, observamos a atitude da sua filha, brincalhona e feliz, livre da responsabilidade de agir como uma espécie de alter ego da mãe e podendo assim voltar a ser apenas criança. Numa análise ainda mais profunda e simbólica, podemos entender que essa cena representaria a Ada criança resgatando esse elo vital perdido na infância, cujo trauma passado a levara a projetar todas as suas expectativas numa mãe imaginária, irreal, o que a fizera viver uma vida que não era sua.

Ada consegue, assim, percorrer o caminho de crescimento de Perséfone, que a leva a despojar-se das vestes da eterna jovem inconsciente para se transformar na Senhora do Mundo Subterrâneo, a guia das almas que conhece o sofrimento e a violência, mas que optou pela vida. Assim, Ada ao escolher viver, decide também o seu caminho futuro. A sua história deixa de ser a de uma mulher passiva, conduzida pelos acontecimentos, para se tornar dona do seu destino. Ela realiza o que Paul Diel chama de espiritualização, um dos possíveis caminhos que os heróis míticos podem tomar, ao contrário de Anna, a personagem de *Perdas e Danos*, que escolhe o caminho da banalização. Ada, dessa forma, consegue penetrar em seu mundo interior, despertado por Baines, alcançando a compreensão dos fatos ligados ao seu nascimento e à morte de sua mãe de uma maneira clara e verdadeira. Sua alma adormecida foi despertada, sua consciência a conduziu, pouco a pouco, à completa libertação de si mesma, o que lhe possibilitou alcançar a plenitude emocional. A alma de Anna, ao contrário, morre ao permanecer num estágio de completa banalização, estado esse que a impede de se libertar.

Concluímos, então, que essas heroínas escolheram seus caminhos na vida, caminhos que as levaram a viver processos intrapsíquicos bem diferentes. Ada, ao aceitar o amor de Baines, realiza sua catarse interior; Anna ao escolher Stephen para vivenciar uma paixão originalmente perversa, mergulha no mundo da morte.

3. As Relações Femininas em *Tomates Verdes Fritos*

Tomates Verdes Fritos, Estados Unidos, 1991, diretor Jon Avnet, roteiro inspirado no romance de Fannie Flagg. O filme se passa no Alabama e na Georgia, sul dos Estados Unidos, trazendo dois momentos distintos: as recordações e as cenas contemporâneas na década de 80.

Neste filme vamos analisar 3 histórias paralelas, que promovem os encontros de três arquétipos de deusas, a saber: Ártemis (que inspira a personagem Idgie Threadgoode), Perséfone (inspiradora de Ruth) e Hera (representada por Evelyn). A apresentação de cada personagem se dará separadamente, para facilitar o entendimento da evolução de cada uma delas. A história se passa em duas épocas distintas: a primeira metade do século e os anos 80. O filme começa mostrando o período mais recente, quando Evelyn conhece Ninny, uma velha senhora, que lhe conta uma história muito comovente sobre duas grandes mulheres que conhecera no passado. As personagens são:

- Evelyn (Kathy Bates) é a esposa fiel e submissa que no início da história vai com o marido visitar a tia idosa que mora numa casa de repouso. É a dona de casa perfeita, que cuida do seu lar e do esposo, mas que no fundo se sente infeliz com o rumo que sua vida tomou. É a mulher de meia idade, cujo filho se formou e saiu de casa; sente-se infeliz por ser gorda e desajeitada, embora não consiga ter força de vontade suficiente para mudar esta situação. A sua própria condição de vida, diminui sua criatividade, o que concorre para baixar sua auto-estima.

- Ed, (Gailard Sartains) seu marido, também é um homem de meia-idade, que trabalha muito, come ainda mais, adora todo e qualquer programa esportivo da TV. Trata a esposa como se fosse apenas mais um móvel ou utensílio que lhe pertencesse, não se preocupando com seus sentimentos e aspirações.

- Ninny, (Jessica Tandy) uma velhinha muito simpática e falante, que mora na mesma casa de repouso da tia de Ed. No final do primeiro encontro, percebendo o descontentamento e a falta de auto-estima de Evelyn, passa a contar-lhe a história de Idgie e Ruth. O encontro entre as duas é casual, mas vai trazer uma profunda mudança para Evelyn e também trará um novo rumo para a vida de Ninny.

- Idgie, (Mary Stuart Masterson) aparece em três etapas da sua vida. Primeiro é uma menina loura e graciosa, que age mais como um moleque, sempre com seus joelhos esfolados pelas quedas, corajosa e independente, com pouca paciência para aturar provocações, sobretudo do seu irmão Julian. Tem um outro irmão, Buddy, a quem adora e que é a única pessoa da família que consegue motivá-la a agir com mais racionalidade. Sua mãe, por mais que tente, não consegue influenciá-la, preferindo recorrer a outras pessoas mais próximas da pequena rebelde (Buddy, Ruth e Big George). Na segunda etapa é uma jovem muito independente e inconformada com a morte do irmão querido. Continua corajosa e muito generosa. Seu comportamento independente a diferenciava do padrão feminino de sua época. Seu jeito de ser, de se vestir e se comportar era tido como excêntrico e esquisito. Gostava de andar pelas florestas vizinhas, de preferência sozinha. Tinha uma estranha amizade com as abelhas, os negros e os fracos, sempre defendendo os deserdados da sorte. Gostava de divertimentos mais masculinos como jogar pôquer com os amigos no River Club, frequentado apenas por homens e mulheres consideradas desclassificadas pela sociedade. Não gostava de dançar, fumava e não tinha medo de nada, nem de ninguém. Reagia a qualquer crítica ou sinal de desaprovação com a fúria digna de um guerreiro. Sua figura miúda, loira e aparentemente vulnerável, destoava do seu comportamento brusco, reativo e briguento. Na terceira fase, como mulher mais madura, tem uma vida mais calma, ainda que sua rebeldia natural prevalecesse muitas vezes sobre o que seria socialmente aceitável. Gerenciava, juntamente com sua amiga Ruth, um café-restaurante, situado perto da estação ferroviária.

• Buddy, (Chris O'Donnell) irmão mais velho de Idgie, rapaz carinhoso, alegre, charmoso e galanteador. Era o único membro da família que compreendia o comportamento peculiar da irmã, com a qual mantinha um relacionamento de companheirismo. Ele lhe contava histórias, através das quais procurava mostrar à irmã mais nova, de uma forma mais positiva, situações e experiências imaginárias que valiam como lições de vida. Ele nunca brigava com ela, mas era a pessoa que ela mais escutava e obedecia.

• Ruth, (Mary - Louise Parker) filha de uma amiga da mãe de Idgie, jovem frágil de pequena estatura, morena, calma, boa filha, obediente, ajuizada. Teve uma educação religiosa, o que a tornava muito ciente e responsável pelos seus deveres. É a única amiga que Idgie possui, pois há algo em comum entre ambas: o amor que dedicam a Buddy. Tem uma capacidade especial de ensinar as crianças, junto às quais desenvolvia um trabalho de catequese na paróquia local. É medrosa, insegura, um contraste marcante com o temperamento de Idgie. Aceita passivamente os sacrifícios que lhes são impostos para ajudar os outros. Tem dificuldade de pensar em si própria.

• Frank Bennet, (Nick Searcy) pretendente e mais tarde marido de Ruth. Este não foi um casamento de amor, pelo menos da parte de Ruth, mas sim convencional, já que Frank queria uma família e Ruth um teto para si e para a mãe idosa. É um tipo abrutalhado, violento e racista, que não consegue perceber a sensbilidade da esposa e usa a vunerabilidade dela para controlá-la.

• Grady Kilgore, (Gary Basaraba) um dos assíduos frequentadores do River Club e depois do Whistle Stop Cafe, eterno apaixonado por Idgie, com a qual quis casar, apesar das constantes negativas. Foi o companheiro e adversário da Idgie jovem no jogo de pôquer e que se torna a autoridade policial do pequeno povoado onde vivem e o eterno protetor da Idgie adulta.

• Big George, (Stan Shaw) negro, descendente de escravos, empregado dos Threadgoode, que juntamente com a mãe Sipsey, trabalhavam para a família de Idgie. Ele vai ser o principal elo de ligação entre esta e sua mãe, já que a mando desta segue a jovem como um cão fiel, sempre zelando por sua segurança e integridade. Mais tarde, vai trabalhar com Idgie e Ruth no Whistle Stop Cafe, onde executa serviços diversos. É uma figura íntegra, batalhadora e sensível, que será um dos personagens decisivos no desenrolar do filme.

• Sipsey, (Cicely Tyson) mãe de Big George, fiel servidora da família de Idgie e que, como seu filho, trabalhou no café e terá um papel importante como babá e protetora do filho de Ruth.

• Smokey Lonesome, (Tim Scott) um homem sem raízes, alcóolatra e doente, que vive de favor nos fundos do Whistle Stop Café e também participou do drama das duas amigas. Ama platonicamente Ruth, a quem considera uma dama bondosa e compreensiva e admira Idgie por sua coragem, determinação e pelo apoio que esta lhe dá.

Enredo

Tomates Verdes Fritos é um filme que analisa, essencialmente diversos padrões de comportamento feminino. É um filme sobre mulheres, que mescla passado e presente. No presente, logo que o filme começa, um casal de meia idade, Evelyn e Ed, procuram a casa de repouso onde a velha tia está internada. Acabam se perdendo e vão parar numa cidadezinha abandonada à beira da estrada de ferro. Conseguem finalmente chegar ao seu destino e é justamente aí, na casa de repouso, que Evelyn vai conhecer Ninny, que se tornará sua amiga e conselheira. Há um segundo encontro entre as duas, quando Ninny percebe a infelicidade de Evelyn, para quem começa a contar a história de Idgie e Ruth, com a firme intenção de mostrar como ambas foram corajosas e como enfrentraram os problemas e tragédias de suas vidas. É uma tentativa de encorajar Evelyn a mudar sua postura diante da realidade. Criou-se entre ambas uma verdadeira relação de troca e amizade onde Ninny representou o apoio que Evellyn precisava para se autocentrar, amadurecer e se libertar. Por sua vez, Evelyn, através do amor e atenção que dedicou a Ninny, representou para a velha senhora a possibilidade de se sentir amada e protegida.

A história que Ninny conta começa com uma cena familiar na década de 20. É o dia do casamento da filha mais velha dos Threadgoode, Leona. Trata-se de uma família numerosa e alegre. Todos se aprontam para a cerimônia, com a esperada confusão dessas ocasiões. Leona, a noiva, está impaciente e se veste num dos quartos. A mãe chama a caçula Idgie, que demora a aparecer. Diante disto, a mãe pede para seu filho Buddy ir buscá-la. Ele a chama e ela aparece no alto da escada, sorrindo, toda arrumada, com um vestido antigo de renda branca, enfeitado com fitas azuis e brancas, laço no cabelo. É uma menininha loura, graciosa, que desce as escadas segurando a roupa e deixando ver seus joelhos esfolados e marcados por manchas vermelhas de antigos ferimentos ainda não cicatrizados. A cena e o diálogo abaixo demonstram quem é Idgie, quais são suas características físicas e de personalidade, o papel que ela representa dentro de sua família e como os seus membros se relacionam.

Aparecem sua mãe, seu pai e seus irmãos. O diálogo é o seguinte:

- Desça, gracinha, os bombeiros não a estão esperando, brinca Buddy.
- Vamos, querida, deixe-nos vê-la, diz a mãe, e Idgie aparece sorrindo.
Enquanto Idgie desce as escadas, seu irmão Julian, começa a provocá-la:
- Vejo Londres, vejo Par..., olhando por debaixo do vestido de Idgie.
- Venha, querida, continua a mãe.
- Está linda, diz Buddy.
- Ela parece uma macaca, isto sim, provoca mais uma vez Julian.
- Pare já com isto, retire o que falou, repreende a mãe, voltando-se para o filho.

Idgie desce os poucos degraus que ainda faltam. Ao chegar embaixo, agarra Julian e começa a agredi-lo. Brigam até que Buddy interfere. Chega Leona, que desabafa:

- Eu disse que ela ia estragar meu casamento! - Retira o que disse, diz a mãe dirigindo-se a Jullian, que continua a fazer caretas para Idgie.
- Estou cansado de você, já basta! desabafa Buddy, nervoso, gritando com o irmão.
Enquanto isso, Idgie se desvencilha da briga e sai correndo para fora.

Buddy percebe que ela saiu e vai atrás dela. Ao longe, ouve-se a voz da mãe dizendo:
- Sabe que devemos tomar cuidado quando está arrumada.
Leona reclama e a mãe lhe diz:
- Sabe que isso a incomoda.

Buddy finalmente a descobre. Ela está em cima da árvore bem em frente à casa. Na cena seguinte, Buddy observa que as roupas brancas da irmã, fitas e sapatos voam e caem no chão aos seus pés. Olha para cima, vê Idgie e resolve subir por uma escada colocada no tronco. Chega na plataforma que aí existe e encontra a irmã só de combinação, de cara emburrada. Tenta conversar:

- Parece que subiu na árvore, gracinha.
- Estou cheia. Ficam zombando de mim, responde a irmã.
- Vai passar o dia aqui? pergunta Buddy.
- Sim, eles que se danem. Quem quer pôr este estúpido e antiquado vestido? continua Idgie.
- Já lhe falei das ostras? fala Buddy, desviando o assunto.
- Ostras? pergunta Idgie, curiosa.
- Não falei das ostras? repete Buddy. - Pense nos milhões de ostras lá no oceano. Então, um dia, Deus veio e viu uma delas e disse: “Acho que farei esta ser diferente”. E sabe o que ele fez? Ele pôs um grão de areia nela. E adivinhe o que ela pode fazer que as outras não ...
- Uma pérola, responde Idgie sussurando baixinho.
- O quê? pergunta Buddy, como se não estivesse ouvindo.
- Uma linda pérola, repete Idgie. - E se Deus cometeu um erro?
- Bem..., continua Buddy, - do jeito que imagino, Ele nunca erra. Ele assegurou ... que estivéssemos juntos. Ele fez com que tivesse o mais belo e charmoso irmão do mundo. E que vai ... atirá-la no bolo de chocolate ...
- Não vai não, responde rápido Idgie, descendo da árvore.
Já embaixo, Buddy provoca a irmã mais uma vez:
- Tirei-a da árvore, não?
Ao que Idge retruca: - Não tirou.

Esta cena tem uma grande importância para nossa análise, já que nela nos é apresentada a família Threadgoode, num dia de festa. Através deste quadro familiar verificamos que Idgie é uma criança reativa a qualquer provocação quanto à sua aparência e intimidade. Seus joelhos esfolados nos levam a imaginá-la ativa e brincalhona, sempre trepando em árvores ou correndo pelos arredores. Sua posição dentro da família, a de filha mais nova de muitos irmãos, lhe confere uma certa indulgência por partes dos pais e do irmão mais velho quando lidam com ela. No desenrolar da história percebemos que sua mãe ao mesmo tempo compreende suas excentricidades e teme pela sua integridade física e emocional. Sua relação com o irmão mais velho, Buddy, é a mais significativa de sua infância, pois ele compreende sua sensibilidade e percebe que desafiá-la é a melhor maneira de obter respostas positivas. Ele é o único que consegue penetrar no mundo intímo de Idgie, onde valores como liberdade, coragem e desafio às convenções sociais prevalecem sobre todos os outros.

Voltando à história, Idgie acaba assistindo ao casamento, mas vestindo trajes masculinos que está acostumada a vestir: um terninho, botas e gravata. Parece mais um moleque do que uma menina. Sempre desafiadora, leva um pequeno espelho consigo e começa a brincar com ele, atrapalhando a concentração do pastor que, incomodado pelo reflexo da luz, blasfema baixinho. Aliás, Idgie adora provocá-lo, como faz com qualquer modelo de autoridade.

Este dia será marcado por uma tragédia. Após a cerimônia, Buddy sai para passear com Idgie e Ruth, por quem é apaixonado. Acaba sendo atropelado por um trem, quando seu sapato fica preso entre os trilhos, na hora em que procura alcançar o chapéu de Ruth. Apesar de suas tentativas desesperadas, não consegue desvencilhar-se e morre diante das duas jovens.

Idgie fica completamente traumatizada. O desespero da família é total, principalmente da caçula, que fica descontrolada, intratável, tornando-se distante de tudo e de todos, ao perder o único amigo que jamais tivera. A partir daí, passa os dias vagando sempre só pela floresta próxima à sua casa, vestida de menino, vivendo então, mais em contato com a natureza. As margens do rio onde o acidente ocorreu tornam-se seu lugar preferido. Ruth também fica muito abalada, mas vai embora e só retorna alguns anos depois, a pedido da mãe de Idgie. No seu isolamento, Big George era praticamente seu único elo com a família, cuidando dela com muito carinho, levando-lhe mantimentos e sempre atento às suas necessidades. Dizia ele: "Um coração pode se partir e continuar batendo igual".

Idgie nunca se recuperou da morte de Buddy e na sua adolescência continuou errante e isolada, totalmente avessa aos padrões femininos da época. Gostava de entrar em trens de carga clandestinamente, só pelo prazer de transgredir regras, passava as noites jogando pôquer com os frequentadores do River Club, lugar não muito recomendável para uma "moça de boa família". Em suas andanças levava sempre um pote para encher com o mel que colhia direto das colmeias, depositando-o junto ao túmulo do irmão, numa espécie de homenagem póstuma. A voz de Ninny, em *off*, nos traz ao presente ao comentar sobre a atitude de Idgie: "Ela dificilmente vinha para casa. Só Big George sabia como encontrá-la. Ela não se importava com nada."

Idgie vai se tornando cada vez mais arredìa aos homens, a quem considerava ou como possiveis adversários a serem combatidos ou como companheiros e iguais. A cena que mostra o seu encontro com Frank Bennet, num dia em que voltava para casa, respondendo a um chamado da mãe, mostra claramente este tipo de comportamento. Mais uma vez a vemos vestida como um rapaz, de calças arregaçadas e usando um velho chapéu. Ele, um homem já feito, dirige-se a ela, tentando ser gentil. Dá-se o seguinte diálogo:

- Bem, olá, senhorita. Quem pode ser você?
- Para você, Towanda, responde provocativa. - Quem é você?
- Frank Bennet é meu nome, senhorita Towanda, diz maliciosamente.
-Devo dizer, está bem melhor hoje.
Ao que Idgie responde, arredia e irônica, se afastando:
- É político ou é mal da sua família?

Essas primeiras cenas nos apresentam Idgie, uma menina muito diferente de outras da mesma idade. Seus interesses, seu relacionamento com o irmão, principalmente seu caráter independente e voluntarioso e seu modo de se vestir e comportar aproximam-na do padrão Ártemis. Tem um comportamento reativo ao feminino e ao modelo materno, o que a leva a agir como um menino. A relação de companheirismo, amizade e confiança que a ligavam a Buddy é muito semelhante à relação entre Ártemis e Apolo. Seu modo brejeiro e moleque de se trajar e agir era aceito pela família como mais uma de suas excentricidades. Ele proporcionava plena libedade de movimentos e, de uma certa forma, a afastava das outras meninas da sua idade. Não tinha amigas, mas sim amigos a quem gostava de desafiar. Ela sabia o que queria, pois era autocentrada, não se importando em quebrar regras sociais préestabelecidas, sem deixar a opinião alheia interferir ou atrapalhar o seu caminho. Sua autoconfiança a colocava em pé de igualdade com os meninos e, mais tarde, com os homens que com ela se relacionaram. Considerava-se sempre uma igual, pronta a competir se desafiada e com a mesma força e energia de caráter de qualquer homem.

Esse padrão de mulher desenvolve, como a deusa Ártemis, uma certa prevenção às relações de dependência, manifestando uma certa reserva íntima, principalmente em relação ao sexo oposto, afastando de sua vida qualquer tipo de sentimento amoroso que ela considera sinal de fraqueza e submissão. Idgie, como Ártemis, desenvolve o complexo materno negativo. Este, segundo Jung, pode aparecer em mulheres que desvalorizam o papel da mãe (e todo papel feminino) e desenvolvem um animus forte, negando esses valores e assumindo atitudes masculinizadas. Assim, ao se opor à mãe, ao feminino, imagina poder destrui-los, mas o que realmente acontece é exatamente o inverso. Esse sentimento de oposição esconde uma profunda admiração que não chega a ser identificação.

O princípio masculino da ação, ao contrário do padrão feminino da passividade, era o ponto dominante de Idgie. Sua mãe, apesar ser de muito diferente, admirava-a e compreendia seu caráter independente, bem como a necessidade que Idgie teve de se isolar quando o irmão morreu. Como o isolamento se prolongou muito, a mãe preocupada convida Ruth para passar as férias com a família, numa tentativa de trazer a filha de volta. Sua primeira reação à presença da antiga amiga não foi favorável. Idgie a recebe com frieza e ironicamente lhe sugere que, sendo muito diferentes, jamais poderiam ser amigas. Ruth, sentindo-se impotente, fala à mãe de Idgie:

- Acho que a idéia não foi boa, comenta Ruth.
- Tem que dar certo. Alguém tem que ajudá-la. Eu não consigo, responde a mãe de Idgie.

Ruth tenta se aproximar de Idgie e percebe que para obter sua consideração e confiança terá de ir até ela e viver no seu mundo, participando das suas aventuras. Isto fica claro na cena em que Idgie está pescando no rio e Ruth se aproxima:

- Se me der a chance de conhecer você, podemos até nos divertir, sugere Ruth.
- Divertir? responde Idgie, com jeito de quem não acredita muito.
- Idgie, passe um tempo comigo, por favor, suplica Ruth.
- Fique à vontade, retruca Idgie, duvidando da capacidade dela suportar o seu ritmo.

A cena seguinte mostra as duas diante de um vagão parado, a noite já caiu, e então Idgie questiona Ruth:

- Tem certeza que não quer voltar atrás? Ainda não é tarde, diz Idgie, quando se preparam para subir num vagão de carga.
- Tenho, responde Ruth.
- Aqui, segure, diz dando o lampião para Ruth, mostrando-lhe como subir no vagão.
Ruth pergunta:
- Você gosta de trens?
- Sim, responde Idgie. - Vamos nos dar bem, continua falando enquanto ajuda a outra a subir no vagão. - Nossa, tivemos sorte esta noite, comenta olhando o que existe lá dentro. - Suba!

- Subir? pergunta Ruth sem entender.
- Me dê sua mão, apóie o seu pé, instrui Idgie. - Olha só tudo isto, diz mostrando os mantimentos que se encontram lá.
- Não acha que devemos sair do trem? Ele está começando a andar, comenta Ruth, ao que Idgie retruca:
- Não, a diversão só está começando ... Você está bem? pergunta Idgie ao perceber a palidez da amiga.
- Às vezes fico tonta ao olhar para baixo, justifica-se Ruth.
- Não olhe, aconselha Idgie com ironia.
- O que está fazendo? pergunta Ruth ao ver a amiga pegando algumas latas de alimentos.
- Vamos! Olhe! mostra Idgie, jogando as latas na direção de um acampamento de famílias pobres.
Escutam-se vozes ao longe dizendo:
- Estão jogando comida! Comida!
Então, surgem pessoas que recolhem os mantimentos jogados enquanto acompanham o movimento do trem.
- Você não falou sobre dar aos outros? continua Idgie, provocativa.
- Mas esta comida não é sua para distribuir, argumenta Ruth.
- A Igreja fala, alega Idgie. - Vi as pessoas na igreja, no River Club, as outras noites da semana, fazendo tudo menos rezando.

Entendendo o propósito da amiga, Ruth começa ajudá-la, e observa uma criança que a olha agradecida. Após esse fato cria-se um forte elo de solidariedade entre as duas. Ruth está diante de uma Idgie até então desconhecida, que lhe mostra o que mais esconde dos outros: sua sensibilidade diante do sofrimento dos mais fracos. As duas acabam se tornando companheiras e a amizade que nasce nesse momento e o sentimento que as une crescem cada vez mais à medida que o tempo passa.

É o aniversário de Ruth e Idgie resolve levá-la a uma festa surpresa no River Club:
- Esta noite teremos uma festa de verdade. Beba isto e então jogaremos pôquer, determina Idgie.
- Bem, não sei jogar pôquer e nunca bebi, retruca Ruth. - Mas agradeço assim mesmo.

A cena seguinte mostra Ruth já bêbada e muito feliz. Idgie a convida para jogar beisebol e esta se desculpa mais uma vez por não saber fazê-lo, mas acaba aceitando mais esse desafio. Depois da festa e após se banharem no rio, brincam e conversam intimamente:

- Nunca me diverti tanto em toda a minha vida, confessa Ruth. - E

aguento até correr para casa.
- Esta é boa, responde Idgie.
- Um *straight* é mais do que três iguais, diz Ruth mostrando as cartas de pôquer que provavelmente usou para trapacear. As duas riem muito.
- Sabe, pôquer não é tão ruim, continua Ruth. - Idgie, o que dirá sua mãe ao nos ver bêbadas?
- Tem que parar de se preocupar com o que as pessoas dizem, aconselha Idgie.
- É, eu sei, concorda Ruth. - Quero dizer, você sempre faz a coisa certa. Cuidou do seu pai, do pastor quando ele adoeceu. Cuida de todas as crianças da escola da igreja. E vai cuidar da sua mãe, comenta Idgie.
- Eu sei, concorda Ruth. - E vou me casar com o homem que me designaram.
- Vai se casar? pergunta Idgie surpresa.
- Quando o verão acabar. Vou sentir a sua falta. Este é o melhor aniversário que eu já tive.

A personagem Ruth vai delineando-se e já podemos perceber, a partir desta cena, seus traços principais. A linha mestra que norteia o seu comportamento é a extrema dependência emocional em relação a figuras poderosas ou dominadoras com as quais se relaciona: a mãe, a religião e mais tarde Frank Bennet (seu marido). Consequentemente tem uma atitude passiva perante a vida onde a vontade dos outros está sempre acima da sua. Ela reage mais a situações do que age sobre elas. Ruth casa com Frank como uma vítima que vai ser sacrificada para dar a si e a sua mãe um teto. Essa atitude passiva contrasta com o excesso de agressividade do comportamento de Idgie, onde a coragem e a segurança intíma se manifestam em todos os momento de sua vida.

Idgie sente-se decepcionada com o casamento da amiga e jura que nunca mais vai vê-la, mas acaba indo visitá-la algum tempo depois. Ela vai para Valdosta, na Georgia, e encontra a amiga amedrontada, tentando esconder dela seu sofrimento. Ruth impede sua entrada, receando que a amiga descobrisse sua situação. Ao ver seu rosto machucado, Idgie pergunta curiosa:

- Ei, o que aconteceu?
- Nada, é melhor você ir embora.
- Nada? E o olho roxo? insiste Idgie.
Uma voz pergunta: "Quem está aí?"
- Bem, eu ... ouça, acho melhor você ir embora, diz Ruth, tentando fazer com que Idgie partisse.
- Ele bateu em você? pergunta Idgie mais uma vez.
- Agora ... sussura Ruth, apavorada.

- Ele bateu em você? repete Idgie.
- Idgie, suplica Ruth.
- Alguém tem que falar com ele. Alguém tem que se rebelar. Eu vou matá-lo. Vou conversar com ele sobre bater em alguém do tamanho dele, explode Idgie.
- Não vai fazer nada, entende? Se gosta de mim, se ... realmente gosta, vai dar a volta e partir já. Entende? defende-se Ruth fechando a porta.

Idgie vai embora, muito preocupada com a amiga. Algúm tempo depois sua mãe recebe uma carta de Ruth contando que a mãe morrera e sutilmente anexa uma folha do Velho Testamento, do Livro de Ruth que diz: "E Ruth disse: onde fores eu irei. Onde se fixares, vou me fixar. Tua gente será a minha gente".

Idgie vai resgatar a amiga, acompanhada de Big George e Julian (seu irmão). Chegando ao local, Ruth lhe diz que está grávida. Idgie insiste com a amiga para se apressar, já que considera a gravidez mais um motivo para abandonar Frank. Briga com ele quando impede Ruth de sair. Ele lhe dá um tapa ao que Idgie responde ameaçadoramente:

- Não toque nela! Pare! Não a machuque!

Os amigos que acompanhavam Idgie começam a carregar as malas. Ruth começa a descer as escadas e Idgie diz, olhando para Frank:

- Vamos embora, vamos embora daqui!
- Vamos srta. Ruth, vamos, reforça Julian.
- Vá! grita Frank.
- Se tocar nela novamente, eu mato você! ameaça Idgie dirigindo-se a Frank.

Depois de vir morar com a família de Idgie, Ruth dá a luz ao filho e as duas amigas resolvem montar um café restaurante. É assim que surge o Whistle Stop Cafe. Duas vezes elas recebem a visita de Frank, que tenta de todas as formas levar o filho ainda pequeno, sendo que na segunda vez, não encontrando ninguém, é impedido de fazê-lo por Sipsey, que o agride. Frank morre nessa mesma noite e Idgie preocupada com as possíveis consequências do ocorrido, some com o cadáver e o carro dele. Ao voltar para casa, é questionada por Ruth:

- Onde você estava? pergunta Ruth.
- Cuidando de um negócio, divertindo-me, responde Idgie.
- Andei pensando ... talvez seja melhor eu ir embora por causa de Frank e tudo mais. Não quero que se sinta no dever de cuidar de nós. Não quero ser egoísta, só isso. Talvez se eu não estivesse aqui, você sossegasse, argumenta Ruth.
- Estou mais sossegada na vida do que nunca, responde Idgie.

- Então, por que não pode me dizer onde estava? Tive um sonho. Sonhei que Buddy Jr. tinha sumido. Corri até o berço e lá estava ele, dormindo como um anjo. E sabe ... agradeço a Deus por ainda ter Buddy. Lembro-me ainda de ter a mesma reação após Frank me bater ... agradecendo a Deus por me dar forças para suportar e lembro ... de agradecer a Deus por cada dia que minha mãe viveu ... mesmo quando ela escarrava sangue e me pedia para matá-la. Fixei o olhar de minha mãe que pedia ajuda e tudo o que podia fazer era rezar. Enquanto você estava fora, estava segurando Buddy quando pensei, se o bastardo do Frank Bennett tentar pegar meu filho não vou rezar. Vou quebrar o seu pescoço, diz Ruth.
- Não precisa se preocupar com Frank Bennet nunca mais, assegura Idgie.
- Como pode afirmar isso? É filho dele também. Ele não vai desistir do seu próprio sangue, responde Ruth.
- Só vou lhe dizer isso mais uma vez. Frank Bennet não vai mais incomodá-la, entende? reafirma Idgie.
- Você o matou! Não matou? pergunta desconfiada Ruth.
- Não. Não acredita em mim. retruca Idgie.
- No momento, não sei em quem acreditar, diz Ruth.
- Acredite em mim quando digo que não quero que vá embora.

Todos os diálogos de Ruth, transcritos nas páginas anteriores nos apontam a essência de sua personalidade. Observamos que ela se mostra reservada quanto a assuntos íntimos, tendo um comportamento passivo frente aos fatos de sua vida, representando um papel dependente em qualquer relação que estabeleça. Consideramos, dentro da classificação que expusemos em capitulos anteriores, Ruth vivenciando o padrão da deusa Perséfone quanto ao aspecto da mu-lher jovem, dependente da mãe, que não consegue crescer. Suas principais características são:

• incomunicabilidade;

• recolhimento (vive o mundo interior com mais intensidade que o exterior);

• ligada a fatos trágicos do passado, onde sofreu perdas profundas;

• jovem, como se não quisesse crescer, amadurecer;

• dependente de alguém ou de algo;

• comportamento compulsivo;

• insatisfação, sofre com desejos insatisfeitos;

- tem ligação com a morte, o trágico, a violação.

No comportamento de Ruth todos esses traços estão presentes. Ela é quieta, pouco expansiva e seu mundo íntimo é mais significativo do que a realidade exterior e sua ação sobre ela. Percebe que sua ligação com a mãe é forte e consequentemente seu lado feminino passivo se sobrepõe ao masculino. Este traço possivelmente apareceu devido a um contato deficiente com o pai (ou qualquer figura masculina) já que ela jamais menciona qualquer fato referente a ele. Tem uma aparência jovem e vulnerável, é imatura intimamente também, o que possibilita a violação física ou emocional vinda de fora (geralmente na figura de um homem pouco sensível que não penetra no seu íntimo). Tem um comportamento compulsivo já que sua consciência (na figura de um animus forte que não se integra ao seu feminino), estando adormecida, não lhe permite a elaboração de uma análise racional. Isto acaba dificultando o seu processo de individuação. Ruth não sabe manifestar os seus desejos, que estão sempre subordinados aos de outra pessoa, o que gera nela um estado de insatisfação permanente. Sua transformação começa com a morte de sua mãe (real e mítica) e a gravidez, quando seu instinto protetor é despertado dando espaço para o padrão materno de Démeter. Esse novo padrão vai ajudá-la a amadurecer emocionalmente.

Na história inicial do filme, onde se insere de forma narrativa a vida de Idgie e Ruth, ocorre paralelamente o encontro de Evelyn e Ninny. Este encontro casual modificará profundamente a vida de ambas: Evelyn, esposa modelo e romântica, que viveu sua vida tentanto agradar alguém (o marido e o filho), insatisfeita com isto e com a pouca conside-ração com a qual é tratada, se transforma pouco a pouco através da história de Ninny, em uma mulher que sabe o que quer e como consegui-lo. Ninny, a mulher idosa e solitária, que vive apenas com suas lembranças numa casa de repouso, ao dividir suas memórias com Evelyn conquista sua amizade, revivendo laços afetivos perdidos no passado.

Os diálogos que seguirão mostram bem o tipo de relacionamento que Evelyn estabece com seu marido e mostram a insatisfação dela e a indiferença dele.

Evelyn se arruma, faz um bom jantar e recebe o marido que chega do trabalho:

- Oi! querida. Deus! Estava precisando disso, diz Ed pegando uma lata de cerveja. - Está cheirando bem. Quero um. Parece bom, continua Ed que ao pegar o prato de comida se dirige para à sala de TV, sem perceber o trabalho que Evelyn tivera com o jantar.
- Ed ... Por que não se senta à mesa e janta comigo? pergunta Evelyn.

- Desculpe, querida. O jogo já está no fim, quero ver o restinho. Por que está arrumada? Saia da frente! reclama Ed.
- Ed, se eu abrisse a porta enrolada em papel celofane, ainda estaria vendo beisebol? pergunta Evelyn, sentando-se desanimada ao lado do marido.
- Não, querida, provavelmente estaria internando-a num manicômio.

A mesma situação se repete dias mais tarde:

- Ola! querida. Tudo bem! Frango frito, o que mais gosto, diz ele pegando o prato e indo para frente da TV.
- Eeeed! Ed, essas aulas que frequento não estão nos ajudando em nada, vamos para a Flórida ... igual quando nos casamos, diz Evelyn. Kyle (filho) se foi para cuidar da própria vida. Seremos só nos dois, continua Evelyn.
- Bem, querida, somos só ... nós dois aqui agora. Deu uma bela torrada no frango e está bom demais, afirma Ed.
- Obrigada. Poderíamos alugar um barco e ficar boiando sobre o sol quente. O que acha disso? pergunta Evelyn.
- Bem, já me acostumei com a tranquilidade daqui. Querida, se essas aulas não lhe fazem bem não vá mais, fala olhando o jogo na TV.
- Droga! A transmissão está ruim.

As visitas a Ninny continuam e a cada encontro, a cada novo episódio da história de Idgie e Ruth, Evelyn acaba aprendendo algo novo sobre sua própria vida. Ela, que na sua vida toda só se preocupara em agradar os outros, descobre que nunca havia agradado a si mesma. O nível de insatisfação que crescia dentro dela, principalmente depois que o filho fora embora, ia se tornando insuportável. É um fato banal, dentro de um supermercado, que a alerta sobre algo de errado na sua vida. Ao entrar, um rapaz lhe dá um empurrão. Ela pede desculpas e o que recebe em troca são desaforos e pela primeira vez na vida fica indignada e vai atrás dele para saber o que tinha feito de errado. Não obtendo nenhuma resposta, chorando, procura Ninny para desabafar.

- Eu me senti tão inútil, tão fraca, conta Evelyn à amiga.
- Todos passam por isso, consola Ninny.
- Mas não consigo parar de comer. Todos os dias eu tento e tento, e todos os dias eu falho. Escondo doces pela casa toda, lamenta-se Evelyn.
- Um doce não vai fazer mal, diz Ninny à Evelyn.
- Um não, mas 10, 11 ... Não consigo nem ver minha própria vagina, diz Evelyn chorando.
- Bem, querida, não posso ajudar você nisso, argumenta Ninny.
- Queria ter a coragem de encarar e ficar bem gorda, Senhora Threadgoode, sou muito nova para ser velha e muito velha para ser

jovem, talvez esteja ficando louca, conclui Evelyn.
- Sente ondas de calor? pergunta Ninny.
- Às vezes, responde Evelyn.
- Começa a suar e seu coração dispara? continua Ninny.
- Como sabe? indaga Evelyn surpresa.
- É simples, querida. Vai superar isso. Precisa de hormônios, talvez o stresstabs nº4, fala Ninny.
- Verdade? Só isso? pergunta admirada Evelyn.
- Claro, querida. Tome hormônios. E então saia de casa e arrume um emprego. Pelo seu belo aspecto, aposto que se dará bem com cosméticos ... sei como se sente, diz Ninny incentivando Evelyn.

Após essa conversa, Evelyn finalmente percebe que seu comportamento passivo e complacente provoca nas pessoas atitudes agressivas ou indiferentes e que isso gera nela um processo de autodesvalorização. Resolve então mudar sua maneira de ser e agir, arrumando um trabalho, cuidando de si própria e não se preocupando somente em agradar e servir aos outros. Um dia, o marido chega do trabalho e a encontra quebrando uma parede da sala:

- Evelyn, o que está fazendo? pergunta Ed.
- Preciso de luz e ar, responde Evelyn.
- Bem, porque não sai e dá um de seus passeios ... ou sai andando devagar ou seja lá o que for, diz Ed.
- Não tem jantar, também, continua Evelyn. Ed, faz idéia do porquê andei frequentando todas essas aulas?
- Não, responde Ed surpreso, sem entender o que ela quis dizer.
- Tentei salvar nosso casamento. Mas o que vale eu tentar se você senta ... toma a sua cerveja e assiste beisebol! Basquete! E futebol! Boliche! E hoquei! E golf ! Luta livre!

Os encontros entre Evelyn e Ninny se tornam mais frequentes e, a cada novo encontro, esta relata um episódio diferente sobre a história de Idgie e Ruth. O clima de solidariedade e confiança entre as duas se fortalece a cada dia. E são exatamente essas histórias que ajudam Evelyn a perceber a realidade que ela vivera até aquele momento e que lhe dá elementos para conduzir seu próprio processo de transformação.

A história de Evelyn é a de todas as mulheres que se casam, têm filhos e perdem sua individualidade ao se acomodar a uma situação de dependência emocional e econômica. A tendência de abdicar da própria vontade em nome da dos outros é o traço mais importante nesse padrão de mulher que pode ser ou não a repetição de um modelo materno. Esse tipo de mulher só desenvolve relações interpessoais se colocando no papel de servidora, passiva às solicitações de outrem, representando um papel secundário e reativo, o que resulta na perda da própria auto-estima e individualidade.

A sensação do ninho vazio, depois que os filhos crescem e saem de casa, é um dos principais problemas que mulheres mais velhas com esse padrão dependente apresentam. Isto pode gerar depressões, que se não forem compreendidas e elaboradas, poderão certamente gerar nelas muito sofrimento e dor.

4. As Relações Femininas em *Julia*

Os personagens principais são: Lilliam (Jane Fonda), Julia (Vanessa Redgrave) e Dashiel Hammett (Jason Robards).

Julia, filme realizado em 1977, pelo Diretor Fred Zinnemann, com roteiro inspirado no livro autobiográfico *Pentimento*, escrito por Lillian Hellman, escritora americana contemporânea que, tendo vivido o período entre as grandes guerras e os anos que se seguiram, analisou a sociedade americana e os grandes problemas que lá emergiram nesse período. Este filme nos mostra a história de duas mulheres que, mesmo tendo trilhado caminhos tão diferentes na vida, mantêm eterna relação de amizade e admiração mútua: Julia é uma ativista política que luta para promover a justiça social entre trabalhadores alemães nos anos do fascismo e Lillian uma intelectual que elabora, em sua obra literária, uma crítica ao *establishment* americano. É através das memórias de Lillian Hellman que o filme nos apresenta essas duas personagens ainda adolescentes, a relação delas com o mundo, a determinação e independência que demostram, a escolha de Julia pela medicina e de Lillian pela literatura, a entrada de ambas para a vida adulta e a relação que as mesmas estabeleceram com os homens e como vivenciaram seus papéis femininos.

Na primeira cena aparece a silhueta de uma mulher pescando e uma voz em *off* que diz: "Envelheci. Quero ver o que já passei e o que ainda está por vir". Em seguida aparece Lillian, ainda jovem, trabalhando na sua primeira peça teatral (1934) em sua casa na praia onde mora com Dashiel Hammett, escritor americano conceituado e bem mais velho que ela. Insatisfeita com o que escrevera, sai à procura de Dashiel e, quando o encontra, segue-se o seguinte diálogo:

- Não consigo, Dash! Está dando errado novamente, diz Lilly.
- Vista o sueter. Traga o uísque, pede Dash. - Farei uma fogueira. Não esqueça os cigarros, continua ele, convidando-a para relaxar na praia.
- Não quero ordens, mas conselhos! Você é o grande escritor. Não é o general e não sou um dos seus soldados, replica ela irritada.
- Se não pode escrever, procure emprego. Seja uma garçonete. Que tal bombeira? Pode ser chefe. Não é má idéia. Uma cidadezinha, um departamento, um chapéu. Serei o prefeito, replica ele.
- Por que você? pergunta Lilly.
- Para indicá-la, responde Dash.
- Minha peça não sai e você nem liga! Só porque parou de escrever não ... (diz ela se arrependendo em seguida).
- Sabe de uma coisa ... vou mandá-la para Paris, diz Dash.

- Não quero ir para Paris, responde ela.
- Por que não? Lá é genial. Acaba a peça lá, se diverte e visita sua amiga Julia, completa Dash.
- Sabe que ela não está em Paris, replica Lilly.
- Onde quer que esteja. Vá para a Espanha. Talvez haja uma guerra civil lá e você pode ajudar alguém a ganhá-la. Você é briguenta, responde Dash tentando fazê-la reagir.
- Não sou. Não fale assim! Parece que sou o buldogue da rua, reclama ela.
- Você é o buldogue da rua ... só que sonha ser um cocker spaniel, responde Dash.
- Não posso trabalhar aqui, afirma Lilly.
- Não trabalhe em lugar algum. Nunca escreveu mesmo. Não sentirão sua falta.Pode mudar de profissão, provoca Dash.
- Você me convenceu a escrever, Dashiel. "Vá em frente. Você tem talento, menina! Conseguiu me enrolar". Olhe para mim agora, pede ela.
- Se vai chorar, vá lá para as pedras. Não na minha frente. Se não consegue aqui, vá para outro lugar! Desista! Abra uma farmácia! Vire mineira. Só não chore, fala Dash alterado, deixando-a sozinha.

As memórias de Lilly surgem então, mais vivas do que nunca e ela se lembra de Julia. Lembra que, quando ainda pequenas, elas conversavam horas a fio revelando o que tinham de mais íntimo e secreto ou se desafiando intelectualmente. Lilly não fala nada sobre sua família, mas podemos perceber que a de Julia era muito mais rica que a dela e que esta fora criada pelos avós, já que sua mãe vivia na Escócia. Ambas não têm uma grande identidade com o mundo feminino como seria esperado em jovens nascidas naquela época e mostram mais características como coragem, independência, autodeterminação, grande curiosidade intelectual e preocupação com problemas sociais, consideradas então, qualidades eminentemente masculinas.

A cena onde as duas conversam após chegarem à casa de campo dos avós de Julia, para passar as férias, mostra a irritação de Júlia por ter sido obrigada a vir a esse lugar com os avós e o constante conflito vivido por ela em relação à família, que desaprovava o seu modo independente de ser.

- Não quero ficar aqui com eles. Eu os odeio, diz Julia a Lilly.
- Por quê? Pergunta Lilly, não compreendendo a irritação da amiga.
- Levaram-me ao Cairo. Disseram que era bonito, mas não era. Eu disse: "Essa gente está doente, faminta ... Vamos fazer algo!" E meu avô me disse: "Não olhe ..." "Mas estão doentes!" Ele responde: "Não é minha culpa", relata Julia à amiga.
- E Paris? E Roma? indaga Lilly, compreendendo cada vez menos a

raiva de Julia.
- Não está me ouvindo! comenta Julia.
- Estou! responde Lilly.
- Onde minha mãe vive, os criados moram no subsolo. 18 pessoas em três quartos. Sem janelas. Um banheiro. Está errado. Errado Lilly! Você entende? explica Julia.

A atitude de Julia em relação à sua família e principalmente às críticas que faz à mãe, nos levam a percebê-la como uma filha que reage negativamente a tudo que se refere à progenitora e consequentemente ao feminino, o que Jung denominou a defesa contra a mãe. Segundo ele, este é um tipo intermediário que pode acrescentar ou gerar um entorpecimento do instinto feminino. Essa reação constante contra a mãe interfere no projeto de vida da filha, dificultando-lhe a construção de uma vida própria de um lado, mas pode, pelo mesmo motivo, permitir um desenvolvimento espontâneo da inteligência, processo no qual a mãe não aparece. Esse desenvolvimento é algo muito pessoal, não existindo, portanto, nenhuma influência por parte de um homem. Sua finalidade, segundo Jung, "(...) é destruir o poder da mãe pela crítica intelectual e conhecimento superior ou mostrar à mãe todas as falhas que comete ou ainda todas as brechas que sua cultura apresenta. Juntamente com o desenvolvimento da inteligência aparecem também as características masculinas."[136] Esse processo de reação que a personagem Julia apresenta a levará a escolher a Faculdade de Medicina e consequentemente uma profissão até então considerada masculina.

As recordações de Lillian surgem cada vez mais vivas e reais. Ela relembra um determinado momento da sua vida e de Julia, quando ambas se separam, ao escolherem carreiras opostas. Julia escolhe a medicina e vai para Oxford e ela, a literatura, permanecendo nos Estados Unidos. Elas ficam separadas um bom tempo até que Lilly decide ir à Inglaterra para visitar a amiga e a encontra radiante e realizada. Ao relembrar esse momento, escreve em suas memórias: "Certas mulheres atingem um ápice na vida ... quando o rosto nunca será tão lindo ... e o corpo tão gracioso e forte. Foi aquele ano para Julia".

Ao se encontrarem, procurando deixar os assuntos em dia, conversam intimamente:

- Tem muitos amigos? pergunta Lilly curiosa.
- Não muitos, responde Julia.
- Vai ao teatro? continua Lilly.
- Falta tempo, fala polidamente Julia.

---

[136] Jung, *Arquetipo e Inconsciente Colectivo*, p. 85

- Mas sempre íamos, insiste Lilly.
- Quando escrever sua peça, irei de novo, promete Julia. - Como vai o trabalho? pergunta ela.
- Ainda estou na editora. Queria poder só escrever, comenta Lilly.
- Tem namorado? pergunta ela.
- Não. E você? retruca Julia.
- Acho que encontrei alguém, diz Lilly feliz. E você? pergunta ela curiosa.
- Encontrei, mas não deu certo, responde Julia.
- O que está lendo? pergunta Lilly, lembrando que sempre se mantinham informadas sobre isso.
- Darwin, Engels, Hegel ... Einstein, responde Julia.
- Entende Einstein? indaga Lilly admirada.
- Claro, responde Julia. Vamos para casa, convida esta.
- Você volta no verão? pergunta Lilly interessada.
- Vou para Viena. Vou terminar a faculdade de medicina lá ... e tentar estudar com Freud, fala Julia entusiasmada.
- Verdade? Sei que consegue ... mas ..., comenta Lilly desapontada.
- Tenho chances. Ele deve me aceitar. Você deve ir a Viena. Terá sobre o que escrever. Estão se mobilizando lá. Gente que nunca teve nada e nunca tiveram uma chance, antes. Fizeram um bairro próprio, em Floridsdorf. Tem orquestra, jornal, o melhor de Viena. Lilly, finalmente uma esperança no mundo. Entende? pergunta Julia.
- É claro, diz Lilly tentando entender esse fato e que mais tarde comenta em seu livro: "Mas eu não entendia ... Não tudo. Quem entendia? Ela escrevia de vez em quando. Continuou cursando medicina na Universidade de Viena. Com os anos, escrevia com raiva sobre o fascismo ... sobre o nazismo... Mussolini e Adolf Hitler, do holocausto que vivia. Não entendia como o mundo se recusava a ver."

Lillian volta para os Estados Unidos após visitar sua grande amiga em Oxford. Decide então aceitar a sugestação de Hammett e ver se consegue escrever melhor longe de casa. Volta à Europa, para Paris, numa tentativa de maior desempenho no término de sua peça. Recebe, então, um telefonema de Julia que conta sobre as manifestações populares nas ruas e nota que a amiga fala cautelosamente, com medo.

Já instalada em Paris, escreve para Dash. Diz ela: "Querido Dash. Tento me concentrar, mas sinto-me nauseada. O único motivo é medo. Há algo tenebroso aqui. Algo terrível que afeta a vida de todos. E não é só em Paris. O que acontecerá a Julia? Está estudando em Viena, ainda? Em Viena..." Lilly para e pensa, recorda sobre o que havia lido nos jornais sobre os acontecimentos em Viena e continua escrevendo: "(...)nas escolas, os alunos se manifestam. Conflitos por toda a parte. Os judeus começam a ser discriminados nas próprias universidades. O irracionalismo se instala".

Lillian fica sabendo que Julia luta contra esse irracionalismo e pessoalmente enfrenta seus colegas, ordenando que saiam e parem com as manifestações. Ao mesmo tempo que ocorrem conflitos estudantis, os trabalhadores também reagem e muitos, nesses conflitos, são mortos pela polícia que responde à altura. O confronto continua nessa região da Europa. Os movimentos operários se alastram por toda parte e as lutas com os nazistas se acirram cada vez mais. Quando recebe notícias de Julia, fica sabendo que esta fora gravemente ferida numa dessas batalhas. Lilly vai para Viena e fica muito abalada ao ver o estado da amiga, que se encontra hospitalizada, mas perde o contato com a mesma quando ela piora e é levada para outro lugar. Antes de sair de Viena, recebe um bilhete de Julia tranquilizando-a. Lilly vai para Paris tentar acabar seu livro, mas continua a procurar a amiga por toda a Europa. Não conseguindo encontrá-la, volta para os Estados Unidos, conseguindo finalmente terminar o seu livro.

Lillian sofreu duas grandes influências em sua vida: a amizade de Julia e sua relação com Dashiel Hammett. A admiração que tinha pela amiga por causa de sua independência, coragem, atuação política, e o profundo relacionamento com um intelectual do gabarito de Hammet, um contestador corajoso do *way of life* americano e um companheiro exigente, contribuiram para formação de sua personalidade e o conteúdo literário de suas obras. Foram as críticas exigentes de Hammet que levaram-na a reescrever seu primeiro livro, que acabou se tornando uma importante e renovadora obra para sua época:

- Você quer ser uma escritora séria. É o que gosto em você e para isso trabalhamos. Não sei o que houve, mas rasgue isto. Não é ruim, mas não é bom o bastante. Não para você, diz Dash crítico.

Após esse comentário, Lilly reescreve o livro e pede novamente a opinião de Dash. Ele comenta:

- É a melhor peça dos últimos anos, diz ele.
- Tem certeza? pergunta ela.
- Absoluta, responde Dash.
- Mas tem certeza? duvida Lilly.

Os 30 anos que viveu com Dash foram anos plenos de trabalho intelectual e criação literária. A relação extra oficial que mantiveram durante tanto tempo tinha um caráter de companheirismo, não existindo qualquer cobrança amorosa ou obrigatoriedade de convivência conjugal. Separaram-se muitas vezes por motivos de trabalho, mas voltavam a se reunir assim que os compromissos mútuos permitissem. Essa relação seguia um padrão paternal, já que Dash, sendo muito mais velho e experiente, fazia o papel de um pai que, admirando a inteligência da filha, queria sua completa realização na vida, interferindo sempre de uma maneira racional, sem apelo sentimentais e cobranças emocionais. Lillian por seu lado, correspondia a essa expectativa, já que seu padrão feminino mais independente e racional não toleraria uma relação amorosa, emocional e dependente. O relacionamento de ambos fluía muito bem porque existia um respeito e admiração mútuos. Segundo Jung, esse tipo de mulher que se aproxima muito do padrão do complexo materno negativo, enfrenta algumas dificuldades: "ou a sexualidade não funciona, ou não quer ter filhos, ou os deveres maternos lhe são insuportáveis ou ainda a vida matrimonial em comum lhe provoca impaciência e irritação."[137]

Lillian é autocentrada, autodeterminada, intelectualmente criativa e seu padrão feminino é muito semelhante ao da deusa Atena, herdeira da sabedoria e estratégia do pai Zeus e da mãe Métis. Lillian é possuidora também de um poder de atração e sedução que surge em determinadas circunstâncias de sua vida. Sua figura miúda, atraente, aparentemente frágil, em nada lembra a encouraçada Atena. A sedução que Lillian demonstra aparece na sua fase mais madura, quando se torna uma mulher segura de si, de seu valor profissional e artístico.

O sucesso profissional de Lillian como escritora veio com a encenação de sua primeira peça teatral em Nova York, ainda que continuasse trabalhando arduamente. Sua ligação com Dash, ao mesmo tempo intelectual e amorosa, é o grande pilar que sustenta seu equilíbrio pessoal, mas a eterna lembrança de Julia permanece intocável. Fica sabendo por uma amiga que Julia continuava em Viena, trabalhando política e revolucionariamente contra o fascismo e resolve visitá-la na sua passagem pela Europa para participar de um festival de teatro em Moscou. Já em Paris, recebe a visita de um amigo de Julia, Johann, que lhe trás um bilhete da amiga. O bilhete diz: "Esse é meu amigo, Johann. Ele dirá o que preciso. Mas não sinta-se obrigada. Se não puder, tudo bem ... não é desonra. Amor, Julia". Johann lhe explica que Julia precisa que ela leve pessoalmente à Berlim 50.000 dólares que seriam usados para libertação de companheiros presos pelo regime nazista. Fala ainda que o movimento do qual Julia participa não possui crença ou religião, mas tem um objetivo político e revolucionário e menciona a estratégia que Lilly deveria seguir para chegar até Moscou via Berlim. Lilly pede um tempo para pensar mas decide ir ao encontro da amiga naquela mesma noite. Já no trem, cansada, adormece e voltando ao passado, sonha que Julia

[137] idem, ibidem, p. 84

lhe mostra o bilhete que recebera de um admirador, dizendo: "Quando em seda minha Julia vai então penso, o quão doce é a liquefação do seu vestido. Enquanto meu olhar percebeu a livre vibração ... o tal brilho me aprisionou". Lillian admirava a amiga de tal forma que até sonhava com ela, imaginando-a sempre bela e sedutora.

Lilly finalmente chega a Berlim, onde recebe outro recado de Julia indicando o lugar onde deveriam se encontrar. Conversam pela última vez, sentadas à mesa de um café próximo à estação de trem:

- Bom, Bom! Pedi caviar. Para celebrar. Albert foi buscar. Veja só! diz Julia.
- Diga-me o que dizer, responde Lilly sem saber o que falar.
- Está tudo bem. Nada vai acontecer agora, diz Julia tentando encorajar a amiga.
- Quanto tempo temos? pergunta Lilly.
- Não muito, responde Julia.
- Ainda continua muito especial. Por que as muletas? indaga Lilly.
- Tenho uma perna mecânica. Nada de lágrimas, Lilly, explica Julia.
- Sinto muito, diz Lilly penalizada.
- As coisas são como são. Está feito, responde Julia enfaticamente.
- Quando? pergunta Lilly.
- Você estava lá. Em Viena. Não chore, diz Julia.
- Desculpe, responde Lilly.
- Seus dedos estão gelados, diz Julia beijando a mão da amiga.
- Eles pegaram os bombons. Um homem e uma mulher, comenta Lilly.
- Isto mesmo. Está tudo bem, diz Julia. - Agora quero que tire o chapéu ... como se você sentisse calor. Lilly ouça-me! Você está ouvindo? comanda Julia.
- Eu estou ouvindo, diz Lilly secando as lágrimas.
- Tire o chapéu. Penteie-se e ponha o chapéu entre nós. Faça como digo, impõe Julia. - Com quem estava em Paris? Amigos? pergunta ela tentando contornar a situação.
- Amigos. Mas não sabem de nada, diz Lilly apavorada.
- Pegue o pente, manda Julia.
- Ainda carrego coisas demais, diz Lilly olhando dentro de sua bolsa.
- Está ali, diz Julia mostrando a ela o pente. - Pegue e use! avisa Julia.
- Está bonita. Li sua peça, diz, escondendo o chapéu dentro do seu casaco.
- Você gostou? pergunta Lilly.
- Estou orgulhosa de você. É sensacional! comenta Julia.
- A segunda peça foi um fracasso, diz Lilly conformada.
- Ouvi dizer. Está escrevendo a terceira? pergunta Julia curiosa.
- Estou, responde Lilly.

- Vou ao toalete. Venha comigo, diz Julia pegando as muletas. - Se o garçom tentar ajudar, dispense-o. Posso fazer isto, diz levantando-se.
- Esta perna não encaixa bem. Era de outra pessoa. Tem até iniciais, diz ironicamente Julia.
- Meu Deus! diz Lilly horrorizada.
- Sorria. Pode fingir? diz Julia indo para o banheiro.
- Muito obrigada, diz ao garçom que chega com o caviar apresentando-o à amiga - Albert, esta é a minha melhor amiga, comenta olhando para Lilly. - Você também, diz olhando-o.
- Os banheiros alemães são tão limpos! comenta Julia ao sair. - Mais que os nossos. Principalmente sob o novo regime, diz ironicamente.
- Foi mais que uma boa amiga. Fez algo importante. Podemos salvar 500 pessoas. Talvez mil, se pudermos barganhar, completa ela.
- Judeus? pergunta Lilly.
- Metade são judeus. Pessoas politizadas. Faremos hoje o que pudermos hoje. E hoje você fez por nós. Quer algo mais forte? pergunta à amiga, notando o seu nervosismo. Enquanto se serve, pergunta: Tem uma foto de Hammet?
- Tenho uma. Escrevi sobre ele. Recebeu a carta? Recebeu minhas cartas? pergunta Lilly.
- Algumas, responde Julia. Gosto do rosto, diz olhando a foto. - Como ele é?
- É fantástico e difícil. A convivência não é fácil. Não sei descrever. É um americano extraordinário. Quero que o conheça, diz Lilly estusiasmada.
- Eu também, confirma Julia. - Vou para Nova York.
- Quando? pergunta Lilly.
- Em alguns meses. Vou ver uma perna melhor. Temos que falar rápido. Não há muito tempo. Preciso de outro favor. Tenho um bebê ... Vou levá-la comigo quando for a Nova York. Quero deixá-la com você, notifica Julia.
- Uma garotinha? Onde ela está? pergunta interessada Lilly.
- Na Alsácia. Com a família de um padeiro. Vejo-a quando passo por lá. Mas deve sair da Europa. Aqui não é lugar para bebês, diz Julia mostrando a foto.
- Como se chama? indaga Lilly.
- Lilly. Ela é gordinha, bonita e saudável. Tem quase um ano. E nem ligo se é parecida com minha mãe, diz rindo.
- Cuidarei dela, afirma Lilly.
- Não será por muito tempo. Devo sair daqui. As muletas me denunciam. Não se preocupe com nada. Terá dinheiro, diz Julia.
- Isso não importa, você sabe, diz Lilly enquanto as lágrimas continuam a cair.

- O pai não vai aborrecer-nos. Não quer saber nada de nós. Nem sei por que fiz isso. Não ligo. O bebê é ótimo, diz Julia olhando compreensivamente para a amiga.
- O que é isto? Por quê? pergunta Lilly enraivecida.
- É tão brava quanto era em criança? pergunta Julia carinhosamente.
- Sim, tento não ser, mas é inútil, responde Lilly.
- Gosto da sua fúria, afirma Julia.
- Você é a única que gosta, comenta Lilly.
- Não deixe que lhe tirem isso, fala mudando de assunto. - O homem que cuidará de você está na rua, diz tristemente. - Ele vai embarcá-la em segurança. Outra pessoa permanecerá com você até Varsóvia amanhã de manhã.
- Não vou deixá-la. Quero mais alguns minutos, diz tristemente Lilly.
- Não, algo ainda pode dar errado. Não confiamos em mais ninguém. Agora quero que se levante. Pegue o chapéu. Escute! Ponha o chapéu novamente. Diga adeus e vá embora, continua Julia.

Lillian se levanta e antes de sair diz à amiga:
- Cuidarei de Lilly. Será maravilhoso, confirma Lillian.
- Ponha o seu chapéu, diz Julia entregando-o. - Ponha o chápeu, repete ela. - Minha grande amiga. Vá! fala baixinho, encorajando-a a partir.

Lillian finalmente se despede e segue para Moscou, quando dias depois recebe uma mensagem avisando que Julia havia morrido e pedindo que providenciasse seu enterro. É informada ainda que o corpo se encontrava em Londres levado por amigos. Ela segue para lá e recebe a cinzas de Julia juntamente com uma carta onde um companheiro de luta relata os detalhes de sua morte.

Júlia morreu como uma heroína, uma guerreira que se sacrifica em nome de uma causa, de seus ideais de justiça e fraternindade. O seu padrão é o da deusa Ártemis, determinada e independente, agindo sempre corajosamente e colocando a causa antes de sua vida pessoal. Nem mesmo a maternidade consegue afastá-la da sua luta. Este elo com o feminino perde-se no tempo e no espaço, já que a filha permanece desconhecida e distante de todos. Vê os homens apenas como companheiros e a própria maternidade acabou sendo apenas um "acidente".

Lillian resolve então procurar o bebê da amiga, ainda que tivesse apenas informações imprecisas a respeito do seu paradeiro. Depois de procurar exaustivamente, volta ao Estados Unidos desconsolada e sem conseguir encontrá-lo. Nunca mais teve notícias da pequena Lilly, permanecendo para sempre a dúvida sobre uma provável morte. Lillian nunca se perdoou por isso. Num de seus inúmeros pesadelos, acordando assustada e não conseguindo mais dormir, conversa com Dash:

- Nunca quiseram encontrar o bebê, afirma Dash sobre a atitude da família de Julia.
- Mas eu queria tanto, choraminga Lilly.
- Você tentou, diz Dash tentando acalmá-la.
- Não o bastante, responde Lilly furiosa consigo mesma.
- Contratou detetives, advogados. Fez o que pode, continua Dash.
- Eu não sei, fala Lilly, duvidando dessa afirmação.
- Não queriam o bebê. Só o dinheiro, e conseguiram, continua afirmando Dash.
- Os cretinos! blasfema Lilly.
- Esqueça! Há uma guerra por lá, diz Dash tentanto consolá-la.
- Talvez o bebê ainda esteja vivo, argumenta Lilly acreditando nessa possibilidade.
- O bebê está morto, responde agressivamente Dash.
- Não acredito, você não sabe! diz Lilly, não querendo acreditar nessa afirmação.
- Lillian, o bebê está morto! Julia se foi, acabou! diz Dash finalizando o assunto.
- Quando você morrer, quer que eu faça isso? questiona Lilly.
- Vou enterrar você. Talvez não, você é teimosa, afirma Dash jocosamente.

O filme acaba neste momento e uma voz ao longe diz: "Hammet não me enterrou. Vivemos mais ou menos juntos por .... 30 anos. Eu continuei por muitos anos. Às vezes bem, não sempre. Ele tinha razão. Sou teimosa. Não esquecerei nenhum deles. Ninguém."

4. Conclusão

Nos filmes analisados, trabalhamos mais detalhadamente os padrões femininos que seguem os modelos das deusas Démeter, Perséfone, Hera, Ártemis e Atena. O padrão Afrodite não aparece como modelo principal e específico de nenhuma das personagens femininas. Ela entra, porém, com sua faceta mais positiva, que é de servir de inspiração e dar condições para desenvolver no homem amado a sua anima. De todas as personagens, somente Anna, em *Perdas e Danos*, incorpora a faceta negativa de Afrodite: a de usar sexo e paixão como fontes de dominação do parceiro, faceta esta que interfere sempre e instintivamente onde houver a inconsciência. Anna age sobre Stephen pertubando sua perigosa comodidade masculina, que muitas vezes é interpretada como fidelidade.

Num caso normal, o Eros de uma mulher serve como instrumento para arrancar o homem do mundo materno, criando nele a possibilidade de penetrar no seu mundo emocional, que é a fonte de todo o processo de conscientização. Nesses casos, tanto ela quanto ele são afetados e consequentemente transformados e purificados. Este é o caso de Ada e Baines, personagens do filme *O Piano*, que conseguem se conscientizar. Ada passa então a ser, para ele, um instrumento de liberação e salvação. No caso de Anna, sua própria inconsciência levou-a trilhar caminhos onde ela sucumbiu ferida pela sua própria espada, ferindo todos que com ela se relacionaram.

Nos outros filmes analisados, *Tomates Verdes Fritos* e *Julia*, o padrão Afrodite não aparece explicitamente, ainda que, no segundo, Lillian consiga incorporar esse padrão à medida que amadurece. Quanto às personagens Idgie e Ruth, elas também encontram no amor, ainda que homossexual, o caminho de crescimento pessoal que as leva à transformação. A Sra. Threadgoode e Evelyn também são tocadas pelo amor, na medida em que entre elas se estabelece uma troca emocional de carinho e respeito.

O modelo Deméter aparece de forma difusa em todas as histórias. Ingrid, a mãe de Martyn, é a que mais se aproxima do caráter nutridor da deusa. Quanto à Eva, mãe de Anna, ela representa a face negativa da deusa, na medida em que estabelece um vínculo mórbido com a filha, construído a partir do suicídio de Aston. Ruth, em *Tomates Verdes Fritos*, mostra-se uma boa mãe e a maternidade é um dos fatores que a faz lutar pela vida e criar a sua independência. Idgie, por seu lado, adota o papel de madrinha do pequeno Buddy Jr., uma maneira de assumir um papel feminino. Ada em *O Piano* enfrenta a maternidade de uma forma diferente, talvez seguindo mais o modelo de Leto (mãe de Artemis), a mãe que ao ter dependido de sua mãe, transfere essa dependência para a filha. Ainda que ao entrar em um processo de transformação pessoal, se liberte dessa dupla dependência, pos-sibilitando a Flora, sua filha, ser apenas uma menina.

V

As Faces do Feminino na Propaganda

O mundo inteiro é um palco, e todos os homens e mulheres são atores. Eles têm suas entradas e saídas, e um homem em sua existência representa muitos papéis.

William Shakespeare

A propaganda também é um tipo de discurso que utiliza a linguagem simbólica, desta vez com objetivos mais utilitários. Sua meta é criar uma imagem favorável do produto abordado, atingindo o público-alvo e promovendo um incremento de vendas. Para tanto usa muito o apelo da imagem e dos símbolos, mas pegando apenas sua camada mais superficial e mais consciente. Por isso, dificilmente vamos entrar no campo das sombras, da negatividade, já que se procura uma comunicação mais leve do que aquela proposta pelo cinema. Basta pensarmos no tempo dedicado à mensagem para constatarmos a diferença de tratamento: em apenas 30 segundos não é possível chegar a uma camada mais profunda do símbolo.

Na propaganda espera-se eficiência e não necessariamente genialidade, embora as peças publicitárias possam ser extremamente criativas e também ativar símbolos coletivos. Aliás, serão estas que provavelmente deixarão marcas na história da produção publicitária. Essas propagandas lançarão as raízes do seu apelo para dentro do inconsciente coletivo e tocarão o fascínio que as expectativas de crescimento pessoal com satisfação e realização exercem sobre todos os seres humanos.

O objetivo básico da propaganda é atrair a atenção do consumidor para um determinado produto, fazer com que esse consumidor se identifique com ele e passe a incorporá-lo ao seu rol de compras. Estamos com isso trabalhando a imagem não só do produto, como também explorando o potencial de atração que exerce sobre o comprador. Ao tocar na imagem, estaremos fatalmente adentrando o mundo das expectativas e dos sonhos de realização de cada um.

Começamos a tocar nas teclas do mundo subjetivo, cujo acesso se dá pelo simbólico.

É preciso, portanto, entender e respeitar esse consumidor e não imaginar que ele pode ser facilmente manipulável, funcionando como uma espécie de marionete nas mãos (ou melhor, mentes) habilidosas dos publicitários. Como bem coloca Vera Aldrighi, "O consumidor não é uma mente vazia que passivamente registra idéias e aprende as lições que o anunciante quis transmitir. Ele interpreta a mensagem recebida de acordo com os seus valores culturais, linguagem, escolaridade, condição sócio-econômica e experiência, suas condições físicas e emocionais. Assim, a comunicação interage com elementos bem estruturados, conhecidos e desconhecidos. O consumidor é ativo, seletivo, defensivo e até criativo, quando processa a informação recebida. Retém o que mais lhe interessa, muda o significado do que não entende, acrescenta o que sente falta, elimina o que lhe constrange ou incomoda, esquece o que não lhe diz respeito. Faz relações e associações conforme a sua vontade, desdobra e enriquece os significados de acordo com a sua imaginação. A mensagem publicitária, portanto, se reorganiza aos olhos do consumidor. E por melhor que tenha sido planejado o conteúdo da comunicação, o resultado está sempre sujeito a efeitos inesperados. Surpreendentemente bons ou ruins."[138]

Penetrar nesse mundo de expectativas do consumidor é, portanto, o grande desafio. Existem várias portas de acesso. Podemos citar, dentre outras: pela razão (explicando os porquês); pela emoção (compartilhando sentimentos); pelo humor (a leveza, o descompromisso, a crítica engraçada); pelo sonho (a projeção de uma imagem ou momento favorável, muitas vezes inatingível, mas desejável).

[138] Ribeiro, *Tudo o que Você Queria Saber sobre Propaganda e que Niguém Teve Paciência para Explicar*, p. 80

A. Simbolismo e Linguagem Publicitária

A partir dos arquétipos do inconsciente coletivo são criadas expectativas, quanto a costumes e idéias típicas de um grupo em um determinado momento histórico. É como se estivéssemos apenas atualizando uma velha história, com novos atores, novo cenário, novos figurinos. A sua "atualização" é feita através do símbolo, que encerra em si as duas vertentes opostas de compreensão e vivência. Para Jolande Jacobi "como unificador de antagonismos, o símbolo é uma inteireza que não pode nunca se dirigir a uma única capacidade do homem, como, por exemplo, ao seu raciocínio ou exclusivamente ao seu intelecto, mas sempre solicita a nossa totalidade, afeta todas as nossas quatro funções a um só tempo e as leva a ressoar. Como 'imagem', o símbolo tem um caráter de chamariz e estimula todo o ser do homem no sentido de uma reação integral: o seu pensamento e o seu sentimento, os seus sentidos e a sua totalidade participam, e não é, como muitos pensam erroneamente, o caso de que uma única das funções seja atualizada"[139]

A criação de uma propaganda é sempre antecedida pelo levantamento das informações básicas sobre o produto a ser anunciado, o público-alvo a ser atingido e o posicionamento do mercado. Por posicionamento de mercado leia-se micro-ambiente e macro-ambiente. Na análise do micro-ambiente são revistos a concorrência, seus preços, pontos de venda, distribuição, informação, além de abordar, é claro, o consumidor. Já a análise do macro-ambiente envolve o estudo sobre a situação sócio-econômica do país, o aspecto cultural e às vezes até mesmo o aspecto político.

Começa-se pela discussão do *briefing* fornecido pelo cliente, partindo então para uma eventual leitura de pesquisas desenvolvidas anteriormente sobre o produto e/ou mercado, verificando a percepção já existente, detetando pontos fortes a serem mantidos e pontos fracos a serem reavaliados e trabalhados de forma diferente.

A análise mitológica poderia entrar de formas diversas e em momentos diversos do planejamento publicitário:

- Ela pode entrar na determinação da estratégia de *Copy*, ou seja, na definição da imagem desejada para o produto, no benefício básico a ser desenvolvido para ele, na razão de compra (*Reason why*) e até na discussão dos problemas que a propaganda terá que resolver.

---

[139] Jacobi, *Complexo, Arquétipo, Símbolo*, p. 83

- Ela também pode ser utilizada na análise básica e histórica daquele mercado, definindo a linha comportamental utilizada até então, para verificar sua adequação ou não ao produto.

Novas pesquisas poderão então ser feitas para testar a nova hipótese de posicionamento. Por serem símbolos poderosos que trazem em si uma série de leituras, uma gradação de posturas de comportamento que vão do construtivo ao destrutivo, os mitos acabam se transformando em recursos eficientes para se chegar a um eixo central, a uma essência do produto analisado. Para nós o que importa é descobrir nesse leque de possibilidades, quais as que são mais adequadas.

Aqui vale um alerta. Não existem tipos humanos puros e este talvez seja um dos erros mais frequentes que levam a uma visão excessivamente estereotipada dos consumidores, podendo fazer com que rejeitem a comunicação e não se identifiquem nem com ela nem com o produto.

A título de ilustração, imaginemos uma campanha para margarina. Como se trata de um produto alimentar, certamente estaremos entrando no âmbito de Deméter, a provedora de alimentos. Este é um mito que se encontra na base do produto e as preocupações de Deméter têm que estar, de alguma forma, incluídas no discurso a ser utilizado. Entretanto, se o público a ser atingido é o de mulheres preocupadas com a saúde e a 'saudabilidade' do produto, é preciso incorporar elementos do discurso de Ártemis, tais como menor valor calórico, mais leveza nos pratos preparados, etc.

Vemos uma semelhança entre esta nossa visão sobre o acionamento de arquétipos do inconsciente coletivo, expressos através da linguagem simbólica dos mitos, e a idéia de matriz proposta por Júlio Ribeiro. Diz ele "Todos nós temos no interior uma matriz ideal de nós mesmos. Para alguns é o poder (Hitler, por exemplo), para outros é o amor (Giacomo Casanova), para outros é o dinheiro (Tio Patinhas). Várias são as matrizes. Toda vez que o mundo externo apresenta uma situação que corresponda à matriz interna da pessoa, ela experimenta grande prazer. Atrás dessas situações e desse prazer, todos nós andamos. Como as situações reais de correspondência vividas são um tanto raras, aceitamos muitas vezes objetos-símbolos dessas situações. Se não posso ter um carro esporte, meto um volante de Porsche no meu Volkswagen."[140]

Quando utilizamos a linguagem da propaganda, observamos que o foco em cada uma das mídias é diferente. A opção por uma ou outra pode ser influenciada pela maneira como a pessoa se liga com o

---

[140] Ribeiro, *Tudo o que Você Queria Saber sobre Propaganda e que Niguém Teve Paciência para Explicar*, p. 28

mundo. Em outras palavras, depende da função predominante da pessoa. Se a função predominante é o pensamento, a pessoa privilegia a mensagem escrita, o jogo das palavras, as metáforas trabalhadas. Para essas pessoas a vida é determinada por conclusões racionais, baseadas em fatos ou idéias desenvolvidas de forma pessoal. Se a função predominante é o sentimento, então o apelo é emocional, as lembranças evocadas por uma cena, até mesmo por uma palavra rica em conteúdo simbólico. O presente é construído a partir da comparação com lembranças do passado. Se a função predominante é a sensação, então o que se privilegia é a vivência sensorial que é então processada através do pensamento ou sentimento. É o corpo e as suas sensações que definem a aceitação ou rejeição das mensagens. Se a função predominante é a intuição, o que interessa é a possibilidade futura, constatando as similaridades entre o que está acontecendo e o que pode vir a acontecer. Os intuitivos vivem mais num estado de sonho, buscando o devir a partir do que já é. Aqui sugere-se o que poderá acontecer, sem no entanto criar um cenário muito pronto e definitivo.

A mídia televisiva vale-se predominantemente da imagem e, ao colocá-la em movimento, imprime vida às mensagens, falando diretamente ao inconsciente e usando uma "linguagem" mais acessível ao ser humano, utilizando a recursos visuais e sonoros que evocam o símbolo. A percepção é amplificada, já que se recorre a outros canais, usando-se um número maior de sentidos. É importante lembrar que antes de escrever ou conceituar, o homem procura a representação pela imagem. A tela concreta e a imagem que aparece através da televisão ou do cinema funcionam como projeções das imagens internas e vivas, mergulhadas nos domínios da nossa psique. Mas é interessante notar que a atitude do espectador é mais passiva, pois a imagem já está pronta e em movimento. Há, portanto, pouco espaço para que seja construída uma imagem própria, personalizada. Aumenta também o risco de banalização, quando a exposição é excessiva. Mesmo quando se recorre a símbolos poderosos, se houver uma veiculação intensa, haverá uma tendência de se esvaziar a sua riqueza imagética e apelativa.

Já a mídia impressa pode também valer-se da imagem, mas desta vez fotográfica, parada, "congelada", além de privilegiar o conteúdo simbólico da palavra. O signo pode ser trabalhado em sua condição bipartite (que contém o seu significante - estrutura e significado - conceito) ou tripartite (nas concepções mais modernas de signo, onde o observador é parte integrante na formação do conceito), abordando diretamente o lado racional. Recorre-se ao jogo de palavras, ao humor, às metáforas que acompanham e complementam a figura congelada. Apela-se aqui mais para a capacidade humana de recordar-se de imagens do passado e para o processo associativo entre as imagens presentes e as experiências já introjetadas. Surge, então, uma oportunidade para a criação própria do mundo imaginário do observador, havendo um maior esforço da sua parte para integrar valores pessoais. A imagem que surge é, portanto, mais personalizada.

Por fim, a mídia radiofônica traz apenas a presença conceitual das mensagens, criando ou gerando imagens internas. É uma mensagem que se reporta a um conteúdo imagético do indivíduo e que tem um apelo mais forte para as pessoas que possuem uma maior facilidade em criar as próprias imagens, não se contentando em ter uma postura mais passiva diante de uma imagem já pronta. Este tipo de veiculação torna-se mais forte quando se dá acoplada à utilização dos outros meios já mencionados, com destaque principal à música, à musicalidade ou ao humor do texto. Aqui funciona basicamente o caráter empático, de identificação com a música de fundo ou com o *jingle*, que transporta o ouvinte para o seu mundo interior de expectativas e sonhos, o que lhe permite gerar as próprias imagens. Clarissa Estés, fala que "a música, da mesma forma que o tambor, cria uma consciência não-ordinária, um estado de transe, um estado de oração. Todos os seres humanos e muitos animais são suscetíveis a ter sua consciência alterada pelo som. Certos sons, como uma torneira pingando ou a buzina de um carro, pode tornar-nos ansiosos e até com raiva. Outros sons, como o barulho do mar ou do vento balançando as árvores, enchem-nos de uma sensação boa. (...) A palavra pneuma (respiração) compartilha a sua origem com a palavra psyche; ambas são consideradas palavras para a alma. Assim, quando há música em um conto ou mito, sabemos que os deuses estão sendo chamados para assoprar sua sabedoria e poder sobre o assunto em pauta. Sabemos, então que as forças estão trabalhando no mundo do espírito, a alma trabalhadora e criadora."[141]

É importante enfatizar que, quando evocam as imagens arquetípicas, os publicitários não o fazem de forma deliberada e sim inconsciente. Como coloca Jolande Jacobi, "Os símbolos jamais são inventados conscientemente; nascem espontaneamente. Não se trata aqui de matéria racional e tampouco de vontade, mas de um 'processo de desenvolvimento psíquico que se expressa em símbolos.'"[142] Em nosso trabalho de campo pudemos constatar isto com muita clareza. De uma certa forma, houve uma postura defensiva por parte de alguns criadores com quem tivemos contato, como se estivéssemos invadindo o seu campo particular de produção e tentando diminuir sua participação ou interferindo na maneira como produziam seu trabalho. A

[141] Estés, *Woman Who Run with Wolves*, p. 160

[142] Jacobi, *Complexo, Arquétipo, Símbolo*, p. 96

intenção de nossa pesquisa nunca foi promover essa interferência, apenas constatar a capacidade que os criadores têm de penetrar nesse mundo simbólico, transformando-se numa espécie de porta-vozes de aspirações conscientes ou inconscientes do público. Jolande Jacobi chega a mencionar expressamente esse papel do artista quando fala que: "Além do papel e do significado que o complexo e o símbolo possuem nos doentes e nos sãos, é preciso assinalar ainda a sua função num terceiro grupo de indivíduos: os criativos, os artistas. Para estes últimos, eles não representam material de uma discussão pessoal a ser aproveitado criativamente para o desenvolvimento da própria psique, mas constituem o motivo e a matéria de seu processo criativo artístico e fazem dele o porta-voz legítimo do indizível, mas eternamente vivo e ativo na alma de toda a humanidade."[143]

Vale aqui trazer o depoimento de um criador, que corrobora esta visão de que o processo criativo "surge" de forma espontânea: "O processo é o mesmo para Einstein, Nélson do Cavaquinho, eu ou você. A mente capta e a sensibilidade entende. E se a solução do problema não pintar? Dê uma lida de novo nas informações e espere. Ela virá. Não tenha medo de perder tempo."[144] Não há possibilidade de se prever se e quando uma idéia genial vai surgir. Pode-se apenas esperar que isto aconteça. O processamento e a combinação das informações simbólicas é feita de forma inconsciente.

Este enfoque mitológico, portanto, funciona muito mais como sugestão de caminhos ou então como avaliação de campanhas. Ele pode trazer mais dados sobre a figura mitológica que foi intuitivamente utilizada ou que é intrínseca a um determinado produto e com isto definir estratégias que estariam condizentes com o que poderíamos chamar de "personalidade" do produto. Sobre este tópico, gostaríamos de citar Vera Aldrighi que, falando sobre pesquisas de posicionamento de marcas coloca que: "Para um resultado efetivo é fundamental que a pesquisa trabalhe com traços de personalidade, isto é, com atributos de imagem que vão além da percepção de características físicas (como "bonita" ou "durável") ou funcionais (como "eficiente" ou "prática"). Os traços de personalidade são percepções subjetivas de valores mais abstratos que criam certa mística em torno das marcas (como a tradição, a modernidade, a sofisticação, a confiabilidade, o prestígio social, a honestidade, a nacionalidade ou internacionalidade, etc.) que podem auxiliar a criar publicitariamente uma individualidade para marcas objetivamente pouco diferenciadas."[145]

---

[143] idem, ibidem, p. 110

[144] Ribeiro, *Tudo o que Você Queria Saber sobre Propaganda e Ninguém Teve Paciência para Explicar*, p. 37

[145] idem, ibidem, p. 85

O estudo mitológico do produto ou a análise do personagem utilizado na propaganda, para verificação da existência de uma ligação interna e intrínseca com o produto anunciado, traz uma outra possibilidade de reflexão, esta sim inovadora. Existe a possibilidade de se alertar sobre o lado mais obscuro e potencialmente negativo que pode ser apreendido através do personagem ou símbolo utilizado. Não podemos nos esquecer do aspecto dual do símbolo, de sua bipolaridade que engloba o potencial iluminador e o destruidor. Não podemos estabelecer *a priori* qual o lado que vamos acionar, pois isto quem define é o público-alvo. Mas, sem dúvida um símbolo ou um mito extremamente atraente para um determinado grupo pode ser potencialmente ameaçador para outro e neste momento é preciso estar em sintonia com o grupo que se quer atingir. Vou dar um exemplo. Dionísio, o deus do vinho e do êxtase, que derruba as convenções e leva as pessoas a um estado de desprendimento, a se sentirem "livres, leves e soltas", é uma figura extremamente atraente para os jovens, mas pode ser completamente rejeitado por um grupo mais tradicional. Com efeito, ele aparece em muitas campanhas que lançam um apelo ao jovem, ou ao lado eternamente jovem das pessoas, mas poderia ser um desastre numa campanha anunciando um produto que é conhecido por sua tradição, confiança ou solidez. Uma campanha que ficou muito conhecida por esse aspecto é a da US TOP, onde um rapaz aparentemente tímido consegue gradativamente a sua ascenção pela sua capacidade de romper com um padrão tradicional e conquistar as boas graças do chefe. É uma transgressão leve, brincalhona.

Para finalizar poderíamos sugerir que a busca do Paraíso Perdido, espaço da felicidade eterna, é o arquétipo básico da propapanga, seu motor, sua motivação mais intrínseca. As mensagens publicitárias parecem sempre indicar caminhos rápidos e curtos para essa felicidade tão almejada, tão plena, a cornucópia mágica de onde jorram a abundância de bens e de realização pessoal.

Vamos nos concentrar nas figuras arquetípicas femininas, agora enfatizando muito mais a maneira como lidam com o seu cotidiano, mostrando aquilo que valorizam ou sonham, e deixando de lado suas dificuldades e questionamentos emocionais, como vimos na parte dedicada ao cinema. Como a propaganda geralmente se concentra em apenas uma faceta do arquétipo, acabamos analisando um grande número de propagandas para discutir as várias facetas de cada deusa.

B. As Deusas e a Propaganda

1. Deméter e o Potencial Gerador de Vida e Proteção

Comecemos com a figura maternal de Deméter. Com seu potencial de fertilidade, é uma figura que consegue criar seu próprio espaço de vida, só que costuma projetar o foco de sua atenção no outro, sempre preocupada com o bem estar daqueles que a cercam. Certamente busca o reconhecimento pelo que proporciona, embora nunca o cobre de forma direta, preferindo manter a sua imagem de "abnegação". Tradicionalmente Deméter era vivida somente no seio da família, na figura da mãe nutridora e zelosa. Hoje em dia a mulher, tendo adentrado no mundo do trabalho, tem levado esse modelo também para o seu novo campo de atividade. É aquela secretária zelosa ou a funcionária que cuida de todos, sempre tendo uma receita de chá para qualquer problema que surge. É também aquela profissional que defende com unhas e dentes seus projetos e/ou seus funcionários (seus "filhos"). Quando não consegue espontaneamente o reconhecimento desejado, acaba dando um jeito de obtê-lo, mesmo que tenha que adotar certos artifícios. A chantagem emocional é apenas o recurso mais tradicional, mas por ser uma pessoa criativa, pode introduzir outras técnicas a fim de conseguir chamar a atenção.

Analisamos alguns filmes publicitários que trazem as suas facetas positivas e também o seu aspecto mais sombrio.

- **A Maternal,**

Título: A Linguagem do Amor
Cliente: Johnson & Johnson
Produto: Linha Infantil Johnson
Agência: MPM Lintas

Nesta propaganda da Johnson observamos a emoção e a expectativa que giram em torno do entrar em contato com a maternidade. Há um foco nos olhos e gestos da mãe, onde estão expressos sua atitude positiva diante do universo que se descortina a partir da chegada do bebê. Esta tão decantada emoção sinaliza o início do período de dedicação aos filhos e antecede o comportamento projetivo de viver através deles. Aliás, estes são dois

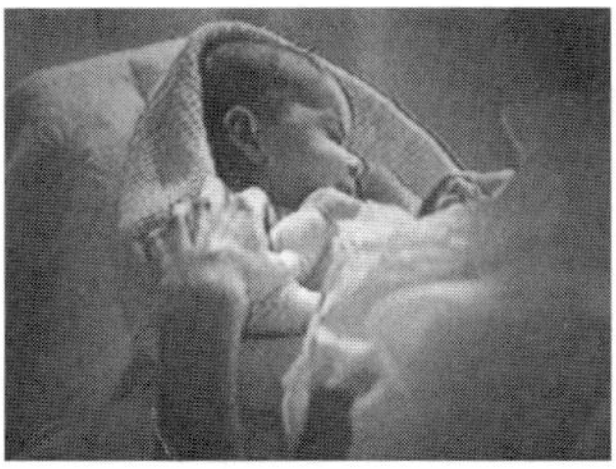

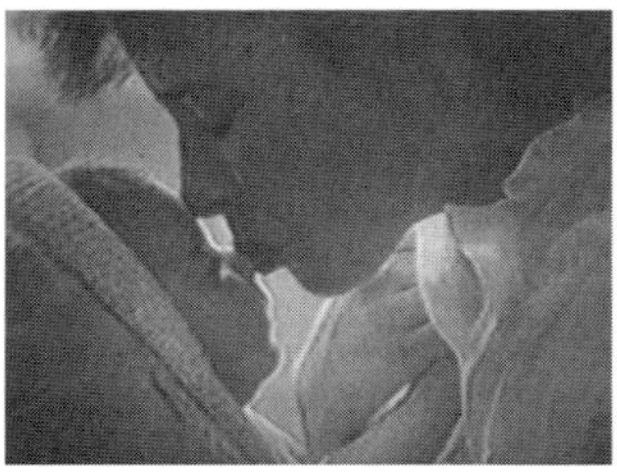

pontos muito enfatizados e reforçados na visão mais tradicional em termos de papéis sociais. O lar é o tradicional cenário da atuação feminina e falar dos filhos e do marido (tratado como filho) é o seu principal assunto. É importante também notar o ambiente mostrado no filme - claro, luminoso - e a música envolvente. O convite para a celebração é claro:

"Venham todos meus amigos,
Vamos todos festejar.
O neném mais bonitinho que acaba de chegar.
É benvinda se é Maria, é benvindo se é João.
Tenho todo meu amor, meu carinho na palma da minha mão."
(Locutor) Fale com ele do jeito que ele entende, com seu carinho e Johnson & Johnson

É muito difícil ficar indiferente diante do quadro que surge à nossa frente. Deméter certamente tinha essa dimensão de realização através da maternidade, o que é confirmado pelo seu papel como protetora dos filhotes e como a deusa que regia a agricultura, provedora do alimento necessário para a sobrevivência humana. A vida, neste momento, está totalmente concentrada no pequeno ser que a mãe carrega em seus braços. Há o maravilhamento diante do milagre da vida que se reproduz e que marca a plenitude da mulher, capaz de ser o veículo para a continuidade da espécie. Foi esta admiração pela vida, que surge do feminino, que promoveu as antigas religiões baseadas na Grande Deusa, na mãe ctônica que tinha o poder de vida e de morte sobre seus filhos. É certamente uma imagem poderosa e de cuja atração dificilmente conseguimos escapar. Esta é a âncora do mundo feminino, a confirmação do seu poder criativo, que pode, no entanto, tomar rumos diferentes, como já foi discutido anteriormente

- **A Pequena Deméter**

Título: Menina
Cliente: Brinquedos Estrela
Produto: Boneca Mamadinha
Agência: Grupo Ogilvy & Mather

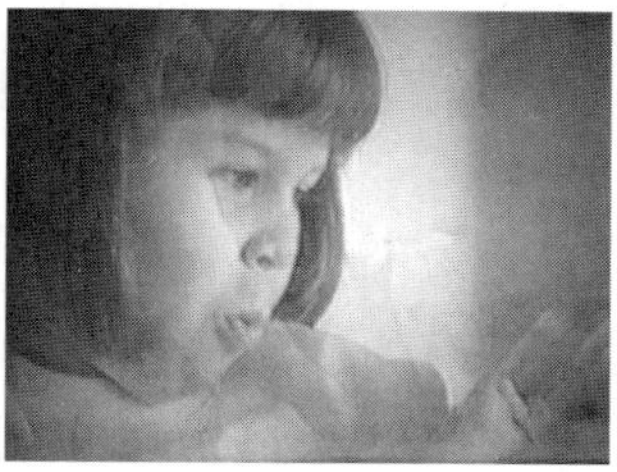

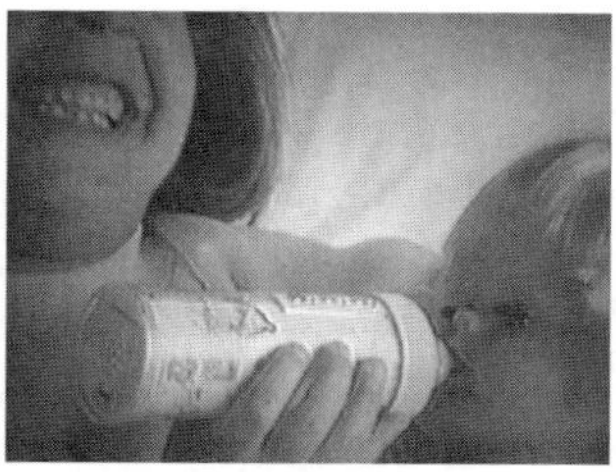

Qualquer padrão arquetípico começa a se delinear na infância, com dois encaminhamentos possíveis. Quando a família compreende e estimula o comportamento infantil, fica fácil para a criança desenvolver sobretudo as facetas positivas do modelo. Já no caso de ser coibido, haverá problemas no desenvolvimento da personalidade, com a tentativa de sufocar, ou ao menos esconder determinadas facetas, para evitar brigas e recriminações. Isto é um convite para o comportamento dissimulado e para o desenvolvimento de uma sombra, que acompanhará a pessoa pelo resto de sua vida, a não ser que ela entre num processo consciente de terapia para poder dissolver o conteúdo sombrio, que certamente lhe trará problemas. No caso da propaganda da Mamadinha, temos a menina brincando com a boneca, certamente imitando o comportamento materno, ao mesmo tempo que, inconscientemente, introjeta o papel de mãe, que repetirá quando tiver seus próprios filhos. Ela se mostra preocupada com as necessidades da filha de mentira: verifica se quer mamar, arrotar e dormir. É muito saudável brincar de bonecas, da mesma forma que é ótimo a criança ouvir histórias de fadas, para que possa trabalhar na imaginação os futuros papéis que terá que desenvolver na vida. Além da função lúdica, os brinquedos ajudam a criança a processar a realidade e expressar através deles as suas expectativas e medos, facilitando o processo de socialização e caminhando para uma vida adulta mais saudável. A trilha sonora fala das expectativas da menina quanto à boneca:

> "Quero uma boneca, a mais linda que eu sonhei.
> Que mexa a boquinha quando chupa o dedinho.
> E a mamadeira mágica fazendo barulhinho.
> Que dê uma risadinha e chore um pouquinho.
> Depois de tudo isso como bebê faz,
> Que dê um arrotinho,
> Eu vou achar demais."

O que a menina quer é praticamente um bebê de verdade. Enquanto espera a maternagem, ela brinca de mamãe e filhinha.

- **A Nutridora**

Título: Noite Feliz
Cliente: Sadia
Produto: Peru Sadia
Agência: W/Brasil

Temos aqui um dos domínios prediletos de Deméter: a cozinha, vista num dia especial, de celebração - a noite de Natal. A mulher que segue o padrão Deméter adora festas, comemorações com a família ou amigos que são vistas como manifestações de apreço. A letra da música nos fala da data festiva e da facilidade de preparo (para o padrão Deméter, tudo é fácil, já que faz com gosto):

-Peru de Natal, Peru de Natal - cantam as crianças.

-Como é fácil de fazer - comentam outras mulheres.

-Vem temperado e pronto para assar - explica a mãe

-E com um termômetro para nunca errar - comenta a jovem que observa a mãe preparar a comida.

-É tão suculento e gostoso - diz o coro dos dois meninos.

-Posso repetir? - pergunta um dos convidados

-Isto que é feliz Natal - conclui o velho senhor.

Peru de Natal Sadia, inesquecível, acrescenta o locutor.

-Dá-lhe mamãe, dá-lhe mamãe - incentivam os filhos orgulhosos com a performance materna.

No mito grego, foi ela quem exigiu que fosse construído o seu templo em Elêusis e que se fizesse um festival em sua homenagem. Este acabou se transformando num dos mais importantes de toda a Grécia. O cenário da peça publicitária não poderia ser mais tradicional: temos no mínimo 3 gerações, é uma grande família e todos estão aguardando o momento da ceia. As crianças brincam, as mulheres ajudam no arranjo dos pratos (há até aquelas que estão ali, de nariz torcido, prontas para criticarem a cozinheira, só que não há motivos para críticas, para a grande frustração delas). Fala-se da praticidade do produto (já vem com termômetro para não deixar queimar e já vem temperado, para não desandar no gosto), pois a mulher pode seguir o padrão Deméter e mesmo assim querer usar produtos práticos. De qualquer forma, tudo é feito com muito amor e é evidente a fartura, ambos predicados ligados a esta deusa generosa e provedora. A aprovação dos filhos serve como cena final (Dá-lhe mamãe). A maior gratificação para o padrão Deméter é ver todos satisfeitos, bem alimentados, bem vestidos e sorridentes. A sua generosidade natural faz com que ela possa estendê-la para fora das fronteiras familiares, abrangendo amigos e conhecidos.

- **A que Cuida**

Título: Ela sobre o marido
Cliente: Colgate-Palmolive
Produto: Suavitel
Agência: Young & Rubican

No filme de Suavitel vemos uma mulher que após se preparar para mais um dia de trabalho, observa seu marido se arrumar. Ouvimos os seus pensamentos em *off*. Ficamos assim sabendo da sua preocupação e seus cuidados com as roupas que ele veste, embora duvide que ele se aperceba do seu esforço e trabalho:

"Eu faço questão de usar na roupa dele. É um jeito de estar mais presente, você entende? Eu queria que ele vestisse a camisa e sentisse que eu estou lá, abraçando, fazendo um carinho. Nem sei se ele nota, mas foi por isso que eu adorei os novos perfumes de Suavitel. É, eles parecem comigo. Difícil confessar essas coisa, não?"

Esta postura pode criar uma identificação imediata entre a mulher que aparece na propaganda e a maioria das donas de casa, sempre frustradas na sua expectativa de reconhecimento por parte da família. Ali, naquele instante, pode estar sendo ativado um sentimento coletivo de solidariedade, sentimento este muito presente nas antigas sociedades matriarcais, fundamentadas muito mais no espírito de colaboração do que na competitividade (este, mais do âmbito masculino). Aqui entramos em contato com o cuidado que Deméter dedicava não só à sua filha Perséfone, mas também que temporariamente dirigiu ao filho de Metanira em Elêusis, no período que lá passou, enquanto não encontrava sua filha raptada. Na propaganda, no entanto, esse âmbito do cuidar não é o único espaço de Deméter, já que dá para perceber que a mulher tem vida própria (está pronta para sair, provavelmente para trabalhar). Aborda também uma visão mais plena do amor, com toques de sensualidade (ter-me ali, na camisa que eu lavei com carinho), certamente não trabalhados pela deusa grega, cuja relação com o masculino não era exatamente fácil. Existe, no entanto, uma história de Deméter que fala de uma paixão por ela alimentada pelo titã Iason durante o casamento de Cadmo e Harmonia. Desse momento de paixão nasce Ploutos, o deus da abundância. A personagem central desta propaganda traz o protótipo da mulher moderna, onde ao arquétipo da mãe provedora aliam-se outras facetas de independência e busca de gratificação e reconhecimento pessoal, que não pertenciam ao escopo básico da deusa.

- **A que Apoia**

Título: Mãe
Cliente: Q-Refresko
Produto: Tang
Agência: Grupo Ogilvy & Mather

Aqui temos uma das funções principais de Deméter: o suporte que dá à filha, a segurança que lhe transmite e a compreensão de seu mundo e de suas angústias. Marca muito o olhar que a mãe lança quando a filha passa como um foguete na direção do quarto. Ela sente que surgiu algum problema e prepara as suas armas: o suco, que se transforma no motivo dela entrar no quarto (o santuário dos jovens) e puxar conversa para saber o que aconteceu. Ouve com simpatia a explosão da filha e depois começa a argumentar, deixando que a outra desabafe a frustração, falando com suavidade, sem tentar forçar nenhuma atitude, mas lembrando que a vida é feita de vitórias e de derrotas. No seu discurso está contida a sua sabedoria de vida, fruto da sua experiência, das suas próprias vivências positivas e negativas:

-Posso entrar? pergunta a mãe na porta do quarto.

-O que aconteceu?

-Perdi - responde a filha amuada.

Para quebrar "o clima" a mãe começa a servir o suco,

-Hoje você está aqui (mostra o fundo do copo) e amanhã é outro dia.

-Quando menos esperar estará aqui. (mostra a parte superior) Vamos comemorar a vitória de amanhã?

A filha sorri e aceita fazer o brinde.

Este é o lado mais positivo de Deméter - a guia da filha, que lhe traz segurança, mas que também lhe dá um certo espaço. No seu lado mais sombrio, que não aparece aqui, Deméter pode ser extremamente possessiva e cerceadora da liberdade de agir e pensar dos filhos, a imagem de mãe devoradora que acaba com a personalidade emergente da jovem filha. Só que essa imagem não interessa aqui, já que estamos diante de um produto que tenta valorizar exatamente o lado positivo do conceito família.

- **A Venerada**

Título: Pontos
Cliente: Usina da Barra
Produto: Açúcar da Barra
Agência: DM9 Publicidade Ltda.

Estamos mais uma vez num cenário onde Deméter se sente em casa: a mesa de jantar, onde a família faz uma refeição. A filha trouxe o namorado e a atenção da mãe está voltada para o rapaz, procurando ser atenciosa e simpática com ele, que, por sinal, corresponde totalmente às suas expectativas. Há uma maneira engraçada de falar desse julgamento pelo qual passa o jovem: há uma espécie de caça níqueis onde são registrados os pontos positivos, cada vez que ele faz um elogio ou dá uma resposta que agrada a futura sogra. Primeiro ele fala que nunca comeu uma sobremesa tão gostosa, depois diz que não bebe (Deméter não gosta de "descomedimentos"), finalmente oferece-se para lavar a louça. Nem a namorada acredita em tanta perfeição, como podemos observar pelo olhar incrédulo que ela lança ao rapaz depois do seu último comentário (eu costumo ajudar minha mãe em casa). O padrão Deméter costuma ser muito generoso, muito provedor, sempre procurando agradar à família, o centro de toda a sua vida. Isto, porém, não lhe tira a capacidade de observação e crítica, sobretudo quando se trata de um possível candidato a membro complementar da família. Não nos esqueçamos de que ela é possessiva e que pode recorrer a soluções drásticas para "salvar" a filha de um destino com o qual ela não concorda (talvez por não ter sido ela a defini-lo).

2. Perséfone e a Via Sutil

Perséfone, a filha, já apela para outras facetas do papel feminino, com seu jeito frágil, dependente, que esconde um potencial imenso de crescimento ou de destruição, como bem vimos na análise cinematográfica anterior. O apelo aqui presente é o do mistério, do não revelado que ao mesmo tempo seduz e aterroriza, atrai e destrói. Para confirmar esta natureza apenas sugerida, a maioria dos cenários trabalha com o conceito de penumbra. A música é suave, sutil e convida à introspeção ou à exploração desses domínios desconhecidos. Trazemos outros filmes para mostrar as várias possibilidades desse arquétipo:

- **A Ninfeta**

Título: Marina
Cliente: Valisère
Produto: lingerie
Agência: DM9 Publicidade Ltda.

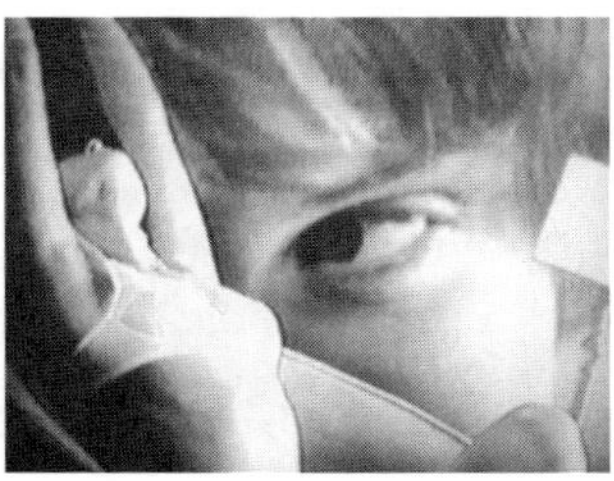

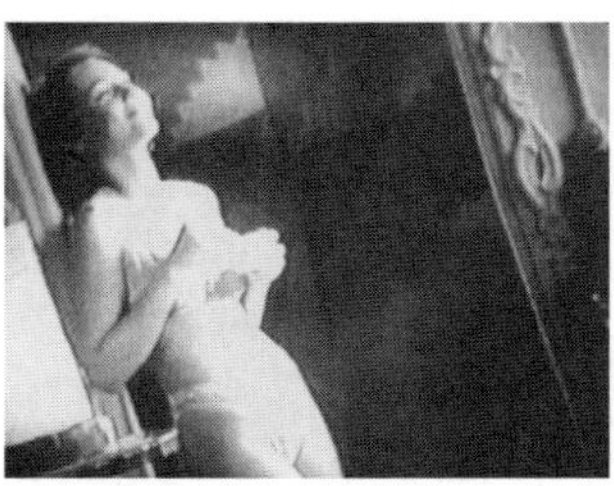

Uma faceta muito trabalhada do padrão Perséfone é a sua jovialidade, aliada à uma sexualidade latente, prestes a aflorar, que estimula a fantasia masculina. Ao mesmo tempo que mostra uma fragilidade, uma insegurança (nem sempre real) diante da vida, a jovem Coré também lança uma mensagem não-verbal, subliminar, de que está pronta para ser iniciada no mundo adulto, disposta a ser moldada pelos desejos masculinos. A sensação que transmite pode ser comparada ao que um artista plástico deve sentir diante da sua matéria prima, que jaz ali, ainda amorfa, pronta para ser transformada numa obra de arte. É a combinação perfeita de inocência e pecado que envolve uma Lolita. O cenário encontrado é sutil e sugestivo, com uma luz esmaecida, que não permite um foco muito definido, com o jogo de plano das imagens, o que estimula a fantasia, o sonho. A música também é convidativa e a letra significativa:

"Menina, bonita desse jeito, um clip perfeito,
Quem é que não quer, ilumina letreiro de neon,
Papel de bombom, brilho de lua,
Corpo de Mulher. Bonito é tudo que rima

Valisère"

Na letra da música entram vários símbolos do âmbito de Perséfone, e de modo geral, do âmbito do feminino: lua, brilho na noite, neon. São muitas ninfetas e muitos olhares diferentes (infantil, assustado, sonhador, matreiro). Todas elas estão prontas para se transformar em mulher, certamente de padrões diferentes. No entanto, neste momento, todas elas compartilham o estado de ser de Perséfone. São mulheres potenciais, esperando o momento de se submeter ao rito de passagem necessário para se tornarem plenas no seu papel de mulher.

- **A Eterna Filha**

Título: Confissões da filha
Cliente: Colgate-Palmolive
Produto: Suavitel
Agência: Young & Rubican

Este filme traz a imagem de uma mulher que ainda mantém traços de pureza infantil, um convite para ser cuidada, seja por uma mãe zelosa ou um possível namorado, que veja nela uma possibilidade de projetar a sua anima, acreditando que vai poder moldá-la até que se encaixe na imagem que tem do feminino. Na propaganda escolhida temos a mãe que chega do trabalho e observa a filha se arrumar para sair, seu rosto revelando um misto de orgulho e preocupação. É a filha que fala em *off*, reconhecendo o cuidado e o amor materno, mas colocando a dificuldade em verbalizar esse reconhecimento e admiração:

"Então você acha que eu só penso em festas, amigas, namorado? Você é uma bobona mesmo. Eu gosto muito de sentir você por perto, na suavidade, no perfume da minha roupa. Nas coisas que você faz. Só que na hora de te falar eu me embanano toda. Ah, será que você não entende?"

Estaríamos aqui, provavelmente diante do quarto tipo de complexo materno, onde a imagem da mãe é poderosa e tem que ser superada, embora aqui não esteja bloqueando o crescimento da filha, dificultando apenas a comunicação verbal. O momento encerra a passagem da dependência da mãe para a exploração do mundo externo, onde provavelmente encontrará o amor e a nova parceria, só que agora com alguém do sexo oposto. A jovem é esbelta e a sensualidade é apenas sugerida. Ainda estamos diante de Coré, antes da sua iniciação no mundo da sexualidade por Hades (o homem), a jovem que ainda não tem experiência e que não conhece plenamente todo o seu potencial de sedução e tampouco a sua sensibilidade e sensitividade, quando atinge a plenitude deste modelo. Aliás, o contato com Coré pode ser apenas um momento de iniciação à vida adulta, pelo qual passa a maioria das jovens. Já o sentido de "guia das almas" fica mais restrito àquelas mulheres que efetivamente encarnam este modelo em toda a sua plenitude.

- **O Artifício da Máscara**

Título: Máscara II
Cliente: Gessy Lever - Divisão Lever
Produto: Caress
Agência: Grupo Ogilvy & Mather

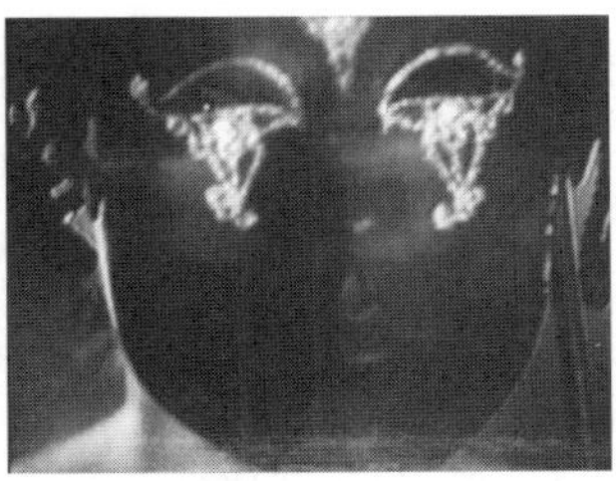

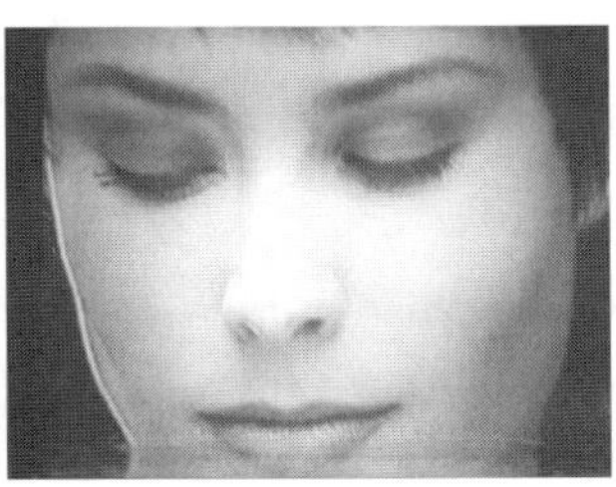

Pode ser muito utilizado por quem assume o arquétipo da eterna filha, que não acredita ser aconselhável revelar-se para o mundo, posicionar-se frente à vida, fazer escolhas. A preferência acaba sendo pelo ocultar-se atrás de uma máscara de indiferença ou ausência, infantilidade ou expressão sonhadora. O interessante é que a máscara é sempre desprovida de olhos próprios, são os olhos de quem a utiliza que vão aparecer, velando e revelando ao mesmo tempo, criando o mistério que seduz e convidando à tentativa de desvendar o oculto. Vamos nos estender um pouco mais neste tópico, já que a máscara contém um simbolismo muito rico e abrangente em termos de tempo e espaço, possuindo uma força arquetípica poderosíssima.

A máscara pode ser usada por uma multiplicidade de intenções, que vão desde ser uma marca de distanciamento até funcionar como instrumento de manipulação ou catarse. No dicionário de símbolos de Jean Chevalier e Allan Gheerbrant encontramos uma diversidade de sentidos para este símbolo, dentre os quais podemos mencionar ser ela "uma modalidade da manifestação do Self universal. (...) a máscara, especialmente sob seus aspectos irreais e animais, é a Face divina e mais particularmente a face do Sol, atravessada pelos raios da luz espiritual (...) Nos ritos de iniciação, a máscara recebe um sentido um tanto diferente. O iniciador mascarado encarna o gênio que instrui os homens; as danças mascaradas insuflam, no adolescente, essa persuasão de que ele morre na sua condição anterior para nascer em sua condição adulta. As máscaras às vezes se revestem de um poder mágico: elas protegem aqueles que as usam contra os malfeitores, os bruxos; inversamente, elas também servem aos membros das sociedades secretas para impor sua vontade assustando. (...) A máscara visa dominar e controlar o mundo invisível. (...) As tradições gregas, assim como as civilizações de Minos e Micenas, conheceram as máscaras rituais das cerimônias e das danças sagradas, as máscaras funerárias, as máscaras votivas, as máscaras de disfarce, as máscaras teatrais. (...) É um símbolo de identificação. O símbolo da máscara se presta a cenas dramáticas em contos, peças, filmes, em que a pessoa se identifica a tal ponto com o seu personagem, com a sua máscara, que não consegue mais se desfazer dela, que não é mais capaz de retirá-la; ela se transforma na imagem representada."

Evidentemente, em se tratando de propaganda, não pretendemos penetrar em todos esses caminhos de interpretação, mas permanece a máscara como convite para se explorar espaços insondáveis da personalidade humana. O cenário montado nesta propaganda também é perfeito. O próprio sabonete vai sendo moldado à nossa vista, numa cor âmbar, a partir de um líquido semi-transparente. Uma mulher vai usá-lo embaixo da água numa tomada de cena mais desfocada, mais impressionista do que centralizada. Lentamente a imagem da mulher tomando banho é substituída pela de uma máscara negra, com pequenos pontos luminosos ao redor dos olhos. A máscara é retirada e podemos ver uma bela mulher. Logo depois surge outra mulher atrás de uma nova máscara, que acaba escondendo o olhar, num misto de recato e mistério. As mulheres escolhidas trazem aquele olhar que mais vela do que revela, muito sugestivo, escondendo promessas que não sabemos se serão cumpridas, mas que fazem os homens sonhar. A música (um coro feminino) é suave e o texto traz um convite para explorar o mundo feminino da sensualidade:

> "Caress, o sabonete com glicerina inspirado na natureza.
> Sinta a suavidade na pele, revele a sua beleza natural.
> Descubra os novos perfumes de Caress."

Por detrás de suas máscaras, as mulheres podem observar o que se passa ao redor e controlar o acesso à sua própria privacidade. Esta é uma atitude comum no padrão Perséfone.

• **A Musa**
Título: Malú Muitas Mulheres
Cliente: Johnson & Johnson
Produto: Sempre Livre
Agência: Young & Rubican

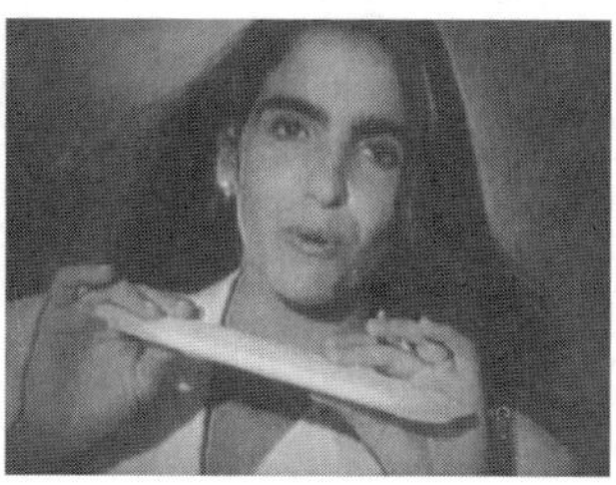

Servir como musa inspiradora para o homem é um dos desenvolvimentos possíveis e mais explorados deste arquétipo, pois fala diretamente aos homens, que projetam nela as suas maiores fantasias e expectativas. Temos aqui uma figura que se transforma num convite vivo à aventura, à jornada heróica de cada um, pois o prêmio seria a conquista deste "troféu", o encontro com a sua "outra metade". O clima de mistério surge, em primeiro lugar, em função da penumbra que cerca Malu Mader, e em segundo pela própria escolha da artista que, no seu olhar mais fugidio, sugere mais do que afirma. Na realidade passamos por três cenários (um para cada faceta feminina): um prateado, com iluminação indireta (a luz da lua?), o segundo como os bastidores de um local de espetáculos e o terceiro um espaço aberto onde ela corre. Seu discurso também é importante, principalmente quando menciona "se você quer ser muitas mulheres" - quando se dirige às mulheres do mundo indicando o produto que anuncia como um instrumento que auxilia na possibilidade de multiplicação de imagens. O texto é o seguinte:

"Se você gosta de viver tudo ao mesmo tempo como eu, com certeza você também gosta de se sentir segura como eu. Eu escolhi Sempre Livre finos. Assim (de frente) ele é igual ao Sempre Livre que você já conhece. Assim (perfil), ele é mais fino e confortável e tão seguro quanto. Das 3 camadas, a segunda tem células multi-absorventes que distribuem e retêm melhor o fluxo. Por isso ele pode ser mais fino e tão seguro quanto. Quando uma mulher decide ser muitas mulheres, o absorvente tem que ser um só - Sempre Livre finos."

O produto em si está ligado à mais profunda essência do feminino a menstruação - tratada aqui por meio de imagens indiretas e como algo que não pode aparecer, pois faz parte de um dos mistérios da vida.

• **A Oportunista**

Título: Casal Jóquei
Cliente: Refrigeração Paraná
Produto: Lavadora Prosdóscimo
Agência: DM9 Publicidade Ltda.

Um lado interessante de se analisar do padrão Perséfone é o seu oportunismo. No seu jeito sutil, ela é extremamente observadora e pode esperar o momento certo para pedir algo que, de outra forma, não obteria com facilidade. Aqui não temos inocência, mas sim senso de oportunidade. A propaganda apresentada começa com um convite: "Chegou a nova lavadora Prosdóscimo Smile, a mais moderna do país. Só falta agora você achar a melhor hora para pedir". A mulher escolhe exatamente o momento em que o marido está totalmente absorvido na corrida de cavalos para fazer o pedido. Com jeito manso, ela fala: "Amor, eu posso pedir uma coisa?". Enquanto ele fala "vai, vai, vai" na sua torcida por um cavalo, ela vai inserindo o discurso das vantagens da máquina e aproveita também para pedir uma para a mãe (não nos esqueçamos do vínculo profundo que une as duas, mesmo depois do casamento da jovem). Mais tarde, o marido não vai poder argumentar que não deixou, pois certamente a esposa repetiria que ele foi muito insistente e até a apressou na compra. Como vemos, as mulheres quietas também são muito perigosas. Poetas populares de todos os tempos já alertaram sobre "água parada, poço fundo".

3. Afrodite e a Plenitude do Amor

O âmbito de Afrodite é o do amor, do jogo da conquista, do contato com os homens ou o estímulo para a fantasia masculina. Apresenta a mulher que sabe ao mesmo tempo centrar-se em si, nas suas necessidades e desejos, e no outro, no objeto momentâneo de sua atenção. Ela aprecia a vida, o belo, e luta para ter aquilo que deseja. Não tem a pretensão de manter uma única paixão, mas assume consigo mesma o compromisso de viver intensamente cada momento, cada aventura, de apreciar o belo e o que é bom. Não é à toa que acaba fascinando a muitos, à exceção das pessoas que optaram pela segurança e por uma vida muito controlada no que se refere a expectativas e mudanças.

- **Cenas de Sedução**

Título: Kisses
Cliente: Boticário
Produto: linha Boticário
Agência: W/Brasil

Trata-se de um filme muito bonito, que traz muitos filmes dentro de si. Há uma seqüência de cenas famosas de beijos apaixonados, com velhos atores, todos retratando um momento que está presente em nossa fantasia mais profunda - o encontro com a nossa outra metade e a sublimidade do amor. O ambiente é de Afrodite. A música de fundo é romântica e sugestiva, fala de beijo, de saudade, de sonhos que se realizam, da excitação da paixão, da noite mágica de amor. Essa antiga canção de amor acompanha todo tipo de beijo e abraço: o abraço intenso que nos faz sonhar com o que virá a seguir, o beijo na mão respeitoso e sedutor, o momento que antecede o beijo apaixonado, a mulher vestida de enfermeira que é beijada pelo doente, os enamorados que passeiam de barco, a cena de amor no cenário gelado e inóspito, os noivos, a paixão no carro, dentro de um coração, depois de uma briga, no barco pirata, na porta do quarto, no Oriente selvagem, na cabine do navio, depois da festa, no barco. E os nomes dos produtos vão suavemente passando pelas cenas, como se fossem ondas suaves e envolventes. Fica o convite aos homens para que possam ter um momento glorioso semelhante se comprarem os produtos Boticário para suas mulheres. O desfilar de cenas antigas funciona aqui como a maneira simbólica de falar da eternidade do amor e da reação feminina diante de um presente que as agrada.

• A Iniciação ao Amor
Título: Garotos
Cliente: Garoto
Produto: Bombons Garoto
Agência: W/Brasil

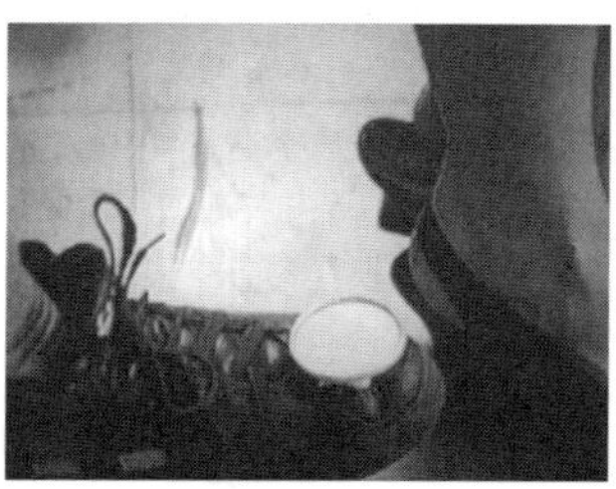

Este filme traz cenas que falam do rito de iniciação do menino no mundo do amor. O primeiro contato com os jogos de Afrodite se dá no plano da fantasia. A primeira cena mostra o garoto que de repente descobre a beleza da coleguinha e há uma troca de olhares que faz o coração acelerar. As cenas seguintes já vão mostrar a exploração de uma nova faceta do feminino até então adormecida. Até agora havia apenas a imagem da mãe protetora e agora os olhos se voltam para outras mulheres maduras, na maravilhosa descoberta da sexualidade. Assim é que os meninos se trancam no banheiro para olhar as revistas de mulheres nuas, vão observar as mulheres se trocando, tomando banho ou simplesmente andando de forma sedutora na rua, na praia ou no campo. Muitas vezes recorrem a ardis para poderem observar os segredos femininos: é o menino que põe o espelho no sapato para ver a calcinha da professora, olha pelo buraco da fechadura ou se finge de afogado para roubar um beijo da salva-vida na piscina. Os primeiros contatos são desajeitados, mas gradualmente os garotos vão se acostumando e gostando cada vez mais dos domínios de Afrodite. No filme de

Garoto, fica apenas a fantasia e a promessa de encontros futuros com as mulheres reais.

- **Afrodite, a Conquistadora**

Título: De Casa Para o Trabalho
Cliente: Colgate Palmolive
Produto: Sabonete Darling
Agência: Young & Rubican

Estamos diante de uma especialista no jogo da conquista. Alimenta a sedução de forma permanente, sentindo-se muito bem em seu papel de mulher, mas sempre definindo quais serão as regras da parceria:

"Se o seu homem tem feito hora extra, voltou a gostar de futebol ou aprendeu a dançar lambada sozinho, não seria a hora de você usar o novo Darling com ingredientes naturais nestas listinhas, que deixam a sua pele suave, macia e com aquele perfume? Que faz ele só ir de casa para o trabalho, do trabalho para casa, de casa para o trabalho, do trabalho para casa...

Use Darling e tire o seu homem de circulação."

O próprio cenário - a banheira de espuma - tem essa conotação de espaço adequado para as brincadeiras de amor. O foco do filme está no rosto da mulher, um rosto de alguém que sabe o que pretende e sabe manter o que é seu. Nas cenas iniciais dá a impressão que ela está sozinha, mas depois vemos que o marido a acompanha no banho, muito satisfeito de estar ali, junto dela. Esse âmbito da feminilidade é o espaço predileto de Afrodite, que mostra uma naturalidade fascinante e extremamente atraente para o sexo oposto.

Este é o modelo arquetípico feminino mais explorado pela propaganda. Woolger chega mesmo a questionar a maneira como isto é feito quando diz: "Mas será que todos nós hoje, homens e mulheres, não estaríamos sendo mantidos cativos de um ideal igualmente impossível, só que agora pelos meios de comunicação de massa ... Quantas mulheres hoje se sentem profundamente inadequadas toda vez que abrem uma revista de moda ou assistem a um anúncio de xampu? Quantos homens sentem que jamais serão felizes enquanto não encontrarem aquele par perfeito de seios, aquele sorriso que enleva, aquelas pernas celestiais? Mesmo não sendo mais a Virgem que está sendo deliberadamente lançada aos céus, a mídia não vem fazendo exatamente a mesma coisa com Afrodite? Será que não transformamos a deusa, mais uma vez, no ideal incorpóreo, exangue e totalmente inatingível da Mulher Perfeitamente Linda?"[146]

Vale a pena também falar um pouco mais do cenário - a banheira cheia de espuma. Como já vimos anteriormente, Afrodite nasce no mar, da espuma que se forma ao redor do membro castrado de Urano. A água está simbolicamente ligada ao mundo das emoções e do inconsciente, um mundo sem fronteiras rígidas, mágico, em constante movimento, que contém dentro de si a riqueza da vida. Não nos esqueçamos que em nosso planeta, a vida surgiu primeiramente nos mares, para então se deslocar lentamente para a terra e que o ser humano é gerado e desenvolvido no ambiente aquoso que se forma no útero feminino. Portanto, a água traz esse simbolismo de conter o princípio vital e também do amor; é o espaço propício à fantasia e atitudes mais soltas, mais descontraídas, que fascinam as pessoas. Abre-se aí a possibilidade de fuga de uma realidade muito estruturada e controlada (ligada ao elemento terra). É o fascínio do verão na praia, do banho refrescante, até da bebida gelada, enfim, do clima de descontração e de criação. No seu lado sombrio, a água encerra os perigos de um mundo pouco conhecido, às vezes escuro e onde a luz tem dificuldades de penetrar, onde não temos aonde segurar e não se pode respirar sem o auxílio de aparelhos. É um mundo cheio de armadilhas, simbolicamente o espaço das intenções ocultas, do não revelado mas temido.

- **A Outra - O Lado Ameaçador de Afrodite**

Título: Divine Brown
Cliente: Valisère
Produto: lingerie
Agência: DM9 Publicidade Ltda.

Existe aqui uma abordagem bem humorada e oportunista do lado mais sombrio e ameaçador de Afrodite, ao menos para quem tem valores sociais mais tradicionais. É o seu papel como "a outra", a terceira ponta de um triângulo amoroso. São muitos os povos, antigos ou modernos que separam as relações amorosas em

[146] Woolger J., A *Deusa Interior*, p. 138

dois grupos diferentes: as esposas oficiais e as amantes ou concubinas. Os próprios gregos tinham as hetairas, mulheres cultas e que serviam como amantes de homens importantes, além de prostitutas comuns e das prostitutas sagradas, que usavam o seu corpo dentro dos rituais de consagração a um deus ou deusa.

Mas voltando ao filme que escolhemos, o oportunismo vem de usar uma mulher que ficou famosa pelo escândalo internacional. Ela foi pega em flagrante por estar exercendo a profissão mais antiga do planeta com um ator famoso e que trazia a imagem de "bom moço" até este episódio. Divine Brown, elevada temporariamente à posição de musa das garotas de programa (ela conseguiu o sucesso sonhado), passa a funcionar como uma conselheira para as mulheres que não querem perder seus homens para "outras" como ela. Ela se encontra num cenário luxuoso, uma imensa limousine, sem que tenha perdido a sua essência de mulher liberada e extravagante. Fala que adora homens, que considera engraçados, divertidos e imprevisíveis. Depois reconsidera o imprevisível. Concorda que eles são volúveis e aí resolve "generosamente" dar um conselho para as mulheres que não querem ser traídas: usar Valisère, deixar vir à tona o lado sensual para que possam fazer os jogos de amor com seus companheiros. Não deixa de ser um conselho a ser considerado.

Ainda falando de amor, mas agora do medo de abordá-lo, surgem dois modelos que optam por caminhos diferentes para fugir do mundo dos sentimentos, das paixões e de suas confusões. São Ártemis e Atena, as duas deusas que optaram pelo celibato e por uma relação apenas amigável com os homens.

4. Ártemis e a Mulher Engajada

Quando o padrão Ártemis é ativado, o apelo publicitário se dá principalmente em termos da liberdade de ação e de decisão da mulher. Ela é a mulher que sabe do seu valor e da sua capacidade de luta. É alguém extremamente competitiva e engajada nas lutas sociais: cidadania e ecologia são dois temas sempre em pauta na sua agenda de atividades.

Sua relação com os homens é apenas a de bons companheiros e adversários, já que compete com eles de igual para igual. Aqui é melhor esquecer os jogos de sedução que tanto agradam Afrodite e Perséfone e a preocupação com filhos que envolve Deméter. Como já vimos, Ártemis optou por ser virgem (pode ser que tenha reformulado este conceito nesses tempos modernos), por não ter nem companheiro e muito menos filhos. Se eles existirem, vão ter que aprender desde cedo a ser independentes e a ter vida própria. Embora ela seja uma espécie de guardiã de pessoas ou animais desprotegidos, sobretudo das mulheres mais frágeis e vítimas de algum tipo de constrangimento ou violência social, a sua postura diante dos filhos é de fazer com que eles aprendam a se defender para não ficarem frágeis diante de um mundo cheio de desafios.

Mas afinal, o que interessa a Ártemis? Ela é atraída pelas competições esportivas, pela boa forma física, pela saúde e por tudo o que é saudável. Opta por um modo de vida mais alternativo, gosta do turismo ecológico. Profissionalmente pode optar por um trabalho que a leve para longe da civilização tais como pesquisas sobre a fauna ou flora, estudo de povos indígenas, biologia marinha, etc.. Gosta da natureza, da vida simples e dos desafios que a distância da civilização apresenta para o aventureiro dos espaços abertos. É, enfim, alguém que busca a liberdade acima de tudo.

- **Membro da 'Tribo Jovem'**

Título: Tribo
Cliente: Antárctica
Produto: Soda Antárctica
Agência: W/Brasil

A jovem Ártemis, geralmente pertence a um grupo voltado para os estudos ou esportes. Na propaganda, os cenários mostram típicos pontos de encontro e de atividades jovens:

- a praia como primeiro cenário de fundo para patinadores que se encon-

tram, bebem refrigerante e namoram;

• as ruas da cidade como pistas para a turma dos esportes radicais e

• as escadarias da faculdade, onde uma jovem linda fica fascinada por um rapaz que desce a escada de patins, parando na metade para encará-la, para tristeza de outros rapazes que estavam de olho na garota.

Embora a deusa Ártemis tenha optado pela virgindade, por não ter um companheiro (em função do sofrimento que viu sua mãe passar como consequência da sua paixão por Zeus), isto não significa que as pessoas que seguem este padrão tenham que necessariamente ser solteiras e virgens. A própria deusa, em um determinado momento, interessou-se pelo gigante Orion, mas acabou perdendo-o em função de uma maquinação de seu irmão. Apolo, ciumento da atenção que a irmã dedicava ao outro, monta um ardil. Desafia a irmã a atingir com uma flecha um ponto no mar e, sem vacilar, Ártemis lança sua flecha, atingindo Oríon que nadava.

A mulher Ártemis é, assim, mais arisca ao amor, embora possa até encontrá-lo. Quando isto acontece, o que chama sua atenção é a coragem, a ousadia e o espírito de aventura que o candidato a parceiro possa ter. A beleza esguia e natural, estilo "clean" é também um dos atributos de Ártemis, Por se dedicar à caça (é a deusa Diana dos romanos) e à vida livre e saudável, precisa de roupas práticas e sem muitos detalhes.

• **A Opção pelo Esporte**

Título: Ginasta

Cliente: Gessy Lever - Divisão Vandeberg

Produto: Claybon vitaminada

Agência: Grupo Ogilvy & Mather

Temos aqui a oportunidade de ver juntas mãe e filha, como se fossem Leto e Ártemis, numa cumplicidade de objetivos. A filha é que pode realizar as expectativas de sucesso da mãe, direcionadas para o esporte - a ginástica olímpica, para ser mais específica.

Ambas formam uma bonita parceria entre duas gerações, o que demons-tra que tal fato não está restrito apenas ao par Deméter e Perséfone. O enredo mostra a evolução da jovem Ártemis enquanto atleta, cercada dos cuidados de uma mãe preocupada com uma alimentação saudável e que lhe permita um bom desempenho físico. Notemos aqui que o cuidado com o nutrir tem como objetivo a saudabilidade do que é ingerido e não apenas saciar o apetite para poder crescer:

-Mamãe, quero ser ginástica, fala a filha pequena.

-Ginasta, filha, corrige a mãe. - Precisa de vitamina para crescer.

O tempo passa e a mãe continua estimulando a filha:

-Continue treinando. Não quer ser a melhor?

A chamada é "Para quem quer crescer muito na vida".

O padrão Ártemis preocupa-se muito com a saúde, com o bem estar físico e com o exercício para se manter "em forma". É o padrão perfeito para a "geração saúde". A chamada final da propaganda fala sobre a margarina vitaminada, que é ideal para quem quer crescer na vida.

- **De Igual para Igual**

Título: Irmãos
Cliente: Quaker
Produto : Aveia Quaker
Agência: Grupo Ogilvy & Mather

A parceria aqui é com o irmão (Apolo), de igual para igual, um espaço de amizade, competição e divertimento. Tudo é decidido na disputa: quem faz o leite batido e também quem empurra o carro, não havendo em nenhum momento a desculpa de "sexo forte" ou "sexo frágil" para assumir ou evitar alguma tarefa. São jovens, da mesma forma que os irmãos divinos também o eram, bonitos, saudáveis, sempre prontos para competir e se divertir, em dupla, enfrentando o mundo, os obstáculos e os outros. É uma parceria interessante e estimulante. Este é um dos princípios da amizade: estar

juntos para o que der e vier. Isto nos leva a lembrar de uma outra história dos irmãos divinos. Quando Apolo sai pela primeira vez com seu arco e flecha, Ártemis o acompanha. Apolo vai desafiar a serpente Píton, que perseguira Leto durante a sua gravidez. Existem ainda outras aventuras e vinganças onde os dois irmãos divinos atuam juntos.

No texto também está inserido o conceito de "saudabilidade":

"Aveia Quaker combina com tudo e todo mundo gosta.
A nossa aveia Quaker. É 100% natural, integral, contém fibras.
E dá a maior energia para você gastar por aí."

- **O Compromisso com a Aventura**

Título: Mountain
Cliente: Samello
Produto: Samello Country Side
Agência: DM9 Publicidade Ltda.

Este filme é pura poesia, trazendo a ambientação predileta de Ártemis e tendo como pano de fundo um texto atribuído a Luis Borges, que fala da liberdade:

"Se eu pudesse viver novamente a minha vida, na próxima cometeria mais erros, não tentaria ser tão perfeito, relaxaria mais, correria mais riscos, faria mais viagens, contemplaria mais entardeceres, subiria mais montanhas, nadaria mais rios, teria mais problemas reais e menos imaginários.

Eu era uma daquelas pessoas que não ia a lugar nenhum sem um termômetro, uma bolsa de água quente, um pára-quedas. Se eu pudesse voltar a viver, viajaria mais leve, pois, se não sabe, disso é feita a vida - de momentos."

O filme começa num cenário de nostalgia - alguém toca o piano e fuma um cigarro. Nada sabemos sobre o personagem, apenas que é um homem, mais velho, provavelmente recordando a própria vida e pensando no que não fez, que é exatamente o tema do texto. Surge então, como se fosse direto da dimensão dos sonhos, a jornada dos 4 jovens, dentre eles uma mulher, chegando na pequena cidadezinha. Há no ar uma ânsia de liberdade e de leveza, típica dos jovens, sempre prontos a processar os desafios à medida que eles aparecem, sem uma obsessão pelo controle e sem medo de mergulhar no mundo que os cerca. O mundo dela é a natureza e as relações que estabelece são de compa-nheirismo e igualdade. O espírito de liberdade e a natureza em toda a sua grandiosidade servem de cenário perfeito para a aventura da vida, e nada poderia ser mais adequado a Ártemis. Lembro-me aqui do que se passou quando ela foi apresentada ao pai: pediu um séquito de ninfas e uma série de outros itens, dentre os quais destacamos todas as monta-nhas e apenas uma cidade. Isto não é de se admirar já que para ela a vida junto à natureza é muito mais interessante do que na cidade. O padrão Ártemis gosta da companhia de pessoas que pensem como ela, daí gostar de sair em grupo, de compartilhar riscos e prazeres e é isto que este filme traz. Temos novamente a impressão de companheirismo entre os jovens, que irão dividir tarefas, desafios e emoções, seguindo o fluxo do texto em off. No grupo há inclusive um rapaz que funciona como o cineasta da turma, registrando os momentos inesquecíveis dessa jornada pelo mundo fantástico e livre da natureza. A vida é uma só, como resume a chamada final, e é preciso registrá-la para que se possa saborear esses momentos passados, quando nada mais restar senão as próprias lembranças.

- **Liberdade para Viver a Própria Vida**

Título: Mulheres
Cliente: Seagram
Produto: Vinho Almadén
Agência: Grupo Ogilvy & Mather

Esta já é uma visão bem modernizada e estilizada do padrão Ártemis. O cenário é citadino, mundano (como ela não gostava), mas paira no ar o sentido de liberdade de ser e viver à sua maneira, sem estar comprometida com regras sociais. É uma postura divertida que só surgiu depois do advento do feminismo que, exageros à parte, trabalhou pelo resgate da dignidade feminina e da sua capacidade de ser vista de forma independente dos homens, tendo o mesmo potencial de ação que eles. O locutor funciona como a voz da tradição, ditando as regras de "bom comportamento" em termos de escolher vinho e se comportar em público, num restaurante. As três

amigas são declaradamente livres e dispostas a transgredir o que é esperado: pedem vinho tinto gelado com peixe, não seguem o ritual para aceitar o vinho e acabam pagando a conta dos três homens por quem se interessam. O locutor marca bem a postura independente delas, mas, o que não seria esperado, acaba convidando outras mulheres a seguir seu exemplo: "Almadén respeita todas as regras de qualidade para você não ter que respeitar regras ao beber (...) Almadén, o vinho desobediente". As mulheres da propaganda invertem os papéis, da mesma forma que Ártemis inverteu o que seria de se esperar de uma jovem filha (dependência da mãe) passando a protetora da mãe, que afinal era mais frágil do que ela. Este é o princípio da mulher liberada. Liberada para viver a vida do jeito que gosta.

5. Atena e o Caminho da Razão

As mulheres que seguem o modelo de Atena descobriram uma outra maneira de lidar com o mundo masculino: resolveram se adaptar a esse mundo e se tornar parceiras no campo profissional e no plano das idéias (não nos esqueçamos que ela nasceu da cabeça do pai). Nada de relações melosas ou emocionais, mas sim a opção pelo contato mais 'esterilizado' do trabalho, da discussão de estratégias de ação e de justiça; tudo muito harmônico e sem polêmicas.

Este é o mundo de Atena: voltado para as questões práticas da vida, onde se busca resultados e evita-se perda de tempo com coisas que não sejam úteis e pertinentes. O apelo para este tipo de mulher é racional: explica-se o porquê de se optar por um produto ou um caminho, recorre-se ao discurso racional, à visão prática e pragmática da vida, fala-se na economia de tempo, de espaço, de otimização e eficiência. Aqui não há muito espaço para a fantasia, para a emoção, pois é preciso apresentar resultados, mostrar a sua capacidade de ser vitoriosa no mundo dos homens.

- **Pesquisa - O Campo da Razão**

Título: Lento 1
Cliente: Folha de S.Paulo
Produto: Jornal
Agência: W/Brasil

O ambiente no qual o padrão Atena mais se sente à vontade é o do trabalho. O seu discurso sempre é racional. Guiada pela sua capacidade estratégica, ela é capaz de engendrar uma linha de pensamento que tenta impor sutilmente (ela detesta as medidas de força) sobre o alvo de sua atenção. Ela demonstra muita clareza e objetividade, o que facilita o seu trabalho em toda e qualquer atividade ligada à comunicação. Nesta propaganda temos uma moça que desenvolve uma pesquisa de rua e quer saber em que jornal o rapaz anunciaria. Ela vai inserindo as informações gradativamente, explicando o que significa anunciar no veículo A e depois no veículo B. Usa como argumento pesquisas já feitas e desenvolve suas idéias de modo claro, preocupada em verificar se o rapaz consegue seguir a sua linha de pensamento, trabalhando de forma dedutiva. Como ele parece não estar entendendo aonde ela quer chegar, ela explica novamente, desta vez com a ajuda de mais pessoas e com exemplos mais concretos (mostrando os jornais). Nem assim consegue resultado, o que irrita a todos. Evidentemente é caricata a maneira como o assunto está sendo tratado e o personagem masculino é mostrado como alguém sem inteligência, incapaz de um raciocínio lógico, mas indica bem o poder de argumentação que marca o padrão Atena.

Voltando à deusa Atena, seu pai Zeus sempre ouvia seus conselhos, exatamente por serem ponderados e construtivos. Ela se sente à vontade no ambiente competitivo do trabalho profissional e também no mundo patriarcal. O seu foco não é combater nenhum sistema, mas sim provar que é capaz de ter sucesso, seguindo as regras do jogo social. Seus valores são mais tradicionais e ela muitas vezes funciona como uma espécie de guardiã dos valores sociais.

- **Praticidade, Um dos Argumentos da Razão**

Título: Dona Benta
Cliente: Walita
Produto : Master
Agência: MPM Lintas Comunicações Ltda.

Nesta propaganda uma mulher mostra um livro de receitas e começa a sua argumentação para falar das vantagens de se ter um Walita Master. Ela levanta uma estatística sobre o que tem que ser feito em muitas receitas e isto serve para provar seu ponto de vista e justificar a compra do produto. Eis o texto:

"Este é um dos mais famosos livros de culinária brasileira. São 1072 receitas. Em 414 tem que picar cebola, em 208 alho, em 156 você pica cebola e alho, em 206 tem que picar salsinha e cebolinha, fora outras que tem que moer carne e triturar queijo. Você não acha que está na hora de ter um Walita Pic em casa? - Walita Pic, a base da sua cozinha."

A mulher que segue o padrão Atena geralmente é eficiente no que faz, mas gosta de organizar o seu tempo, opta por atitudes práticas e usa recursos que possam auxiliá-la a diminuir o trabalho repetitivo. O tempo é para ser aproveitado em tarefas mais desafiadoras do ponto de vista intelectual ou que tragam resultados mais concretos.

- **Rapidez, Outro Argumento da Razão**

Título: Executiva
Cliente: Walita
Produto: Cafeteira
Agência: MPM Lintas Comunicações Ltda.

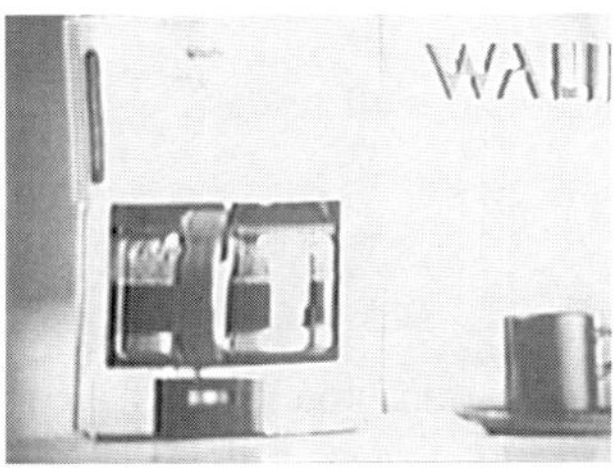

O apelo desta propaganda é para as mulheres que gostariam de ser bem sucedidas no mundo dos homens. A cena mostra uma mulher se arrumando para o trabalho enquanto a cafeteira faz o café sozinha. Eis o texto:

"Sabe aquela vizinha moderna, elegante, dinâmica do 112? Ela já tem a nova cafeteira Walita. E você, vai ser a última a ter? Cafeteira Walita, tão necessária quanto a geladeira, TV, liquidificador..."

Fica aqui a idéia de que a mulher inteligente e realizada só faz aquilo que gosta e não perde tempo com tarefas mais simples, se tem a opção de deixar alguém ou uma máquina fazer o trabalho repetitivo para ela.

- **A Arte - Expressão da Harmonia Construída pela Mente**

Título: Atitude
Cliente: Souza Cruz
Produto: Free
Agência: Grupo Ogilvy & Mather

Toda a linha de propaganda de Free trabalha com um discurso muito articulado, muito "papo cabeça", o que nos traz o padrão Atena. Não nos esqueçamos de que ela é a deusa da estratégia e da justiça, capaz de ponderar muito sobre seus atos, avaliar suas decisões, elaborar seu discurso, suas crenças e ideais, sempre buscando muita coerência tanto no que fala quanto no que faz. Aliás ela se policia muito para evitar que haja "furos" na sua imagem. Esta é uma das razões pelas quais ela evita mergulhar fundo no mundo das

emoções, pois este é um "terreno minado" que pode tirá-la do seu ponto de equilíbrio. Nada impede, entretanto, que fale sobre as emoções, trabalhe-as de maneira artística ou profissional. Este é o caso da propaganda de Free, onde o foco é sobre uma diretora de teatro, inovadora na maneira de lidar com o cenário (o lado plástico), mas extremamente racional no que fala e na maneira como leva a vida. Os atores estão a postos, a diretora supervisiona as luzes, o figurino, os atores e muitos detalhes:

-Aqui, prá cima de mim, fala para o iluminador. Dois atores chegam bem perto dela, numa brincadeira.

-Dá uma costura aqui, orienta a costureira. - Mexe neste cabelo, fala para um dos atores.

Volta-se para o público e fala:

-Mais dia, menos dia, você chega nesta encruzilhada.

Mas a sua atenção está mais uma vez no espetáculo que está sendo "tramado":

-Corta agora, na esquerda e na direita, referindo-se à iluminação. - Chega mais para trás, orienta uma das atrizes.

-Ou você janta o mundo, ou o mundo...

-Come que é 'paia', completa brincando um jovem ator.

-... Te engole, completa a diretora.

O padrão Atena é sensível, plástico e estético, mas trabalha numa linha bem racional e objetiva, sabendo bem aonde quer chegar. Ela vai tecendo os múltiplos detalhes de sua estratégia, o que na deusa Atena era representado pela sua grande capacidade de tecer tapeçarias e seu papel como protetora dos artesões. Vale aqui também a herança materna (que ficou no inconsciente): sua mãe Métis, a quem inicialmente não conheceu, era a deusa da sabedoria e é esta capacidade que ela vai doar à filha e que faz desta última uma voz ouvida por todos os parceiros do Olimpo.

- **Entendendo a Solidão**

Título: Maurício Mattar
Cliente: Prosdóscimo
Produto: Ar condicionado
Agência: DM9 Publicidade Ltda.

Esta propaganda trata de um modo divertido a opção pela solidão, opção esta que geralmente não é compreendida, assusta as pes-

soas com medo de ficar a sós com os seus pensamentos e reflexões. Só que este tipo de ambientação é propício para as mulheres que seguem o padrão Atena, já que uma das suas dificuldades é exatamente a relação mais emocional. Como já vimos, essas mulheres tendem a racionalizar, numa tentativa de manter o controle sobre as emoções, pois de outra forma estas poderiam assustá-la e tirar a sua segurança. Não nos esqueçamos que Atena nunca teve um parceiro e tampouco experimentou a maternidade. Houve uma tentativa de assédio por parte de Hefesto, mas Atena conseguiu evitar a consumação, limpou o sêmen com um pouco de lã e jogou na terra. Foi Gaia quem assumiu a gestação de Erictônio, mas foi Atena quem assumiu a educação do jovem, pois de alguma forma se sentia responsável por aquela criança. Ela pode ser, portanto uma espécie de preceptora, de protetora, mas nunca mãe. Aliás, ela foi patronesse de muitos heróis, tais como Belerofonte, Aquiles e outros.

Voltando à nossa propaganda, vemos uma moça comum, com óculos (o que dá um ar mais intelectual), sentada em sua casa e que recebe um telefonema de Maurício Mattar, convidando-a para sair. Ao invés de dar pulos de alegria, o que seria de se esperar, e sair para um programa romântico, ela o descarta, diz que prefere ficar em casa, "curtindo" o frescor proporcionado pelo ar condicionado. Ela rebate todos os argumentos do ator, mostrando sua capacidade de verbalização e firmeza de ponto de vista: quer ficar em casa, no ambiente cheio de paz e frescor, não quer nem pensar em jantar à luz de velas pois faz um calor danado. A aventura romântica não a seduz nem um pouco, não lhe traz apelo algum. Para finalizar, acaba dizendo que o ator está sendo infantil ao não aceitar a sua recusa de sair, o que é um argumento totalmente racional e desapaixonado.

6. Hera e o Feminino Poderoso

O nosso último modelo, embora não menos importante, é Hera, a senhora Zeus, esposa do chefe supremo do Olimpo e deusa poderosa. Sua motivação básica é o poder e o status que conseguiu conquistar, direta ou indiretamente. Sua fase áurea é a meia-idade, quando poderá estar sentindo-se vitoriosa na conquista de seu objetivo de uma estabilidade social e financeira. Vive para mostrar aos outros o seu sucesso, seja em festas, jantares, reuniões ou viagens. Está também sempre em busca de novos símbolos de status. Gosta de coisas caras e vistosas, é sofisticada e voltada para a vida social. Quando consegue sucesso e poder mostra sua faceta mais favorável - a da anfitriã perfeita, que tem uma casa e uma família exemplares. Gosta de aconselhar os outros, de dar palpite em tudo e vibra quando alguém pede a sua opinião.

O maior apelo que pode ser dirigido à mulher-Hera é exatamente o do status. Portanto, todas as mensagens que falam de produtos que são apresentados como algo especial, direcionado para pessoas e situações especiais, exercerão um verdadeiro fascínio para esse tipo de mulher. Elas necessitam sentir-se destacadas da multidão, tendo seu brilho próprio.

- **A Grande Senhora**

Título: Chapéu
Cliente: Gessy Lever
Produto : Vinólia
Agência: Grupo Ogilvy & Mather

Mostra o lado majestoso, reverenciado do feminino, sua pompa e circunstância, sua posição como figura central da família, pilar de sustentação de todos os que a cercam. É interessante notar que a Vinólia tem uma linha, há muito tempo, de reverência pelo feminino, e acaba havendo uma identificação entre consumidora e produto. As mulheres que compram Vinólia estão buscando não apenas um sabonete, mas sim um símbolo de status (sabonete de primeira qualidade, das pessoas de bom gosto e que têm uma posição reconhecida na sociedade). Temos aqui a imagem majestosa de Hera sendo reverenciada por homens e mulheres, reconhecida como uma das principais deusas do panteão grego. Hera, como já vimos, é a defensora do casamento, gosta do status, de se sentir poderosa e sobretudo de ser respeitada e admirada. Não lida bem com situações onde não é o centro das atenções, pois precisa ser incensada para vencer um certo sentimento interior de frustração de ter que dividir o poder com seu marido Zeus, que não lhe dá o espaço que deseja. Ela é o espelho perfeito para mulheres poderosas e determinadas, mas que aceitaram fazer uma parceria com um companheiro, e que têm no lar o centro do seu mundo. Pode ser que, após ter cumprido a sua obrigação de cuidar dos filhos (e é realmente uma obrigação, não uma razão de existir como ocorre com Deméter) ela procure um outro espaço social para exercer o seu poder. De qualquer modo, em qualquer ambiente, será sempre uma figura autoritária, dominadora, que adora ditar regras e precisa exibir o seu poder. As pessoas tenderão a lembrar-se dela como uma matriarca, uma pessoa respeitável, e até como uma inimiga também respeitável, mas dificilmente terão uma imagem afetuosa e amigável.

A próxima propaganda que vamos trazer aborda justamente a faceta de ditadora de regras, a quem adoramos desobedecer. A voz em *off* é a da mãe "chata", que vive dizendo "meu filho faça isto, não faça aquilo", restringindo a liberdade da criança ou do jovem. O apelo é sedutor para aqueles que se sentem sufocados por este tipo de discurso autoritário e que sonham em escapar do jugo materno. A imagem de Hera que temos aqui é desagradável, é a sua face sombria.

- **A Repressora**

Título: Mãe
Cliente: Mitsubishi
Produto: Pajero
Agência: DM9 Publicidade Ltda.

Há um lado que pode ser bem desagradável em Hera. É a sua rigidez, seu apego aos padrões convencionais de comportamento social. Ela é mestra em ditar regras, em dizer o que pode ser feito e o que deve ser evitado. Para isto, pode até se juntar a outras mulheres com o mesmo padrão, para ter força de grupo. Movimentos como Tradição, Família e Propriedade, as fiscais do Sarney, Liga das Senhoras Católicas, dentre outros, estão repletos de Heras, dispostas a defender seus valores a todo custo. Elas saem à luta para "catequizar" os inocentes ou os "desviados" com o fervor de quem acredita

no resultado apocalíptico de uma desobediência a essas regras que tão bem introjetou.

Na propaganda escolhida há novamente uma versão bem humorada do lado repressor de Hera. Temos dois pla-nos de cena: um, em preto e branco, mostra uma mãe, a imagem antiga, (indicando o seu anacronismo) reclamando do filho que está na chuva, brincando com lama e se expondo a perigos.

-Desce daí, menino. Desce daí que você vai cair.
-Tenha a santa paciência, olha a imundice que você está fazendo.
-Já não falei que não é para brincar com lama?
-Já para dentro que está chovendo
-Já mandei você ficar perto de mim. Você vai se mexer.
-Aonde você vai?

No outro plano, a cores, temos o "filhinho brincando" com uma caminhonete Pajero, fazendo manobras num terreno enlameado e íngreme. O discurso da mãe poderia ser mais adequado a uma criança pequena, mas certamente soa exagerado para um jovem que já dirige. De qualquer forma, é divertido perceber a adequação da fala às cenas, embora haja exagero na tentativa materna de reprimir a liberdade de decisão do filho, que não presta a mínima atenção ao que ela fala. Há aqui um convite sedutor à transgressão de regras, quando estas se apresentam anacrônicas, inadequadas para o tempo e espaço atual.

- **O seu Papel Principal**

Título: Gerente
Cliente: Unibanco
Produto : serviços bancários
Agência: W/Brasil

O papel principal de Hera, e o que mais gosta, é o de esposa. Toda a série de propagandas envolvendo o casal Unibanco trabalha com este princípio de parceria. Na propaganda escolhida o casal vai ao banco falar com o gerente que muda completamente de comportamento quando vê quem sentou à sua frente. Fica completamente duro e começa a falar de um modo

engraçado, como se estivesse recitando (mal) um texto decorado. Renata e Luis André primeiro estranham e depois têm reações opostas: o marido está irritado e tenta evitar a cena; a mulher está adorando a "badalação" e até pede uma caneta para dar autógrafo para o gerente. O diálogo é o seguinte:

-Oi Antônio, tudo bem? - cumprimenta Luiz André, na chegada.

-Olá Luiz André e Renata. Fiquem à vontade e sentem-se. Eu sou (aponta o casal), não, eu sou o gerente exclusivo de vocês. E eu estou sentado. Aqui está o extrato dos fundos de ambos, termina mostrando o extrato para a câmara.

O casal se entreolha e Renata pergunta desconfiada:

-Oh Antônio, por que você está falando esquisito deste jeito?

-Porque nunca apareci num comercial antes, sussurra o gerente.

Renata já demonstra estar se diver-tindo, mas seu marido não se mostra muito satisfeito e insiste:

-Nós não somos o novo casal Unibanco.

-Ah, ah, não são, claro. Vamos precisar de uma assinatura de vocês - continua Antônio e virando-se para Renata sussurra - com uma dedicatória.

-Não façam isto, fala Luiz André para as câmaras.

-Você tem uma caneta? pergunta Renata para o gerente, já toda animada com todo o movimento que se forma, com muitas pessoas olhando através da divisória de vidro e acenando para as câmaras.

-Eu proíbo, fala Luiz André para a esposa, numa vã tentativa de chamá-la de volta à realidade.

Como podemos ver, a moça está muito à vontade, tanto na relação quanto na exposição pública que está tendo como a representante feminina da dupla. É muito comum que a mulher que segue o padrão Hera seja conhecida por ser a "senhora fulano de tal", sendo vista apenas como parte do casal. Numa situação de exposição pública, ela fica mais solta que o próprio marido em todos os filmes; acaba incorporando com prazer o novo papel - representante de muitos outros casais que são clientes do banco. Representar uma instituição social - o casamento - e servir de modelo de comportamento são duas tarefas para as quais as mulheres que seguem este padrão estão mais preparadas e dispostas.

- **A Brincadeira**

Título: Salão
Cliente: Transbrasil
Produto : Viagens
Agência: W/Brasil

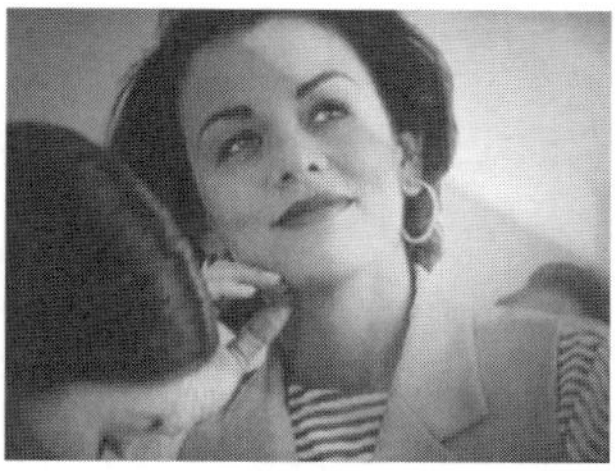

Um dos pontos centrais da temática de Hera é a sua fidelidade ao compromisso do casamento. Não importa que tenha sido forçada a ele, mas uma vez assumido, ela vai manter a palavra de não trair. Isto, no entanto, não significa que não possa brincar com a idéia de estar tendo um caso, principalmente se a confusão é feita por uma amiga, que entende errado o que ela diz. Talvez ela se sinta poderosa por ainda ser capaz de atrair a atenção de um outro homem.

Este é o tema central da nossa próxima propaganda, num cenário bem adequado para Hera: o cabelereiro, pois ela tem que estar bela e composta para poder ser admirada. Uma amiga pergunta em que ela está pensando e ela diz Orlando, sem revelar que é a cidade americana. Está armada a confusão:

-Ah, Orlando, que saudade... suspira a protagonista

-Orlando? pergunta a manicure intrigada.

-O seu marido não é Oswaldo? pergunta outra cliente.

-É Oswaldo, confirma a primeira.

-Quando você conheceu Orlando? pergunta uma outra de olhos arregalados.

-Mês passado, nas férias, esclarece a protagonista.

-E o Oswaldo? insiste a segunda senhora.

-Estava junto... Adorou.

-Seu marido adorou? pergunta mais uma vez a manicure.

-Orlando é muito divertido, diz mais uma vez a protagonista.

Começa um riso nervoso, expressão provável de muitas fantasias picantes. Uma das clientes chega a pegar o celular para espalhar a nova fofoca. A personagem central se diverte com o mal entendido, mas não o esclarece em momento algum. No fundo, toda Hera fiel sonha em ser uma Afrodite infiel. Só que é mais provável que isto fique apenas no campo da fantasia.

- **A Velha Senhora**

Título: Velhinhos
Cliente: Honda
Produto: motocicleta
Agência: DM9 Publicidade Ltda.

Volta mais uma vez a faceta crítica de Hera. Desta vez temos um velho casal falando do neto. Ou melhor, é a avó que fala, que reclama das loucuras do neto, enquanto cumpre as suas tarefas do lar (está limpando os bibelôs). O avô placidamente lê o jornal, tentando não prestar atenção às reclamações da mulher. Isto, aliás, deve ser uma constante, já que o padrão Hera costuma achar que só ela sabe como fazer as coisas, como educar os filhos. A crítica gira em torno da compra de uma moto, feita pelo neto mais novo, que veio romper com uma tradição mais passiva e pacífica, onde moto é quase que sinônimo de "pecado". A senhora fala sem parar até que levanta a famosa pergunta "o que ele vai ser quando crescer?", ao que o avô responde, suspirando e levantando os olhos do jornal "-Livre". Livre como ele próprio gostaria de ser, livre das reclamações da mulher e da vida mais restrita que possivelmente leva.

7. O Encontro e o Confronto das Deusas

Como última etapa dessa nossa jornada pelo mundo da propaganda, gostaria de trazer algumas propagandas onde encontramos mais de um tipo de deusa, seja em dois personagens diferentes, seja unidas numa mesma pessoa.

• A Dissimulada - Encontro de Perséfone e Afrodite

Título: Ataque de Nervos
Cliente: Eliane
Produto: Pisos Eliane
Agência: Young & Rubican

Há momentos, no jogo da conquista, que temos que recorrer a uma certa dose de dissimulação, para evitar que nosso lado mais sombrio venha à tona e estrague a estratégia montada. Assim, as características que não queremos revelar, já que se trata de expor um comportamento pessoal socialmente condenado, que não favorece a nossa imagem pública (persona), é, sem dúvida alguma, parte integrante do arquétipo da sombra. No caso do filme apresentado, trata-se de uma mulher que vê ser cancelado um jantar que preparou e para o qual se arrumou com muito aprumo. Toda a sua raiva e frustração são expressos pelos seus gestos, embora a sua fala ao telefone não o demonstre. De modo algum ela quer deixar transparecer seus verdadeiros sentimentos, seja por orgulho, seja porque ainda pretende realizar o jogo da conquista já tramado. A conversa telefônica permite que ela ative uma máscara social de bom comportamento, que não está de acordo com o turbilhão de sentimentos sombrios que vêm do coração, fruto do sentimento de fracasso temporário.

O telefone toca e a mulher vai atender, já toda arrumada:

-Alô, ah, você não vem? pergunta e derruba o copo que está segurando.

-Não tem importância, o jantar nem estava pronto, continua, quebrando um prato. - Não ia ser nada especial (e podemos ver o requinte da arrumação). - Claro, querido, derruba mais pratos. - Não, foi o gato, derruba o abajur. -Eu compreendo. Tchau, finaliza puxando a toalha com tudo o que estava em cima da mesa: copos, talheres, pratos. A empregada que observa a cena assustada, acaba derrubando um outro copo.

A chamada é: O nome do piso é Eliane. Resistência é apelido.

O que vemos surgir é o lado destruidor da natureza do feminino, um lado expresso, por exemplo, pelas Fúrias, deusas vingativas encarregadas de punir os agressores dos valores femininos (matricídio, violações, etc). É o contato com o ctônico, com as energias primordiais, com os instintos mais básicos do ser humano, energias essas que temos dificuldade de controlar, já que residem nas profundezas do inconsciente. Como bem coloca Jolande Jacobi "Quanto mais profunda a camada do inconsciente de que surge o arquétipo, mais parco será o seu esboço básico; no entanto, mais possibilidades de desenvolvimento estarão contidas nele e maior será a plenitude do seu significado"[147] Também aumenta o potencial de perigo do consciente ser inundado pelo conteúdo inconsciente, o que fatalmente leva à perda de controle racional sobre os próprios atos.

Este lado sombrio pode ser compartilhado por todos os modelos, mas quem mais o utiliza é Perséfone e também Afrodite. Aliás, existe um mito onde ambas se encontram na paixão por um mesmo homem - Adônis - o que acaba levando ambas a estabelecerem um acordo de partilha. Nesse mito, de origem síria e mencionado por Hesíodo, Adônis é o filho de Mirra e seu pai Tiante. Mirra seduz o pai e é por ele perseguida. Na fuga, pede ajuda aos deuses, que a transformam na árvore de mirra. Adônis nasce dez meses depois da casca da árvore. Afrodite fica impressionada com a beleza da criança e pede para que Perséfone cuide do menino. Só que Perséfone se afeiçoa ao menino e recusa-se a devolvê-lo a Afrodite. Este litígio foi arbitrado por Zeus, que define o destino do menino: viverá um terço do ano com Afrodite, um terço com Perséfone e um terço com quem ele preferir. Adônis sempre passou dois terços do ano com Afrodite, mas acaba sendo morto por um javali enviado por esta deusa, não se sabe exatamente porquê.

- **Encontro entre Ártemis e Afrodite - Dois Estilos de Beleza**

Título: Peruas
Cliente: Boticário
Produto: Shampoos
Agência: W/Brasil

---

[147] Jacobi, *Complexo, Arquétipo, Símbolo*, p. 57

Afrodite e Ártemis representam dois estilos de vida completamente diferentes e muitas vezes antagônicos: a primeira gosta do movimento da cidade e do conforto que a vida moderna pode proporcionar e a outra prefere a vida ao ar livre, junto à natureza. No plano afetivo, enquanto a primeira busca sempre a companhia de outras pessoas e valoriza seus envolvimentos amorosos, a última prefere a independência de ser, seus momentos solitários para caminhar pela vida e descobrir a própria força. Um outro ponto de diferença está ligado a dife-rentes maneiras de vestir: Afrodite adora se arrumar, se produzir, até exagerar, ter cabelos arrumados, estar sempre maquilada e bem vestida, pronta para um "programinha" surpresa, de preferência em companhia masculina; já Ártemis tem um estilo mais *clean*, despojado, roupas que podem ser belas, mas que são simples, cabelos soltos, a delícia para anunciantes de shampoos que querem apregoar como seus produtos são capazes de deixar os cabelos desembaraçados e brilhantes.

No filme em questão, estamos num restaurante e chega uma moça muito bonita, vestindo um tubinho e tendo os cabelos soltos, num estilo bem básico. Senta-se numa mesa próxima a duas mulheres muito arrumadas e maquiladas (atualmente definidas como "peruas"), que a examinam de cima a baixo. Começam então a falar como peruas, com legenda em português:

-Você viu o cabelo dela?
-Não gostei.
-Nem eu.
-Muito sem graça.

A moça sorri e vem a chamada: "Nova linha de shampoos Boticário, ingredientes naturais. Perua odeia".

-Pobrezinha, é o último comentário de uma das peruas.

Para a primeira, uma chamada adequada poderia ser "deixa seus cabelos arrumados, facilita penteá-los", enquanto que para Ártemis seria "dá liberdade aos cabelos, deixa-os soltos, belos e saudáveis". Nesta propaganda do Boticário é exatamente este o confronto que surge dentro de um restaurante, trabalhado de forma divertida e exagerada.

- **Hera e Afrodite se Defrontam**

Título: Flagra
Cliente: Mesbla
Produto : promoção de artigos para casa
Agência: DM9 Publicidade

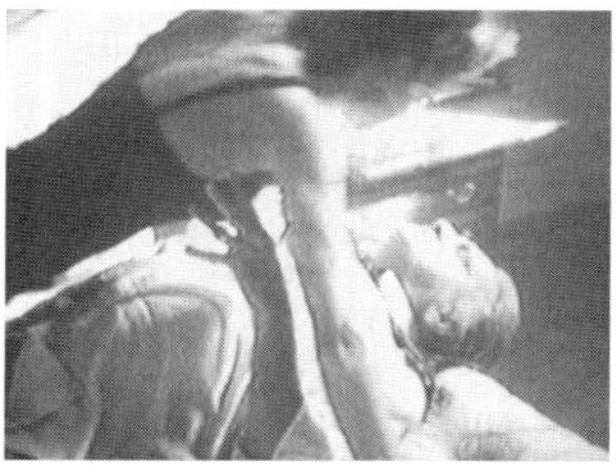

Este é um verdadeiro confronto, não apenas entre duas mulheres, mas entre duas atitudes totalmente antagônicas. Hera e Afrodite têm visões diametralmente opostas quanto ao amor e ao sentido de propriedade sobre o homem amado: Hera cobra a fidelidade eterna ao compromisso do casamento, enquanto Afrodite defende a vivência das paixões, independente de qualquer compromisso. Geralmente, quando temos um triângulo amoroso entre um homem e duas mulheres, essas duas deusas aparecem lutando para chamar a atenção dele. Certamente Hera é a esposa oficial, que está sendo traída, enquanto que Afrodite surge como "a outra", que "desencaminha" o homem, fraco diante do seu assédio (é preciso lembrar que Hera nunca vai responsabilizar diretamente o companheiro pelo que está acontecendo). Zeus é o homem que não resiste a uma possibilidade de conquista, adora jogar dados com o destino, arriscar-se mesmo sabendo que enfrentará a fúria da mulher se for descoberto. O jogo está armado e a propaganda traz, de forma bem humorada, esta situação arquetípica para o centro das nossas atenções. Na primeira cena temos a sedução acontecendo, aproveitando-se da ausência da dona da casa. O problema surge exatamente porque ela volta para casa antes do previsto e faz o flagrante. A resposta do homem à inevitável pergunta da esposa "O que é isto?" só poderia ser a verdade, o reconhecimento da situação desastrosa em que se encontra: "Azar, muito azar".

- **Atena e Afrodite num Encontro entre Razão e Fantasia**

Título: D. Lenira
Cliente: Mesbla
Produto: Lingerie
Agência: DM9 Publicidade Ltda.

Aqui essas deusas se encontram em universos diferentes da vida de uma mulher: enquanto Atena aparece na maneira como a mulher encara a sua vida cotidiana e profissional, Afrodite povoa as suas fantasias mais loucas. Nossa personagem central está no ambiente de trabalho, vestida discretamente, como seria de se esperar e usando seus óculos de in-telectual. Só que aí surge um elemento transgressor - a carta anônima que contém uma declaração de amor - que a transporta para o mundo das fantasias reprimidas. Diz o texto da carta:

"D. Lenira, finalmente tomei coragem para confessar a imensa paixão que me queima por dentro. Perco noites em claro no meu quarto ao imaginar carícias plenas. Não me contendo, decidi escrever".

A partir daí, muda-se o cenário e estamos agora nos domínios de Afrodite. Neste novo espaço ela encontra a sua porção sufocada da deusa do amor e vemos então a sua movimentação no mundo da sensualidade, liberada das tensões e restrições que se impôs. É o momento de viver a cor, o jogo do amor, abrindo-se para emoções mais profundas, que geralmente esconde zelosamente. Aflora então toda a feminilidade latente e o mundo torna-se muito mais intenso. O fundo musical não poderia ser mais adequado: a música que era originariamente cantada pelas Frenéticas e que fala:

"Abre as tuas asas. Solte as tuas feras. Caia na gandaia, entre nessa festa. Me leve com você em seu sonho mais louco. Quero ver seu corpo, lindo, leve e solto.

É um convite irresistível para as mulheres.

VI
CONCLUSÕES

Tanto no cinema quanto na propaganda, as imagens femininas nas suas "traduções simbólicas" mais modernas mostram a luta pela identidade, a procura (bem ou mal sucedida) de um posicionamento mais definido dentro da sociedade. Nessa busca, a relação entre uma figura mais poderosa e com mais autoridade (a mãe) e uma mais frágil, lutando pela própria auto-expressão (a filha) é simbolicamente marcante e o seu apelo arquetípico é muito forte. Este par, por sua vez, interage com o ambiente e com todos os que as cercam, definindo uma maior ou menor facilidade de integração ao grupo social e às regras por ele definidas. São muitas mulheres em seus muitos papéis, abrindo ou mantendo seu espaço, deixando-se sufocar ou partindo para a luta em busca da identidade pessoal e social.

É rico o leque de opções dentro desses dois papéis e neste trabalho procuramos mostrar algumas das possibilidades mais comumente encontradas na sociedade contemporânea. Não temos a pretensão de esgotar o potencial simbólico, já que, como mencionamos anteriormente, isto só nos levaria a uma tentativa de "esvaziar" o conteúdo numinoso dessas forças arquetípicas. Para nós é fundamental resgatar cada vez mais esta magia inerente ao símbolo e ao arquétipo.

Percorremos os labirintos do mundo simbólico, revelando um pouco da sua magia e do seu impacto sobre o homem. Falamos da perenidade dos símbolos, mas alertamos quanto ao uso e abuso, à postura "científica" que busca dissecá-lo e que leva a uma temporária exaustão de sua numinosidade, embora não toque na eternidade da essência arquetípica, expressão da energia que move todas as nossas imagens internas.

Exploramos a vertente mitológica que fala do feminino e da sua maneira de se ajustar ao mundo social e à comunidade à qual pertence, além de suas expectativas e sonhos. Vimos as diferentes maneiras de se inserir no contexto maior da sociedade humana.

Dentro da linguagem cinematográfica, observamos o lado mais escuro dos mitos, mas também pudemos testemunhar o caminho da fênix, que leva ao renascimento e à iluminação. Vivenciamos, através da presença mágica dos atores, todo o drama e emoção presentes no ato de existir, num processo catártico de introjeção de modelos arquetípicos. Vimos também como a magia do cinema, criando uma intimidade entre nós e os personagens, nos coloca frente à um espelho onde nosso inconsciente navega e mergulha sem barreiras.

Partimos então para o mundo da projeção intencional desses modelos, fato que permeia a propaganda, depoimento vivo das expectativas sociais, sugestões para se construir uma persona que permita à mulher ser aceita e respeitada pelo grupo. Lidamos aqui com o discurso persuasivo e com o leque de possibilidades para se trabalhar a imagem pessoal.

Cruzamos, assim, as fronteiras do simbolismo, revelando as diferentes etapas do seu processo de criação e renovação das faces eternas do feminino.

Fica aqui última citação do magnífico trabalho de Jolande Jacobi, que muito nos orientou neste trabalho, temos a sua conclusão sobre a influência do simbólico em nossas vidas:

"Abrangendo todo o terreno por onde passamos, abre-se diante de nós a maravilhosa visão e o grandioso panorama das relações dos aspectos sensíveis da alma com a sua 'ordem' misteriosa e persistente, dentro do seu milenar agir e tecer. Símbolos e complexos vêm e vão; desdobrando-se e mudando eternamente, transformam e cunham a vida da alma e submergem depois, de novo, no seio primário do inconsciente, voltando à invisibilidade das suas formas arquetípicas de ser, até que o tempo para o seu reaparecimento amadurece. Eles abrigam dentro de si, ainda indiferenciados, a salvação e a ruína, o bem e o mal, a saúde e a doença, e todas as possibilidades antagônicas. Como princípio ordenador e inteligente no homem, cabe à consciência promover a efetividade de um desses dois lados e unir a sua energia dadora de sentido e forma à atuação indiferente da natureza primitiva da psique, a fim de que nem o impulso nem o intelecto, mas um espírito de visão superior mantenha a balança da alma em equilíbrio."[148]

Gostaríamos de finalizar citando mais uma vez o mestre Jung, já que são suas idéias que permearam toda a nossa pesquisa e nos traçaram o caminho a seguir:

> " Anular a solidão e o desconcerto do homem moderno, facilitar sua inclusão na grande corrente da vida, procurar chegar à sua integridade permite unir seu lado consciente luminoso com o inconsciente escuro, constitui o sentido e finalidade da direção das almas."

Jung C.G. - *Memórias, Sonhos, Reflexões*, Ed. Nova Fronteira, Rio de Janeiro, 1975

Jung, C.G. - *Aion - Estudos sobre o Simbolismo do Si-Mesmo*, Editora Vozes, Petrópolis, 1982

Jung, C.G. - *Arquetipos e Inconsciente Colectivo*, Editorial Paidós - Buenos Aires, 1977

Jung, C.G. et Charles Kerényi - *Introduction à l'Essence de la Mythologie*, Ed. Payot, Paris, 1993

Jung, C.G. - *Aspects of the Feminine*, Bollingen Series, Princeton University Press, vários textos reunidos 1982

Jung, C.G. - *Four Archetypes*, ARK Paperbacks, London, 1986

Kerényi, Karl - *Os Deuses Gregos*, Ed. Cultrix, São Paulo, 1993

Metz, Christian - *O Significante Imaginário - Psicanálise e Cinema*, Livros Horizonte, Lisboa, 1980

Metz, Christian - *Significação no Cinema*, São Paulo, Ed. Perspectiva, 1977

Neumann Erich - *A Grande Mãe*, Ed. Cultrix, São Paulo, 1996

Ribeiro, Julio e outros - *Tudo que Você Queria Saber sobre Propaganda e Ninguém Teve Paciência para Explicar*, Ed. Atlas, São Paulo, 1985

Russell, Peter - *O Buraco Branco do Tempo*, São Paulo, 1995

Souzenelle, Annick - *O Simbolismo do Corpo Humano*, Ed. Pensamento, São Paulo, 1994

Eliade, Miercea - *Imagens e Simbolos*, Ed. Martins Fontes, São Paulo, 1991

The Columbia Dictionary of Quotations - Columbia University Press, 1993

Vernant, Jean-Pierre - *Mito e Sociedade na Grécia Antiga*, Ed. UnB José Olympio, Rio de Janeiro, 1992

Von Franz, Marie Louise - *A Interpretação dos Contos de Fadas*, Ed. Paulinas, São Paulo, 1990

Woolger, Jennifer & Roger J. - *A Deusa Interior*, Ed. Cultrix, São Paulo, 1992

Wheelwright, Jane - *Em Busca da Vida*, Ed. Siciliano, São Paulo, 1994

BIBLIOGRAFIA CONSULTADA E SUGESTÃO DE LEITURA

Bolen, Jean Shinoda - *As Deusas e a Mulher*, Ed. Paulinas, São Paulo, 1990

Bolen, Jean Shinoda - *Gods in Everyman*, Harper & Row Publishers, New York, 1989

Campbell, Joseph - *As Transformações do Mito Através dos Tempos*, Ed. Cultrix, São Paulo, 1992

Campbell, Joseph & Moyers, Bill - *O Poder do Mito*, Ed. Palas Athenas, São Paulo, 1988

Campion, Jane et Kate Pullinger - *O Piano*, Ed. Rocco, Rio de Janeiro, 1988

Capra, Fritjof - *O Pontoo de Mutação*, Ed. Cultrix, São Paulo, 1994

Cassirer, Ernst - *Ensaios sobre o Homem*, Ed. Martins Fontes, São Paulo, 1994

Cassirer, Ernst - *Linguagem e Mito*, Ed. Perspectiva, São Paulo, 1992

Cavalcanti, Raissa - *O Mundo do Pai*, Ed. Cultrix, São Paulo, 1996

Chevalier, Jean et Alain Gheerbrant - *Dicionário de Símbolos* - 5 ed. José Olímpio, Rio de Janiero, 1991

Diel, Paul - *La Divinité*, Éditions Payot, Paris, 1991

Diel, Paul - *Simbolismo na Mitologia Grega*, Attar, São Paulo, 1991

Diel, Paul - *Psychologie de la Motivation*, Editions Payot, Paris, 1991

Eliade, Miercea - *Imagens e Simbolos*, Ed. Martins Fontes, São Paulo, 1991

Eliade, Miercea - *Mitos, Sonhos e Mistérios*, Edições 70, Lisboa, 1989

Estés, Clarissa - *Womem Who Run With the Wolves*, Ballantine Books, New York, 1992

Frazer, James - *O Ramo de Ouro*, Ed. Guanabara Koogan, Rio de Janeiro, 1982

Graves, Robert - Greek *Miths*, Penguin Books, London, 1990

Guirand, Félix - *Mythologie Générale*, Larousse, Paris, 1935

Hellman, Lillian - *Pentimento - A Book of Portraits*, New American Library, New York, 1974

Hillman, James - *Psicologia Arquetípica*, Ed. Cultrix, São Paulo, 1995

Hillman, James - *Anima - Anatomia de uma Noção Personificada*, Ed. Cultrix, São Paulo, 1990

Jacobi, Jolande - *Complexo, Arquétipo e Símbolo*, Ed. Cultrix, São Paulo, 1990

Jacobi, Jolande - *La Psicologia de* C.G.*Jung*, Espasa-Calpe SA, Madri, 1976

ANOTAÇÕES

ANOTAÇÕES

ANOTAÇÕES

ANOTAÇÕES

ANOTAÇÕES

Composição e fotolitos gerados pela Graphtec - Computação Gráfica Ltda.
Impresso pela Gráfica Palas Athena